동유럽에
반하다

동유럽에
반하다

초판 인쇄일 2016년 10월 17일
초판 발행일 2016년 10월 24일
지은이 유효정
발행인 박정모
등록번호 제9-295호
발행처 도서출판 혜지원
주소 (10881) 경기도 파주시 회동길 445-4(문발동 638) 302호
전화 031)955-9221~5 **팩스** 031)955-9220
홈페이지 www.hyejiwon.co.kr

기획 · 진행 김형진
디자인 김보라
영업마케팅 김남권, 황대일, 서지영
ISBN 978-89-8379-911-1
정가 17,000원

Copyright © 2016 by 유효정 All rights reserved.
No Part of this book may be reproduced or transmitted in any form,
by any means without the prior written permission on the publisher.

이 책은 저작권법에 의해 보호를 받는 저작물이므로 어떠한 형태의 무단 전재나 복제도 금합니다.
본문 중에 인용한 제품명은 각 개발사의 등록상표이며, 특허법과 저작권법 등에 의해 보호를 받고 있습니다.

이 도서의 국립중앙도서관 출판예정도서목록(CIP)은 서지정보유통지원시스템 홈페이지(http://seoji.nl.go.kr)와
국가자료공동목록시스템(http://www.nl.go.kr/kolisnet)에서 이용하실 수 있습니다.(CIP제어번호: CIP2016023517)

◆ ABOUT EASTERN EUROPE ◆

동유럽에 반하다

혜지연

Prologue

여행에 미쳤다고 해도 될 만큼 세계 이곳저곳을 여행했고 아직도 여행이 고프다. '사람들이 왜 여행을 좋아하는지 모르겠다'는 누군가가 나에게 여행을 하면 뭐가 좋은지 물은 적이 있는데, 사실 그 질문에 명쾌하게 답하지 못했다. 여행이 좋은 이유는 복합적이다. 여행 자체가 좋고, 그것이 주는 설렘, 즐거움, 교훈, 지식 등이 좋다. 새로운 문화와 사람들, 그리고 그들의 특성을 알아가는 것도 재미있다.

처음 해외에 나가본 것은 스물한 살, 유럽의 매력에 빠진 것은 스물세 살 때였다. 독일어 공부를 위해 베를린에 6개월간 거주하면서 유럽여행을 했는데, 현재와 과거가 공존하는 듯한 느낌과 아시아와는 다른 문화와 풍경에 푹 빠져들어 유럽을 사랑하게 되었다. 기회가 될 때마다 유럽을 찾았고, 그 덕에 유럽 대부분의 국가들은 모두 여행했다. 많은 사람의 버킷리스트에는 유럽 배낭여행이 있고, 실제로 많은 사람이 유럽을 여행한다. 거기에는 다 이유가 있다. 인생에 한 번쯤은 꼭 가볼 만한 곳이기 때문이다.

유럽 중에서도 내가 동유럽을 좋아하는 것은 서유럽보다 관광지화가 덜 되었고, 서유럽이나 북유럽에 비해 물가가 훨씬 저렴하며, 음식이 맛있기 때문이다. 세상에서 제일 맑은 바다가 있는 크로아티아, 보석 같은 풍경의 슬로베니아, 화려한 야경과 온천의 헝가리, 우리와 비슷한 역사를 지녀 더 정이 가는 폴란드, 동화 속에서 막 튀어나온 듯한 리투아니아, 라

트비아, 에스토니아. 어쩌면 이 나라들이 한국인들에게 아직 많이 안 알려진 곳이라 더욱 매력적으로 다가왔는지도 모르겠다.

어느 순간부터 여행을 기록으로 남기기 위해 글을 썼고, 또 어느 순간부터는 곧 여행을 떠날 사람들을 위해 여행일정과 경비, 지도 등을 정리해서 공유했다. 내 글이 도움이 되었다는 사람들이 하나둘 생겨났고, 이제는 『동유럽에 반하다』로 공식적으로 동유럽 가이드를 하게 되었다. 이 책이 곧 동유럽으로 떠날 독자들에게는 좋은 가이드가, 여행의 즐거움을 모르는 분들에게는 여행의 설렘을 느낄 수 있는 책이 되기를 바란다.

저자 유효정

Contents

Prologue · 004

동유럽 지도 · 009
여행계획 세우기 & 루트 짜기 · 010
여권과 비자(쉥겐협약 정보) · 012
항공권 예약 & 숙소 예약 · 014
환전 & 여행경비 준비 · 018
유럽여행 준비물(체크리스트) · 019
유럽여행 꿀팁! · 020

01

* **Basic Information** · 024
#1 풀라 PULA · 034
#2 자그레브 ZAGREB · 048
#3 라스토케 RASTOKE · 064
#4 플리트비체 국립공원
    PLITVICE LAKES NATIONAL PARK · 072
#5 자다르 ZADAR · 082
#6 스플리트 SPLIT · 094
#7 흐바르 HVAR · 114
#8 두브로브니크 DUBROVNIK · 124

02

슬로베니아 SLOVENIA

★ **Basic Information** · 156
#1 **류블랴나** LJUBLJANA · 162
#2 **블레드 호수** LAKE BLED · 188

03

헝가리 HUNGARY

★ **Basic Information** · 202
#1 **부다페스트** BUDAPEST · 208

04

폴란드 POLAND

★ **Basic Information** · 236
#1 **바르샤바** WARSZAWA · 244
#2 **포즈난** POZNAN · 270
#3 **브로츠와프** WROCŁAW · 288
#4 **크라쿠프** KRAKOW · 302

05

리투아니아 LITHUANIA

★ **Basic Information** · 332
#1 **클라이페다** KLAIPEDA · 338
#2 **카우나스** KAUNAS · 356
#3 **빌뉴스** VILNIUS · 372

06
라트비아
LATVIA

✱ **Basic Information** · 396
#1 **리가** RIGA · 402

07
에스토니아
ESTONIA

✱ **Basic Information** · 426
#1 **탈린** TALLINN · 432
#2 **패르누** PÄRNU · 452

Index · 462

동유럽 지도

009

여행계획 세우기 & 루트 짜기

여행계획과 루트는 여행할 수 있는 기간, 사용할 수 있는 경비, 쉥겐조약이나 비자, 본인의 체력 등 여러 가지 요소를 고려해서 짜야 한다. 이러한 조건들을 고려하지 않고 계획을 세우고 항공이나 숙박 등을 예약하는 경우, 항공사나 숙소에 수수료를 지불하고 예약 변경을 해야 하는 경우가 발생하기도 한다. 여행할 수 있는 기간을 고려하여 가고 싶은 국가와 도시를 선정한 뒤, 각 도시에서 보고 싶은 것이나 하고 싶은 것들을 나열해 그 도시에 얼마나 머물지 정해보자. 대략적으로 도시별 일정이 나왔다면, 어디로 in하고 어디서 out할지 정하고, 도시 간 이동 소요시간과 방법 등을 찾아 여행계획 및 루트를 완성하면 된다.

1. 여행할 수 있는 총 기간은?

2. 사용 가능한 총 예상 경비는?

3. 동유럽 국가 중 가고 싶은 나라는?

4. 해당 동유럽 국가의 도시 중 가고 싶은 도시는?

5. 각 도시에서 꼭 보고 싶은 것과 하고 싶은 것은?

6. 도시 간 이동 방법과 소요시간은?
예시) 도시1 → 도시2 : 에코라인 버스, 3시간 소요

7. 대략적인 루트

8. 실제로 저자가 이용했던 여행계획 표

날짜	요일	국가	도시	도시이동일정 (출발 / 도착)	교통 / 걸리는 시간	숙박	일정
5월 3일	일	에스토니아	상트-탈린	상트 / 10:00	탈린 / 16:55	에코라인 / 6h 55m	Tabinoya - Tallinn's Travellers House 5/3 in - 5/6 out (3박)	이동, 휴식
5월 4일	월		탈린					탈린 올드타운(시청사, 시청광장, 자유광장, 성 니콜라스 교회, 알렉산더 넵스키 성당, 전망대 3곳, 비루문, 성 니콜라스 교회, 롯 마가렛 타워, 성 올레비스테 교회와 전망대, 슈닐리 공원)
5월 5일	화							탈린 올드타운(피크거리, 구시가지 산책, 탈린에서 제일 오래된 카페)
5월 6일	수		탈린-페르누	탈린 / 11:00	페르누 / 12:50	LUX express / 1h 50m	Hostel Lõuna 5/6 in - 5/7 out (1박)	페르누 해변, 페르누 시내(교회, 공원, 번화가)
5월 7일	목	라트비아	페르누-리가	페르누 / 11:20	리가 / 13:55	에코라인 / 2h 35m	Cinnamon Sally Backpackers Hostel 5/7 in - 5/10 out (3박)	이동, 휴식
5월 8일	금		리가					리가 올드타운(성 피터 교회, 돔 성당, 삼형제건물, 리가 케슬, 스웨덴 문, 화약탑, 자유의여신상, 공원)
5월 9일	토							리가 시내(쎈트럴 마켓, 아카데미 오브 사이언스 전망대, 아르누보 거리)
5월 10일	일	리투아니아	리가-클라이페다	리가 / 09:00	클라이페다 / 13:30	Olego / 4h 30m	Klaipeda Hostel 5/10 in - 5/13 out (3박)	이동, 휴식, 조각공원
5월 11일	월		클라이페다					클라이페다 시내(요나스 언덕, 드라마 극장, 항구, 강변 산책)
5월 12일	화			클라이페다 / 11:15 니다 / 16:00	니다 / 12:45 클라이페다 / 17:30	Kautra / 1h 30m		니다(모래언덕)
5월 13일	수		클라이페다-카우나스	클라이페다 / 09:40	카우나스 / 12:40	/ 2h 50m	The Monk's Bunk Kaunas 5/13 in - 5/15 out (2박)	이동, 휴식
5월 14일	목		카우나스					카우나스 올드타운(성 미카엘대천사 성당, 자유로, 대성당, 구 시청사, 성 프란치스코 성당, 신학교, 신타코스 공원, 케울)
5월 15일	금		카우나스-빌니우스	카우나스 / 11:00	빌니우스 / 12:30	/ 1h 30m	Home Made House 5/15 in - 5/17 out (2박)	빌뉴스 올드타운(성태레사성당, 성평선당, 삼위일체성당&바실리안대문, 키지미에라스성당, 대통령궁, 빌뉴스대학, 대성당광장&종탑, 성오니성당, 프란치스쿠스&베르나디나스성당)
5월 16일	토							트라카이성, 빌뉴스 올드타운(새벽의 문, 뷰포인트, 게디미나스성)
5월 17일	일	폴란드	빌니우스-바르샤바	빌니우스 / 14:45	바르샤바 / 22:10	Simple Express / 7h 25m	Warsaw Downtown Hostel 5/17 in - 5/21 out (4박)	이동, 휴식
5월 18일	월							문화과학궁전, 노비 쉬비아트, 바르샤바 올드타운(마켓광장, 로얄캐슬, 캐슬스퀘어)
5월 19일	화		바르샤바					빌라노프 궁전
5월 20일	수							와자엔키 공원
5월 21일	목		바르샤바-포즈난	바르샤바 / 10:00	포즈난 / 14:00	폴스키버스 / 4시간	Blooms Boutique Hostel 5/21 in - 5/23 out (2박)	이동, 휴식
5월 22일	금		포즈난					포즈난 올드타운 마켓광장, 대성당, 말타호수
5월 23일	토		포즈난-브로츠와프	포즈난 / 09:40	브로츠와프 / 13:05	폴스키버스 / 3h 30m	Hostel Kombinat 5/23 in - 5/25 out (2박)	이동, 휴식
5월 24일	일		브로츠와프					브로츠와프 올드타운(마켓광장, 브로츠와프 대학교), 성당 섬, 파노라마
5월 25일	월		브로츠와프-크라쿠프	브로츠와프 / 10:00	크라쿠프 / 13:10	폴스키버스 / 3h 10m	One World Hostel 5/25 in - 5/30 out (5박)	이동, 휴식, 크라쿠프 올드타운(마켓광장, 직물회관)
5월 26일	화							아우슈비츠 강제수용소
5월 27일	수		크라쿠프					비엘리츠카 소금광산
5월 28일	목							크라쿠프 올드타운(플로리안 게이트, 망루, st. Ann's 성당, 야기엘론스키 대학교, 프란시스칸 성당, 홀리 트리니티 바실리카 성당)
5월 29일	금							피터 앤 폴 성당, 바벨성

여권과 비자 (쉥겐협약 정보)

1. 여권발급
- 발급대상 : 대한민국 국적을 보유하고 있는 국민, 법령에 의한 여권발급 거부 또는 제한 대상이 아닌 자(여권법 제12조)
- 접수처 : 전국 여권사무 대행기관 및 재외공관
- 접수비용 : 50,000원(전자여권, 복수여권, 10년 이내, 18세 이상, 24면 기준)
- 구비서류 : 여권발급신청서, 여권용 사진 1매, 신분증, 남성의 경우 병역관계서류
- 주의사항
  ① 여권은 예외적인 경우(의전상 필요한 경우, 질병·장애의 경우, 18세 미만 미성년자)를 제외하고는 본인이 직접 방문하여 신청해야 한다.
  ② 유효기간이 남아있는 여권 소지자는 기존 여권을 반납해야 한다.
- 외교부 여권안내 홈페이지 : www.passport.go.kr

2. 비자
국가간 이동을 위해서는 기본적으로 비자가 필요하나, 번거로움을 없애기 위해 국가간 협정이나 상호 조치에 의해 무비자로 입국할 수 있는 제도를 운영하고 있다. 이 책에 소개된 동유럽 국가들은 모두 무비자로 입국이 가능하다.

국가	일반여권 소지자	무사증 입국 근거	비고
크로아티아	90일	상호주의/협정	
슬로베니아	90일	상호주의	쉥겐 우선
헝가리	90일	협정	
폴란드	90일	협정	
리투아니아	90일	협정	
라트비아	90일	협정	쉥겐 우선
에스토니아	180일 중 90일	협정	쉥겐 우선

3. 쉥겐협약
쉥겐협약은 유럽지역의 26개국이 여행과 통행 편의를 위해 맺은 협약으로, 쉥겐협약 가입국을 드나들 때 국경이 없는 것처럼 자유롭게 드나들 수 있게 한 것을 말한다. 특히 2015년 쉥겐국가에서의 비쉥겐국가 국민의 체류일 계산 기준이 변경되어, 우리 같은 비쉥겐국가 국민들은 유럽에서 체류할 수 있는 기간이 조금 줄어들었다.

(종전) 어느 한 나라에 최초 입국한 날로부터 180일 기간 중 90일간 쉥겐국 내 무비자 여행 가능
(변경) 쉥겐국가 최종 출국일(단속일) 기준으로 이전 180일 이내 90일간 쉥겐국 내 무비자 여행 가능

쉽게 말해, 예전에는 쉥겐국가 내에서 90일을 체류하더라도 비쉥겐국가에 갔다가 다시 쉥겐국가에 입국하면 그때부터 90일이 다시 카운트 되었는데, 이제는 쉥겐국가를 출국하는 날을 기준으로 역산하여 180일 이내에 90일만의 체류만 합법적인 것으로 인정되는 것이다. 쉥겐협약에 대한 자세한 정보와 체류 가능일을 계산해볼 수 있는 계산기는 아래 링크에서 이용할 수 있다.

- 외교부 : http://www.0404.go.kr
- 계산기 : http://ec.europa.eu/dgs/home-affairs/what-we-do/policies/borders-and-visas/border-crossing (short-stay calculator 부분 클릭)

항공권 예약 & 숙소 예약

항공권 예약

동유럽 여행을 떠날 계획이라면 최대한 빨리 항공권을 구입하는 것이 좋다. 같은 좌석을 구매하더라도 미리 구매하면 싸게, 늦게 구입하면 비싸게 구매할 확률이 높기 때문이다. 간혹 땡처리 항공권이 나오긴 하지만, 보통 사람들이 많이 이용하지 않는 요일이나 시간대가 많기 때문에, 일을 하거나 학교를 다닌다면 땡처리 항공권을 구하기란 쉽지 않다. 국내-해외, 해외-국내 항공권은 인터파크 항공 등에서, 해외-해외 항공권은 스카이스캐너 등에서 검색해보면 된다. 일정을 융통성 있게 조절할 수 있는 여행자의 경우, 여러 날짜를 검색해 가장 저렴한 항공권이 있는 날짜에 in-out을 하는 것도 하나의 방법이다.

- **인터파크 항공** (http://tour.interpark.co.kr)

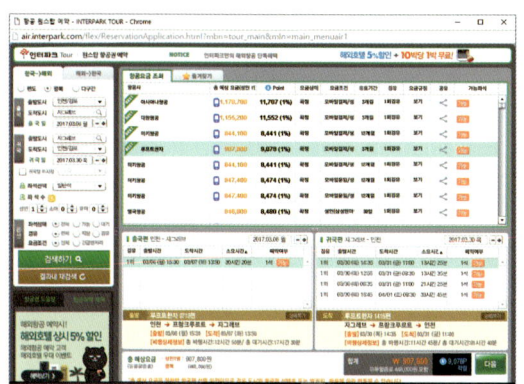

인터파크 항공 원스탑 예약 페이지 왼쪽에 원하는 정보를 입력하면 오른쪽에 결과가 뜬다. 항공사, 요금, 가능 좌석 등 여러 조건으로 정렬해볼 수 있으며, 하단에서 비행 및 대기시간도 확인할 수 있다.

- **스카이스캐너** (www.skyscanner.co.kr)

첫 화면에 비행날짜 및 출발과 도착지 등을 입력하면 왼쪽과 같은 결과가 나타난다. 직항/편도, 출발과 도착시간, 항공사 등을 지정해서 검색할 수 있어 편리하다.

숙소 예약

동유럽 여행 숙소의 경우 호텔, 호스텔, 아파트나 현지인의 집, 한인민박 등 다양하게 이용할 수 있다. 본인의 취향이나 예산 등을 고려하되, 위치가 좋은곳(버스터미널, 기차역, 관광지에서 가까울수록 좋다), 숙박비가 너무 비싸지 않으면서도 시설이 좋은 곳을 고르는 것이 좋다.

- **부킹닷컴** (www.booking.com)

부킹닷컴의 장점은 가장 많은 숙소가 검색되고, 예약금 없이 예약이 가능하고, 현지에 가서 숙박비를 지불할 수 있으며, 숙박 며칠 전까지 무료취소가 가능한 곳이 많다는 점이다. 동행이 있어도 복잡하게 예약금을 1/n 할 필요 없고, 현지에 가서 숙박비만 1/n 하면 되니까 편리하며, 무료 취소가 가능하므로 예약 후 더 좋은 숙소를 발견하더라도 쉽게 숙소변경을 할 수 있어서 좋다. 다만, 부킹닷컴에서 예약하더라도 숙박비 전액을 바로 지불해야 하는 숙소도 있고, 무료 취소가 안 되는 숙소, 예약금을 내야 하는 숙소도 있으니 예약할 때 꼭 확인하자.

- **익스피디아** (www.expedia.co.kr)

익스피디아의 장점은 매월 할인쿠폰이 발행되어 조금 더 저렴하게 숙소를 예약할 수 있다는 점이다. 호스텔보다는 호텔 예약할 때 더 유용하다. 또한, 숙소뿐만 아니라 항공, 항공+호텔, 렌터카도 예약할 수 있어 여행에 필요한 숙박과 교통을 한 번에 예약하기 편리하다. 얼마 전부터는 Expedia+ 포인트 적립 서비스를 시작하여, 일정 포인트를 모은 고객들에게 다양한 혜택을 제공하고 있다.

- **호스텔월드** (www.korean.hostelworld.com)

호스텔월드의 장점은 저렴하고 괜찮은 호스텔들이 잘 검색되고, 종종 다른 사이트에서 예약 불가능한 도미토리 예약이 가능하다는 점이다. 다만 총 숙박비의 12%의 금액을 카드로 먼저 결제해야 하는 것이 조금 번거롭다. 플렉서블과 논플렉서블 예약이 있는데, 플렉서블은 1달러 정도를 더 내고 취소나 변경을 할 수 있고, 논플렉서블은 취소나 변경 시 수수료가 든다. (변경 수수료 약 3달러 정도)

- **에어비앤비** (www.airbnb.co.kr)

에어비앤비의 장점은 현지인들의 독특한 숙소를 예약할 수 있고, 아파트를 통째로 빌려 편안하게 머무를 수 있다는 점이다. 예약과 동시에 숙박비 전액을 결제하게 되는데, 숙박비를 미리 다 계산하고 여행을 떠나니 큰돈을 들고 다닐 필요가 없어 부담이 적다. 하지만 반대로 생각하면 예약변경이나 취소가 번거로우니, 일정이 불확실한 여행자라면 무료취소가 가능한 숙소를 예약하는 것이 좋다.

- **민박다나와** (http://minbakdanawa.com)

민박다나와의 장점은 검색되는 민박들이 많다는 점이며, 다른 민박 사이트들에 비해 비교적 체계적이다.

- **숙소 예약 팁**

✻ 빠르게 숙소 검색하는 방법
① 원하는 날짜, 도시, 숙박 인원을 넣어 검색한다.
② 평점/평가가 좋은 순으로 정렬한다.
③ 평점/평가가 좋은 숙소부터 차례대로 클릭해보면서 자신이 원하는 위치와 가격대의 숙소를 선택해서 예약한다.

✻ 특정한 위치 숙소 검색하는 방법
① 원하는 날짜, 도시, 숙박 인원을 넣어 검색한다.
② 지도에서 숙소 찾기를 선택한다.
③ 원하는 위치 근처를 확대한 다음, 해당 위치와 가까운 숙소부터 차례대로 클릭해보면서 마음에 드는 숙소를 선택해 예약한다.

✻ 지도를 적당히 확대했을 때 나오지 않는 숙소가 최대로 확대했을 때 나오는 경우가 많다. 지도에서 숙소를 예약할 경우, 최대로 확대해서 꼼꼼하게 살펴보자.

환전 & 여행경비 준비

단기여행을 하는 경우에는 여행지에서 쓸 돈을 한국에서 모두 환전해가도 좋지만, 장기여행에는 일정 금액만 환전해가고 나머지는 현지 ATM에서 인출하여 사용하는 것이 좋다. 카드는 분실하면 정지시키면 그만이지만, 현금은 잃어버리면 다시 찾을 방법이 없기 때문이다.

1. 저렴하게 환전하기

당연한 소리지만 환율이 낮을 때 환전하는 것이 가장 저렴하게 환전하는 방법이다. 여행 날짜가 정해졌다면, 그때부터 매일 환율을 체크하고 환율이 가장 낮은 날 환전을 하자. 또한, 환전을 할 때, 환율 우대를 받을 수 있는 방법에는 여러 가지가 있다. 주거래 은행에서 해당 은행 카드 등을 제시하면 환율 우대를 최대로 받을 수 있고, 인터넷 환전으로도 약 70%의 환율 우대를 받을 수 있다. 또한, 인터넷에 '환율 우대쿠폰'을 검색해 출력해가면, 쿠폰에 제시된 만큼 환율 우대를 받을 수 있다. 은행에서 근무하는 친구가 있다면 친구에게 부탁하자. 직원의 경우 80% 정도 환율 우대를 받을 수 있다고 한다. 많은 금액을 환전할수록 우대율이 높아지고, 조금 더 저렴하게 환전하고 싶다면 환율을 잘 쳐주는 사설 환전소를 찾아보는 것도 방법이다.

2. 인터넷(사이버) 환전하기

인터넷 환전은 인터넷으로 미리 환전을 신청하고 해당 은행 지점으로 가서 외화를 찾는 방법이다. 주거래은행에 인터넷 환전을 신청하는 것이 편리한데, 가상 계좌 등으로 입금할 필요 없이 본인 계좌에서 바로 빠져나가기 때문이다. 인터넷 환전의 순서는 '환전할 통화와 우대사항 선택 → 계좌 출금 혹은 가상 계좌로 한화 입금 → 지정한 수령일에 수령점으로 가서 외화 수령'이다. 외화를 수령하러 갈 때는 신분증과 사이버환전영수증을 지참해야 하며, 신청한 외화가 충분히 있는지 전화로 미리 확인하고 가는 것이 좋다. 은행마다 일정 금액 이상 환전을 하면 다양한 혜택이 있으니 미리 확인해보는 것이 좋다.

3. 체크/신용카드 준비하기

장기여행을 한다면 체크카드와 신용카드를 최소 2~3개 이상 준비하자(신용카드는 비자, 마스터 각각 하나씩). 지역에 따라 어떤 카드는 결제가 되는데, 어떤 카드는 결제되지 않는 경우도 있고, 특정 카드(비자나 마스터 등)만을 받는 곳도 있기 때문이다. 해외호텔은 보증금으로 신용카드 선승인을 요구하기도 하므로 꼭 챙겨가자. 카드는 모두 출국 전 해외 사용 가능하도록 등록되었는지 확인하자. 또한, 카드 불법복제 등에 대비해 알림 서비스를 신청하는 것이 좋다.

유럽여행 준비물
(체크리스트)

배낭을 가져가든 캐리어를 가져가든 무조건 가볍게 꼭 필요한 것만 챙기는 것이 좋다. 여행을 하다 보면 늘 입던 편한 옷만 입게 되고, 늘 쓰던 물건만 쓰게 된다. 배낭이나 캐리어가 무거울수록 그걸 들고 이동할 때마다 인생의 무게를 느끼게 되니 짐은 무조건 가볍게 싸자.

유럽여행 준비물

분류	항목	분류	항목	분류	항목	분류	항목	분류	항목
서류	여권	돈	파운드	보안	자물쇠	약	소화제
	여권 복사본		유로		와이어		해열제
	여권용 사진		신용카드		지퍼팬티		진통제
	보험서류		체크/현금카드		복대		감기약
	항공권		마일리지카드		LED 호신 경보기		지사제
	숙소 바우처		PP카드		24인치 캐리어		밴드
	교통수단 바우처	문구	지도	가방	캐리어 방수커버		후시딘
	일정표		가이드북		크로스백		파스
	국제학생증		일기장		카드지갑		휴족시간
	국제운전면허증		기록용 노트		동전지갑		압박붕대/테이프
	비상연락망		펜		여행용 파우치		인공눈물
전자제품	카메라	위생용품	클렌징오일	화장품	스킨/로션	의류	야상
	카메라 충전기		클렌징폼		선크림		후드집업
	카메라 배터리		칫솔		메이크업베이스		가디건
	핸드폰		치약		파운데이션		여름 원피스
	핸드폰 충전기		바디워시		파우더		가을 원피스
	핸드폰 배터리		샴푸		아이브로우		티셔츠(반팔/긴팔)
	노트북		린스		아이라이너		바지(반바지/긴바지)
	노트북 충전기		종이세제		아이섀도우		츄리닝
	노트북 배터리		빨래망		마스카라		잠옷
	외장하드		솜		뷰러		양말
	대용량 USB		면봉		향수		레깅스
	SD 카드		수건		마스크팩		브라
	SD 카드 리더기		물티슈		퍼프		팬티
	멀티탭/어댑터		여성용품		눈썹칼		수영복
	멀티플러그		일회용 렌즈		립스틱/틴트/립밤		스카프
	이어폰		렌즈액		미스트		모자
	셀카봉		안경		기름종이		손수건
	손목시계		데오드란트		바디로션		작은 담요
기타	반짇고리	기타	지퍼백	음식	햇반	신발	운동화
	옷핀		압축팩		김		샌들
	족집게		귀마개		캣잎통조림		쪼리/슬리퍼
	손톱깎이		수면 안대		고추참치	기념품 (외국인 친구를 위한)	한국 엽서
	빗		목베개		라면		젓가락 세트
	거울		옷걸이		3분카레		책갈피
	부채		머리끈		나무젓가락		열쇠고리
	선글라스		우산/우비		일회용 수저		부채

유럽여행 꿀팁!

1. 지퍼 팬티는 신의 한 수! 호신경보기는 글쎄?
현금이나 신용카드를 안전하게 보관하는 데는 지퍼 팬티가 유용했다. 지퍼 팬티 주머니에 돈이나 신용카드를 넣고 일반 팬티 위에 입으면 중요 물품은 이미 나와 한 몸이 된다. 반면, 호신경보기는 소리가 도시의 소음에 금방 묻혀버리기 때문에 생각보다 효력이 없다.

2. 와이어와 자물쇠, 혹은 와이어락은 캐리어를 묶어 둘 때 좋다!
고리가 달린 긴 와이어와 자물쇠 2개를 여행 내내 사용했는데, 와이어로 캐리어를 호스텔 침대 기둥에 묶어놓거나, 일행들의 짐과 묶어놓을 때 유용하다. 자물쇠는 고장 날 수 있으니 2개 정도 챙기자.

3. 짐은 적을수록 좋고, 고가의 물건이 아닐수록 좋다! (소매치기를 피하는 방법)
이동할 때 힘들고 싶지 않다면 짐은 무조건 적게, 잃어버려도 마음의 평화를 금방 찾을 수 있는 저렴한 물건만 가져갈 것. 허름하게 보이면 소매치기도 접근하지 않는다. 많은 현금은 지퍼 팬티에 넣고, 쓸 현금만 봉투에 넣어 가방 깊숙한 곳에 가지고 다니자.

4. 동전지갑은 유용하다!
유로나 즈워티에 익숙하지 않다면 계산할 때 무조건 큰 돈을 내게 된다. 그러다 보면 어느 순간 많은 양의 동전이 생기므로 동전지갑에 동전을 모아 최대한 활용해 계산하자.

5. 대용량 USB, 액션캠은 유용하지만 삼각대는 글쎄?
대용량 USB는 소중한 사진들을 옮겨 보관하기 좋다. 역동적인 액티비티를 할 계획이 있다면 액션캠으로 촬영하는 것도 좋다. 다만 삼각대는 무겁고 부피가 크니 반드시 필요할 경우만 가져가자.

6. 감기약과 압박붕대를 챙기자!
장기여행 중 흔하게 걸리는 감기. 약국보다는 병원에서 처방받은 약이 좋다. 또한, 여행 중 넘어지는 사고가 발생할 수 있으니 압박붕대와 파스 등을 챙기자.

7. 선크림은 얼굴용과 몸용 따로, 화장품은 최소한으로!
특히 여름에는 선크림이 필수다. 얼굴에는 비싼 선크림으로, 몸에는 부담 없이 쓸 수 있는 선크림으로 2개 준비하자. 화장품은 최소한만 가져가는 게 좋다. 장기여행의 경우 여행이 계속될수록 점점 화장을 덜 하게 된다.

8. 얇은 옷으로 여러 벌, 다용도 스카프도 유용하다!

여행지 날씨가 변덕스러울 수 있으니 얇은 옷으로 여러 벌 준비하는 게 좋다. 그리고 스카프(짙은 색)는 엄격한 교회나 사원에 들어갈 때는 다리 가리개로, 공원에서는 잔디에 앉는 깔개 용도로 쓰일 수 있다.

9. 선글라스와 양산 겸 우산은 필수!

눈을 보호하는 선글라스를 꼭 챙기자. 동유럽의 해는 생각보다 꽤 강하니 가벼운 우산 겸 양산을 준비하는 것도 햇빛과 비를 피하기 좋은 방법이다.

10. 귀마개와 수면안대는 유용하다!

여럿이 한방에 잠을 자는 경우가 많은 경우 귀마개와 수면안대가 매우 유용하다.

11. 한국 음식을 꼭 가져가려면 고추참치와 깻잎 통조림 추천!

고추참치와 깻잎 통조림, 햇반은 한국 음식이 그리울 때 유용하다. 또한, 컵라면은 컵과 뚜껑, 내용물을 분리해서 라면은 지퍼백에 담고 컵은 컵끼리 포개어서 가져가면 공간을 활용할 수 있다.

12. 3구 멀티탭을 챙기자!

숙소에 콘센트가 넉넉하지 않은 경우가 많고 다양한 전자기기를 한 번에 충전해야 하는 경우가 많으니 멀티탭이 있으면 유용하다.

13. 장시간 비행에는 이어폰과 USB 충전기가 필요하다!

장시간 비행을 위해 휴대폰에 좋아하는 프로그램을 담아 가면 좋다. 비행기 좌석에 USB 충전 단자가 있으니 배터리 걱정도 없다. 이어폰은 유적지나 박물관 등에서 오디오 가이드를 들을 때 유용하다.

크로아티아
CROATIA

01

× × ×

1. 풀라
2. 자그레브
3. 라스토케
4. 플리트비체 국립공원
5. 자다르
6. 스플리트
7. 흐바르
8. 두브로브니크

Basic Information

❶ **국가명** 크로아티아공화국(The Republic of Croatia)
❷ **수도** 자그레브(Zagreb)
❸ **언어** 크로아티아어
❹ **면적** 56,594km²
❺ **국가번호** +385
❻ **기후** 북부는 대륙성 기후, 남부 해안은 지중해성 기후의 특징을 가지고 있다. 북부의 기후는 한국과 비슷하지만 한국보다 습도가 낮다. 남부는 여름에 무덥고 겨울에 온난한 기후를 보인다.

도시	평균	1월	2월	3월	4월	5월	6월	7월	8월	9월	10월	11월	12월
자그레브	최고	2.8	7.8	13.3	14.4	19.4	22.8	27.2	27.2	21.7	15	7.8	3.9
	최저	-2.8	-1.1	2.2	3.9	10	13.3	15.6	15	10.6	6.7	1.7	-1.1
두브로브니크	최고	11	11	13	16	21	25	27	27	24	20	15	12
	최저	5	5	7	10	13	17	20	20	17	13	8	6

❼ **시차** 한국보다 8시간 느리다. 서머타임(3월 마지막 일요일 ~ 10월 마지막 일요일) 기간에는 7시간 느리다. 예를 들어, 한국이 오전 10시라면 크로아티아는 새벽 3시이다.
❽ **전압** 220V로 한국과 동일하며, 한국 전자제품을 가져가 그대로 사용할 수 있다.
❾ **비자** 무비자로 90일 체류 가능하다. (크로아티아는 비쉥겐국가)
❿ **응급 시 연락처** 경찰 192, 구급차 194, 화재 193
⓫ **주 크로아티아 대한민국 대사관**
　　Add. Ksaverska cesta 111/A-B, 10000 Zagreb　Tel. +385 1 4821 282

✕ 크로아티아의 화폐와 환전

화폐 단위는 쿠나(HRK/Kuna)와 리파(lipa)이다. 지폐로 50, 20, 10, 5쿠나가 있고, 동전으로 25, 5, 2, 1쿠나가 있으며, 쿠나보다 작은 단위인 리파(lipa)가 동전으로 50, 20, 10리파가 있다.

한화에서 쿠나로 직접 환전하는 것은 불가능하며, 한국에서 한화를 유로나 달러로 환전한 뒤, 크로아티아에 가서 유로나 달러를 다시 쿠나로 환전해야 한다. 쿠나 환전은 은행, 환전소, 우체국에서 가능하다. 환전을 못했다면, 해외에서도 사용 가능한 국내 체크/신용카드로 현지 ATM에서 쿠나를 출금하여 사용할 수 있다. 여행 후 쿠나가 남았을 경우 현지에서 다시 유로나 달러로 환전하는 것이 좋다. 쿠나는 다른 나라에서 통용되지 않기 때문에 크로아티아 근처 국가나 한국에서 환전이 어렵다. 만약 남은 쿠나를 환전하지 못하고 한국으로 돌아왔을 경우 국내 여행 커뮤니티 등에서 크로아티아 여행 계획이 있는 사람에게 판매하는 것도 하나의 방법이다.

- **쿠나 환율 조회 가능 사이트** www.xe.com

크로아티아의 공휴일과 축제

공휴일

날짜	공휴일	날짜	공휴일
1월 1일	새해 첫날	8월 5일	승전의 날 & 추수감사절
1월 6일	예수 공현 대축일	8월 15일	성모 승천 축일
3월 25일~28일	부활절	10월 8일	독립기념일
5월 1일	근로자의 날	11월 1일	만성절/영령기념일
5월 5일	예수 승천일	11월 11일	성 마르티노 축일
5월 15일~16일	성령 강림절	12월 24일~25일	크리스마스 이브 & 크리스마스
5월 26일	성체 축일		
6월 22일	반나치 투쟁기념일	12월 26일	박싱데이
6월 25일	건국기념일	12월 31일	새해 전날

축제

시기	장소	축제
6월	자그레브	INmusic Festival (Indie Rock)
7월	풀라	Film Festival
	스플리트	Ultra Music Festival (Dance-Music)
	자그레브	International Folklore Festival
7월~8월	두브로브니크	Dubrovnik Summer Festival
7월	모토분	Motovun Film Festival
8월	티스노	Soundwave Croatia (Soul and Electronic Music, Visual Art)
	스플리트	Days of Diocletian

축제	9월	풀라	Outlook Festival (Giant Bass-Music Festival)
	10월	이스트리아 내 도시	Truffle Days
	12월	두브로브니크	Dubrovnik Christmas Fair

✈ 크로아티아로 가는 방법

❶ 한국에서 크로아티아로

한국에서 크로아티아까지 가는 직항편은 없고, 유럽의 다른 도시를 1회 경유하여 가는 것이 일반적이다. 대기시간과 비행시간을 포함한 소요시간은 최소 13~14시간이며, 대기시간이 길면 소요시간이 30시간 이상 되는 경우도 있다. 특히 여름 성수기 항공권 중 스케줄이 좋은 항공권은 일찍 마감되므로 여행계획이 있다면 항공권을 빨리 예매하는 편이 좋다. 항공권 가격의 경우, 프로모션 특가를 이용하면 100만 원 미만으로 구매할 수도 있고, 일반적으로는 100만 원 초~중반대로 구매할 수 있다.

루프트한자 독일항공(프랑크푸르트 또는 뮌헨 1회 경유), 대한항공과 아시아나항공(유럽 도시 1회 경유)이 대기시간이 2~3시간으로 짧은 편이기 때문에 시간적인 여유가 부족한 여행객들이 이용하기에 좋다. 그 외에 카타르항공(도하 1회 경유), 터키항공(이스탄불 1회 경유), KLM 네덜란드항공(암스테르담 1회 경유), 아에로플로트 러시아항공(모스크바 1회 경유), 에어프랑스(파리 1회 경유), 영국항공(런던 1회 경유), 오스트리아 항공(2회 경유) 등이 인천 ↔ 자그레브 구간을 운행하고 있다.

자그레브에서 여행을 시작해 남쪽으로 내려가는 것이 아니라, 두브로브니크에서 여행을 시작해 북쪽으로 올라오고자 하는 여행객의 경우, 아시아나항공, 루프트한자 독일항공, 핀에어를 이용하면 좋다. 아시아나항공과 루프트한자 독일항공은 인천을 출발하여 프랑크푸르트(혹은 뮌헨)를 1회 경유해 두브로브니크에 도착한다. 핀에어의 경우 핀란드의 헬싱키를 1회 경유한 뒤 두브로브니크로 향한다. 만약 인천에서 두브로브니크로 향하는 항공편을 예약하지 못했다면 자그레브와 두브로브니크 구간을 운행하는 크로아티아 에어라인 국내선(직항)을 이용하면 된다. 소요시간은 약 55분이며, 비용은 10만 원 미만이다.

❷ 유럽국가에서 크로아티아로(소요시간)

- 뮌헨 → 자그레브　　　　　버스 7~8시간, 기차 8~9시간, 비행기 1시간
- 비엔나 → 자그레브　　　　버스 5~6시간, 기차 7시간, 비행기 50분
- 부다페스트 → 자그레브　　버스 6시간, 기차 6~7시간
- 류블랴나 → 자그레브　　　버스 2시간 30분, 기차 2시간 20분
- 베오그라드 → 자그레브　　버스 6~8시간, 기차 7시간, 비행기 1시간 15분
- 사라예보 → 자그레브　　　버스 8시간, 비행기 50분
- 베니스 → 풀라　　　　　　버스 5~6시간, 페리 3시간 15분
- 안코나 → 자다르　　　　　페리 6~9시간
- 안코나 → 스플리트　　　　페리 10~11시간
- 바리 → 두브로브니크　　　페리 10시간
- 사라예보 → 두브로브니크　버스 6~7시간
- 모스타르 → 두브로브니크　버스 3시간
- 코토르 → 두브로브니크　　버스 2시간

✕ 크로아티아 추천 일정

❶ 여유로움 팡팡 터지는 2주 일정(13박 14일)

> 자그레브(2박) → 라스토케 거쳐서 플리트비체(2박) → 자다르(1박) → 스플리트(2박)
> → 흐바르(2박) → 두브로브니크(4박)

2주를 좀 더 알차게 보내고 싶다면, 위 일정을 조금 수정해서 트로기르, 시베니크, 크르카 국립공원을 추가해도 좋다. 일정이 살짝 빡빡해져도 그만큼 다양한 도시들과 풍경들을 만날 수 있다. 일정상 이탈리아에서 크로아티아로 넘어온다면 풀라를 추가하는 것도 괜찮다.

❷ 빡빡하지만 중요한 건 다 찍는 1주 일정(6박 7일)

> 자그레브(1박) → 라스토케 거쳐서 플리트비체(1박) → 자다르(1박) → 스플리트(1박)
> → 두브로브니크(2박)

너무 빡빡한 일정이 싫다면 위 도시들 중 한두 군데는 빼도 좋다. 다만, 크로아티아 여행의 하이라이트인 플리트비체와 두브로브니크만큼은 꼭 다녀오도록 하자. 일주일 밖에 시간이 없고 여유롭게 여행하고 싶다면, 라스토케와 자다르를 빼고 자그레브 → 플리트비체 → 스플리트 → 두브로브니크 일정으로 여행하는 것을 추천한다.

북부의 자그레브부터 남부의 두브로브니크까지 내려가면서 여행하는 추천 일정인데, 사실 반대의 루트로 여행해도 큰 상관은 없다. 다만 크로아티아의 도시들 중 두브로브니크가 제일 강렬한 인상을 주기에, 두브로브니크부터 먼저 보고 나머지 도시들을 보면 감흥이 떨어질까 북부 → 남부 코스를 추천하는 것이다.

✕ 크로아티아 여행비용

❶ 2주 일정 여행비용

왕복항공료	100만 원 초~중반대	
숙박비(13박)	호스텔&에어비앤비 기준 약 50만원	호텔 기준 약 130만원
교통	대중교통 기준 약 15만원	렌터카 기준 약 20만원
관광지 입장료	약 15만원	
음식	약 30만원	
쇼핑	개인에 따라 다름	
총 금액	가장 저렴하게 여행할 경우 : 약 2,100,000원+@ 어느 정도 여유 있게 여행할 경우 : 약 2,950,000원+@	

❷ 1주 일정 여행비용

왕복항공료	100만 원 초~중반대	
숙박비(6박)	호스텔&에어비앤비 기준 약 25만원	호텔 기준 약 65만원
교통	대중교통 기준 약 12만원	렌터카 기준 약 10만원
관광지 입장료	약 10만원	
음식	약 20만원	

쇼핑	개인에 따라 다름
총 금액	가장 저렴하게 여행할 경우 : 약 1,670,000원+@ 어느 정도 여유 있게 여행할 경우 : 약 2,050,000원+@

* 두 여행비용 모두,
- 대략적으로 계산한 것이며 개인의 소비성향 및 일정에 따라 달라질 수 있다.
- 숙박비 중 에어비앤비는 4인이 1/n, 호텔은 2인이 1/n 했을 때의 대략적인 비용이다.
- 렌터카의 경우는 4인이 1/n 했을 때의 대략적인 비용이며, 전체 일정 중 필요한 부분만 렌트했을 때의 비용이다. 또한, 주유 및 톨게이트 비용을 포함한 비용이다.

❸ 크로아티아 11박 12일 실제 여행비용(2014년 10월 기준)

도시	사용일	구분	사용내역	현지금액	원화환산
전지역/ 렌트비	10/6	교통	자그레브-두브로브니크 렌트 기본 비용	1,570.00 kn	₩ 274,750
	10/6		GPS 비용	300.00 kn	₩ 52,500
	10/8		자다르-스플리트 톨게이트 비용	10.25 kn	₩ 1,794
	10/10		주유 1회 비용	388.00 kn	₩ 67,900
	10/10		주차 1회 비용	7.00 kn	₩ 1,225
	10/10		렌트 옵션 비용(슈퍼커버 등)	600.00 kn	₩ 105,000
	10/11		렌터카 반납 후 숙소 이동 택시비	50.00 kn	₩ 8,750
			렌터카 비용의 경우, 차 1대 기준, 함께 여행하는 여행객의 수에 맞게 1/n 하면 됨		
자그레브	10/4	숙박	My Way Hostel 1박(1인 비용)	€ 12.50	₩ 15,000
자그레브	10/5		대성당 앞 에어비앤비 숙소 1박(1/4 비용)	€ 22.33	₩ 31,195
플리트비체	10/6		Apartman Špehar 1박(1/4 비용)	€ 22.33	₩ 31,195
자다르	10/8		Zadar Inn The Big Blue Apartment 1박(1/4 비용)	133.00 kn	₩ 23,275
스플리트	10/8		Studio Pama in the center of Split 1박(1/4 비용)	€ 16.67	₩ 23,277
흐바르	10/9		The best position in Hvar! 1박(1/4 비용)	€ 22.33	₩ 31,013
두브로브니크	10/10		Guesthouse Biba 1박(1/4 비용)	150.00 kn	₩ 26,250
두브로브니크	10/12		Guest House Letizia 3박(1/2 비용)	310.00 kn	₩ 54,250
두브로브니크	10/14		Guesthouse Biba 1박(1인 비용)	420.00 kn	₩ 73,500
자그레브	10/5	음식	아침(크루아상 2개, 커피 1잔)	17.00 kn	₩ 2,975
자그레브	10/5	음식	간식(귤 1kg)	4.00 kn	₩ 700
자그레브	10/5	관광	실연 박물관 입장료	25.00 kn	₩ 4,375
자그레브	10/5	음식	점심(고기패티, 맥주 1잔)	65.00 kn	₩ 11,375
자그레브	10/5	교통	푸니쿨라 1회 비용	4.00 kn	₩ 700
자그레브	10/5	음식	간식(물, 옥수수 캔)	16.00 kn	₩ 2,800
자그레브	10/6	음식	간식(아이스크림)	7.00 kn	₩ 1,225
자그레브	10/6	교통	푸니쿨라 1회 비용	4.00 kn	₩ 700
자그레브	10/6	관광	전망대 입장료	20.00 kn	₩ 3,500
자그레브	10/6	음식	점심(파스타, 맥주)	32.00 kn	₩ 5,600
자그레브	10/6	기타	바디샤워	8.90 kn	₩ 1,558
자그레브	10/6	음식	4명이서 같이 사용할 공금	50.00 kn	₩ 8,750
라스토케	10/6	음식	저녁(송어요리, 커피)	90.00 kn	₩ 15,750
플리트비체	10/7	관광	플리트비체 국립공원 입장료	110.00 kn	₩ 19,250
자다르	10/7	음식	저녁(파스타, 콜라)	96.00 kn	₩ 16,800
자다르	10/7	음식	간식(물)	5.50 kn	₩ 963
자다르	10/8	음식	간식(아이스크림)	7.00 kn	₩ 1,225
스플리트	10/8	음식	간식(과자 등)	7.51 kn	₩ 1,314

스플리트	10/8	음식	점심(파스타, 맥주)	95.00 kn	₩	16,625
스플리트	10/8	관광	성 도미니우스 대성당 종탑 입장료	15.00 kn	₩	2,625
스플리트	10/8	음식	간식(길거리 간식)	10.00 kn	₩	1,750
스플리트	10/8	음식	간식(사과주스)	20.00 kn	₩	3,500
스플리트	10/8	음식	간식(캔 옥수수, 과자)	13.98 kn	₩	2,447
스플리트	10/8	교통	스플리트-흐바르 페리 편도 비용	40.00 kn	₩	7,000
스플리트	10/9	음식	점심(치킨치즈랩)	20.00 kn	₩	3,500
스플리트	10/9	음식	저녁(슈퍼마켓에서 산 즉석음식)	35.00 kn	₩	6,125
흐바르	10/9	교통	흐바르-스플리트 페리 편도 비용	40.00 kn	₩	7,000
흐바르	10/9	쇼핑	라벤더 오일, 향수	30.00 kn	₩	5,250
흐바르	10/9	음식	간식(맥주, 밀카 초콜릿)	29.00 kn	₩	5,075
흐바르	10/10	음식	아침(빵)	10.00 kn	₩	1,750
근교	10/10	음식	간식(콜라, 밀카 초콜릿)	22.00 kn	₩	3,850
근교	10/10	음식	점심(피자) (1/4 비용)	24.25 kn	₩	4,244
두브로브니크	10/10	음식	간식(초콜릿, 젤리)	46.00 kn	₩	8,050
두브로브니크	10/10	음식	간식(물)	15.00 kn	₩	2,625
두브로브니크	10/10	음식	저녁(햄버거, 감자튀김)	48.00 kn	₩	8,400
두브로브니크	10/11	관광	두브로브니크 카드 3일권	180.00 kn	₩	31,500
두브로브니크	10/11	음식	간식(아이스크림)	10.00 kn	₩	1,750
두브로브니크	10/11	음식	점심(칼라마리, 리조또, 꼬치요리, 음료 3잔)	343.00 kn	₩	60,025
두브로브니크	10/11	음식	간식(복숭아 아이스티)	13.00 kn	₩	2,275
두브로브니크	10/11	음식	간식(물, 과자, 샴푸)	42.00 kn	₩	7,350
두브로브니크	10/12	음식	저녁(맥주, 소시지, 우유, 계란, 빵 등)	46.93 kn	₩	8,213
두브로브니크	10/13	교통	두브로브니크-로크룸섬 왕복 페리	70.00 kn	₩	12,250
두브로브니크	10/13	기타	화장실 이용	5.00 kn	₩	875
두브로브니크	10/13	음식	점심(립아이스테이크, 맥주)	157.00 kn	₩	27,475
두브로브니크	10/13	음식	부자카페 맥주 1병	38.00 kn	₩	6,650
두브로브니크	10/13	기타	약국(목아플 때 먹는 약)	37.00 kn	₩	6,475
두브로브니크	10/14	교통	두브로브니크 공항 버스	35.00 kn	₩	6,125
두브로브니크	10/14	음식	점심(빵, 물)	16.50 kn	₩	2,888
두브로브니크	10/14	기타	약국(종합감기약)	31.19 kn	₩	5,458
두브로브니크	10/14	교통	스르지산 케이블카	100.00 kn	₩	17,500
두브로브니크	10/14	음식	저녁 (파노라마 레스토랑)	262.00 kn	₩	45,850
자그레브	10/15	음식	간식(밀카 초콜릿)	14.00 kn	₩	2,450

✕ 크로아티아 렌터카 여행 vs. 대중교통 여행

Q. 렌터카로 여행하는 게 좋을까 대중교통으로 여행하는 게 좋을까?

A. 운전에 자신이 있고 시간과 장소의 제약을 받지 않고 이동하고 싶다면 렌터카 여행. 운전에 자신이 없고 크로아티아의 유명 도시만 여행할 계획이라면 대중교통 여행을 추천한다. 물론 렌터카로 여행하면 무거운 짐도 편하게 운반할 수 있고, 버스나 기차 시간의 제약을 받지 않고 가고 싶은 곳으로 이동할 수 있다. 하지만 크로아티아의 교통 체계는 우리와 조금 다르고, 서쪽 해안을 달릴 때는 구불구불한 산길을, 도시 내에서는 좁은 골목길을 운전해야 하기 때문에 운전에 능숙하지 않은 사람이라면 자칫 사고를 낼 수도 있다.

자그레브, 플리트비체, 자다르, 스플리트, 두브로브니크 등 관광객들이 많이 찾는 도시들 간에는 버스노선이 잘 되어 있기 때문에, 대중교통으로도 충분히 여행할 수 있다. 다만, 겨울과 같은 비수기에는 운행횟수가 줄어드니 미리 버스 시간표를 확인하는 것이 좋다.

Q. 렌터카는 어디서 어떻게 예약해야 할까?
A. Sixt나 Europcar 등, 크로아티아 렌터카를 검색해보면 여러 업체가 나온다. 그중 본인에게 맞는 서비스를 제공하는 렌터카 업체를 선택하여 예약하면 된다. 보통 픽업&리턴 장소와 날짜를 먼저 입력한 뒤 차종을 선택하게 되어 있다. 그런 다음 비용 지불 방법(온라인으로 지불, 혹은 현장 지불)과 각종 보험 및 옵션을 선택하고, 개인 정보를 입력한 후 예약하면 된다. 익숙하지 않은 곳에서 운전을 할 경우 크고 작은 사고가 날 확률이 더 높으니 보험은 최대한 풀 커버로 가입하는 것이 좋다.

Q. 국제운전면허증은 어디서 어떻게 발급할까?
A. 전국 운전면허시험장 또는 각급 지정 경찰서에서 발급이 가능하며, 수수료는 8,500원이다. 신청 시에는 여권과 운전면허증, 여권용 사진 또는 컬러 반명함판 1매가 필요하며, 신청 후 몇 분 이내로 받아볼 수 있다. 유효기간은 발급일로부터 1년이다. 주의할 점은, 실제로 해외에서 운전 시 국제운전면허증과 한국운전면허증을 함께 소지하고 있어야 한다는 점이다.

Q. 운전 혹은 주차 시에 주의해야 할 점은 무엇이 있을까?
A. 자그레브의 경우 트램만 다닐 수 있거나 혹은 트램과 자동차가 함께 다닐 수 있는 길이 있으니 주의해야 한다. 또한, 신호위반 시에는 2,000~5,000쿠나의 범칙금을 부과받을 수도 있으므로 교통 표지판이나 신호 등을 잘 확인하고 운전해야 한다. 도로나 주차구역에 주차할 경우에는 주차가 가능한 곳인지, 언제/얼마나 주차가 가능한지, 비용을 지불해야 하는지 등을 잘 확인하자. 보통 유료주차의 경우, 근처 주차티켓 기계에서 티켓을 구입해 차 앞유리 안쪽에 잘 보이도록 놔두어야 한다.

Q. 대중교통을 이용한다면, 어떤 사이트를 통해 정보를 확인해야 할까?
A. www.buscroatia.com 사이트에서 크로아티아 국내/국제선 버스 정보를 검색할 수 있다.

Basic Information

스트라둔 대로

동유럽에 반하다

Croatia

크로아티아의 풀라는 이스트리아 반도의 남서쪽에 위치한 도시로 온화한 기후, 잔잔한 바다, 아름다운 자연환경을 가지고 있다. 고대 로마의 식민지였을 때는 로마 귀족들이 즐겨 찾는 휴양지였고, 지금은 유럽 사람들에게 사랑받는 여름 휴가지이다.

세르기우스 개선문

풀라 Del Mar 리조트

풀라에서 나의 보금자리가 되어줄 곳은 바로 Del Mar 리조트. 시내와는 조금 거리가 있지만, 휴양하기에는 안성맞춤인 곳이다. 내비게이션이 안내하는 대로 따라가 보니 눈앞에는 붉은색과 노란색으로 칠해진 경쾌한 느낌의 리조트 건물이 서 있다. 체크인하고 들어간 방의 발코니에서는 리조트의 야외수영장이 한눈에 내려다보인다. 객실은 크게 침실과 부엌, 거실 공간으로 나뉘어 있는데, 필요한 것이 대부분 갖춰져 있어서 불편함 없이 머무를 수 있다. 한 가지 아쉬운 점은 WIFI를 한 번에 하나의 기계에 밖에 연결하지 못한다는 점이다. 그렇지만 휴가를 보내는 며칠 동안 핸드폰이나 노트북은 멀리하고 온전히 나만의 시간을 보내는 것도 나쁘지 않은 듯하다.

Add. Glavica 7, Banjole, Pula, 52100   Tel. +385 52 650 500   Fee. 더블룸 약 550쿠나

풀라 맛집을 발견하다!

잠시 쉬다가 리조트 이곳저곳을 돌아보기로 한다. 로비에는 푹신한 소파들이 있어서 쉬기 좋고, 작지만 피트니스도 있다. 작은 슈퍼마켓, 뷰티샵, 카페와 레스토랑도 있는데, 이 레스토랑의 음식이 너무도 맛있어서 이곳에 머무는 동안 매일 가게 되었다. 크로아티아의 전통 음식이라는 체밥치치. 잘 구워진 고기를 소스와 양파와 함께 먹으면 정말 꿀맛이다. 바다를 접하고 있어서인지 해산물을 주재료로 한 음식들도 많은데, 여기서는 상어스테이크, 구운 오징어, 해산물이 잔뜩 들어간 누들과 리소토를 맛있게 먹었다.

BISTRO-PIZZERIA DEL MAR
Add. Glavica 7, Banjole, Pula, 52100
Price. 메인메뉴 약 60~100쿠나

Pula

세르기우스 개선문 Slavoluk Sergijevaca - Zlatna vrata / Arch of the Sergii

매일 리조트에서만 놀다가 하루는 풀라 시내에 나가보기로 한다. 그래도 여기까지 왔는데, 옛 모습이 남아있는 구시가지 정도는 보고 가야 후회하지 않을 것 같아서였다. 세르기우스 개선문에서부터 구시가지 여행을 시작한다. 이 개선문은 고대 로마시대에 세워졌는데, 당시 가장 강력한 가문이었던 Sergii가의 세 형제, 그중에서도 Lucius Sergius Lepidus를 기리기 위해 만들어졌다. 고대에 만들어진 개선문이 아직도 당당하게 서 있다는 것이 놀라울 따름이다.

Add. Sergijevaca ulica 73, Pula 52100

포럼과 아우구스투스 신전 Forum & Augustov hram / Forum & Temple of Augustus

좁은 골목길을 따라 걷다 보니 눈앞에 포럼이 펼쳐진다. 로마시대에는 더

포럼

많은 신전들로 둘러싸여 있었다고 하는데, 현재는 아우구스투스 신전과 시청이 이곳을 지키고 있다. 아우구스투스 신전은 기원전 2세기부터 기원후 14세기 사이에 지어졌는데, 1944년 폭탄에 맞아 파괴되었다가 1945년과 1947년 사이에 복원되었다. 세월이 흐름에 따라 교회, 곡물 저장고, 박물관 등으로 사용되었고, 현재는 고대 석상과 청동 조각상을 소장하고 있는 박물관으로 사용되고 있다. 아우구스투스 신전은 묘하게 사람을 끌어당기는 매력이 있어서 한참 동안 그 앞에 앉아 신전을 바라보았다. 당장에라도 토가 – 고대 로마 사람들이 입던 헐렁한 겉옷 – 를 입은 사람들이 내 눈앞을 걸어 다닐 것만 같은 느낌이다.

아우구스투스 신전

Add. Forum b.b., 52100, Pula **Web.** www.ami-pula.hr **Fee.** 성인 10쿠나, 학생 5쿠나
Time. 11월~3월 휴관, 4월 9:00~19:00, 5월~6월 9:00~21:00, 7월~8월 9:00~23:00, 9월 9:00~21:00, 10월 9:00~19:00

대성당 Katedrala Uznesenja Blažene Djevice Marije / Cathedral of the Assumption of the Holy Virgin

다시 좁다란 길을 따라 걷다 보니 왼쪽에 자그마한 성당 건물이 보인다. 유럽에서는 성당이 하나의 큰 볼거리이기 때문에 발걸음을 멈추고 잠시 둘러보기로 한다. 내외부가 모두 소박해서 '동네의 작은 성당인가?'라고 생각한 것도 잠시, 이곳이 풀라의 대성당임을 알게 되었다. 4세기~5세기부터 고

대 그리스도교인들이 이곳에 모였고 자연스럽게 성당 건물을 세우게 되었다. 그 당시에 이곳에 있던 대성당은 프레스코화와 모자이크로 장식되었는데, 현재는 극히 일부분의 모자이크만이 남아 있다. 1242년 습격과 화재로 많은 부분이 파괴되었다가 15세기에 복원되었고, 제2차 세계대전 때 또다시 파괴되었다가 1947년에 복원되었다. 성당 앞에 홀로 서 있는 종탑은 1707년에 추가되었다고 한다.

Add. Trg Svetog Tome 2, 52100, Pula
Tel. +385 52 219 197

원형경기장 Pulska Arena / Pula Arena

풀라 구시가지를 둘러보면서 가장 기대하고 있었던 것은 바로 원형경기장이다. 한 발씩 앞으로 전진할수록 천천히 모습을 드러내는 원형경기장. 로마의 콜로세움이 떠오른다. 보존 상태가 굉장히 좋아서 깜짝 놀랐는데, 현재에도 여름 필름 페스티벌 장소로 사용된다고 한다. 제2차 세계대전 때 이탈리아 파시스트가 원형경기장을 이탈리아 본토로 옮기

려고 시도했지만, 다행히 비용 문제로 실행에 옮기지 못했다. 총 4개의 층으로 구성된 이 원형경기장에는 23,000명의 관중이 앉을 수 있었다.(현재는 약 5,000명 정도가 앉을 수 있다.) 법으로 금지되기 전까지는 이곳에서 검투사들의 경기가 열리기도 했고 범죄자들의 처형이 집행되기도 했다. 관중은 따로 입장료를 낼 필요는 없었는데, 신분에 따라 앉는 좌석이 달랐다고 한다. 우리도 입장료를 내고 내부로 들어가 본다. 가운데에는 타원형의 넓은 공간이 있고 한쪽에는 관중석이 펼쳐져 있다. 해가 질 무렵에 갔더니 붉게 물들어가는 하늘과 원형경기장이 어우러져 더욱 아름다운 풍경을 보여준다. 고대로 돌아간 듯한 느낌이 좋아서 한참을 사진 찍고 앉아있다가 거의 문 닫을 시간이 다 되어 경기장을 빠져나왔다.

Add. Scalierova ul. 30, 52100, Pula   **Tel.** +385 52 219 028   **Web.** www.ami-pula.hr   **Fee.** 성인 50쿠나, 학생 25쿠나   **Time.** 11월~3월 09:00~17:00, 4월 08:00~20:00, 5월, 6월, 9월 08:00~21:00, 7월~8월 08:00~24:00, 10월 09:00~19:00, 1월 1일 휴무

포럼 근처에서 먹는 저녁

숙소로 돌아가기 전 풀라 구시가지에서 저녁을 먹기로 한다. 포럼에 식당이 많아 보였는데 식사 때가 지나서인지 사람들이 모두 음료만 마시고 식사는 하지 않는다. 그래서 찾아간 곳, 바로 시청 뒤쪽에 있는 한 레스토랑. 바깥에 있는 메뉴판을 보더니 일행이 묻는다. "고기 먹고 싶지 않아?" 육식주의자인 내가 그 말에 "아니."라고 대답할 리 없다. Meat Plate를 선택한 건 정말 잘한 일이었다. 볶음밥과 감자튀김이 깔려있고, 그 위로 다양한 종류의 고기와 소시지, 구운 야채가 올라가 있다. 약간 느끼할 수도 있는데, 그 느끼함을 양파와 레드페퍼 소스가 잡아준다. 배가 많이 고파서인지 음식이 맛있어서인지, 말 한마디 없이 순식간에 식사를 끝내고 숙소로 돌아가는 길에 오른다.

MUNICIPIO
Add. Kapitolinski trg 23, 52100, Pula
Price. 메인메뉴 약 130쿠나, 음료 약 30쿠나

풀라 교통 정보

풀라로 가는 방법

비행기 시내 동쪽에 국제공항이 있어 유럽의 여러 도시에서 항공편을 이용하여 풀라로 갈 수 있다.
- 풀라 공항 : www.airport-pula.hr

버스 근처 국외/국내 도시들에서 버스를 이용해 풀라로 갈 수 있다. 자그레브에서 풀라로 향하는 버스는 자주 있는 편이고, 급행과 완행이 있어 소요시간이 각각 다르다. 슬로베니아의 류블랴나와 이탈리아의 베네치아에서 풀라로 향하는 버스는 1일 1회 정도 있다.
▷ 자그레브 → 풀라(약 4~5시간), 류블랴나 → 풀라(약 4~5시간), 베네치아 → 풀라(약 5시간)
- 크로아티아 국내/국제선 버스 : www.buscroatia.com
- 크로아티아 버스터미널 : www.autobusni-kolodvor.com

기차 버스와 마찬가지로 자그레브, 슬로베니아의 류블랴나, 이탈리아의 베네치아 등에서 풀라까지 기차로 이동할 수 있다. 버스보다 오래 걸리기 때문에 추천하지는 않는다.
▷ 자그레브 → 풀라(약 11시간), 류블랴나 → 풀라(약 5시간), 베네치아 → 풀라(약 10시간)
- 크로아티아 국내 기차 검색 : www.hzpp.hr
- 크로아티아 국외 기차 검색 : reiseauskunft.bahn.de

페리 이탈리아의 베네치아에서 풀라까지는 페리로 이동할 수도 있다. 페리는 Venezia Lines에 의해 운행되며, 6~8월 여름 시즌에만 한시적으로 운행되기 때문에 이 구간을 이용하고자 한다면 미리 스케줄을 확인하는 것이 좋다.
▷ 베네치아 → 풀라(약 3시간 15분)
- Venezia Lines 페리 검색 : www.venezialines.com

풀라 중심지로 가는 방법

공항에서 공항은 시내 중심지로부터 동쪽으로 약 7km 정도 떨어져 있다. 택시를 타면 시내까지 약 10분 정도 소요되며, 요금은 약 100~140쿠나이다. 공항터미널 앞에서 공항 셔틀버스를 타면 시내에 있는 버스터미널까지 약 15분 정도 소요되며, 티켓은 30쿠나이다. 첫차와 막차 시간은 비행기 이착륙 시간 및 계절에 따라 달라진다.
- 풀라 공항버스 : www.fils.hr

기차역에서
버스터미널에서
페리터미널에서
기차역/버스터미널/페리터미널에서 시내의 원형경기장까지는 각각 800m/700m/450m로 걸어갈 수 있는 거리이다.

풀라의 대중교통

버스 풀라 시내의 대부분 지역과 교외 지역은 모두 버스노선으로 이어져 있다. 티켓은 기사에게 구입할 수 있으며, 1시간 동안 유효하다. 티켓 가격은 1존 11쿠나, 2존 15쿠나, 3존 20쿠나, 4존 25쿠나이다. 풀라에서 오래 머물 여행자라면 교통카드인 Contactless card를 구입해도 좋은데, 가격은 75쿠나(카드 구입비 35쿠나+40쿠나 충전)이며, 할인된 가격으로 버스를 이용할 수 있다. (1존 7쿠나, 2존 11쿠나, 3존 17쿠나, 4존 23쿠나)
- 풀라 시내교통 : http://pulapromet.com

택시 기본요금은 15쿠나에서부터 시작하며, 킬로미터 당 10쿠나이다. 야간이나 일요일, 공휴일 등에는 약 20%의 추가요금이 붙는다. 짐이 있을 경우 5쿠나의 추가요금이 붙는다.
- 풀라 택시 : www.taxipula.com

풀라의 중심지는 모두 도보로 걸어 다닐 수 있을 정도로 아담하다. 숙소의 위치에 따라 세르기우스 개선문이나 원형경기장에서부터 시작해 산책하듯 구시가지를 둘러보자. 특히 원형경기장은 해질녘에 가면 아름다운 일몰을 볼 수 있다. 풀라에서의 일정을 하루 이상 잡았다면 해변에서 여유롭게 해수욕을 즐기는 것도 좋다.

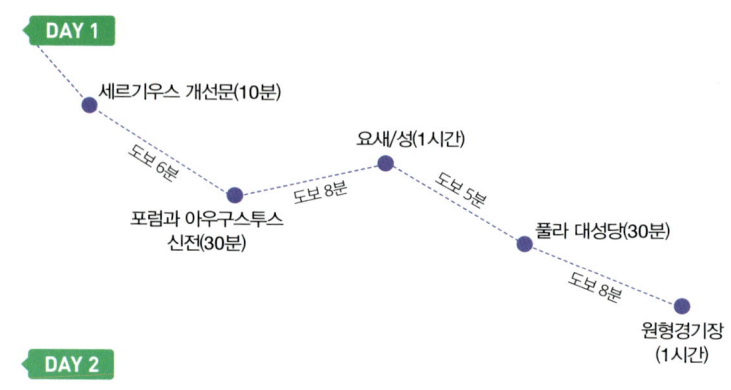

DAY 1
- 세르기우스 개선문(10분)
- 도보 6분
- 포럼과 아우구스투스 신전(30분)
- 도보 8분
- 요새/성(1시간)
- 도보 5분
- 풀라 대성당(30분)
- 도보 8분
- 원형경기장(1시간)

DAY 2
해변 혹은 리조트 내 수영장에서 여유롭게 시간 보내기

✕ 이것만은 꼭! 풀라의 BEST 3 ✕

BEST 1. 콜로세움을 닮은 원형경기장에 앉아서 일몰 보기
BEST 2. 아우구스투스 신전을 바라보며 로마를 느끼기
BEST 3. 포럼 근처 레스토랑에서 맛있는 저녁 식사하기

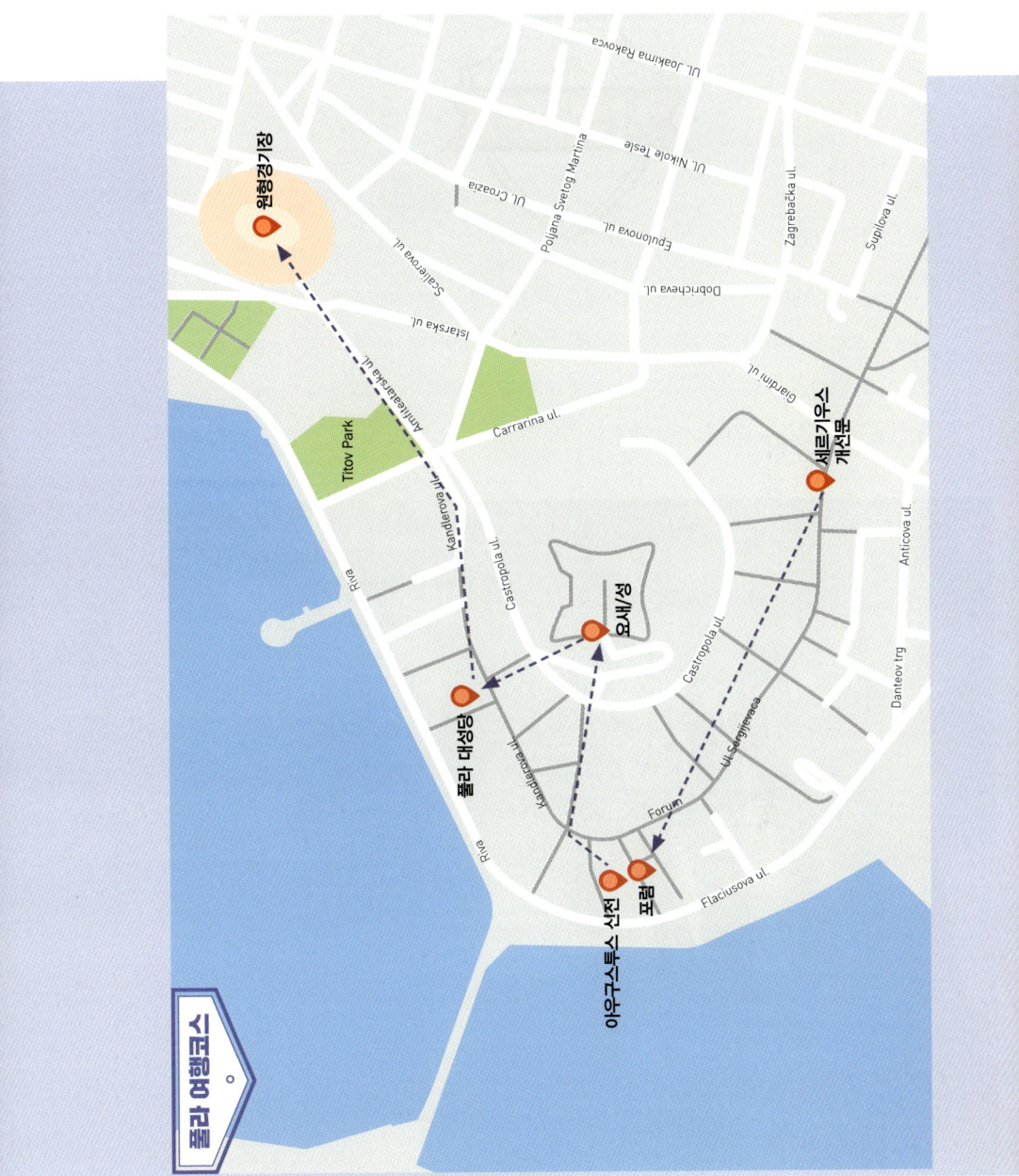

크로아티아의 수도인 자그레브는 센트럴 크로아티아에 위치한 도시로, 크로아티아의 정치와 경제의 중심지이다. 자다르, 스플리트, 두브로브니크 등 다른 주요 도시와는 다르게 내륙에 위치해 있기 때문에 다른 도시들과는 다른 분위기를 자아낸다.

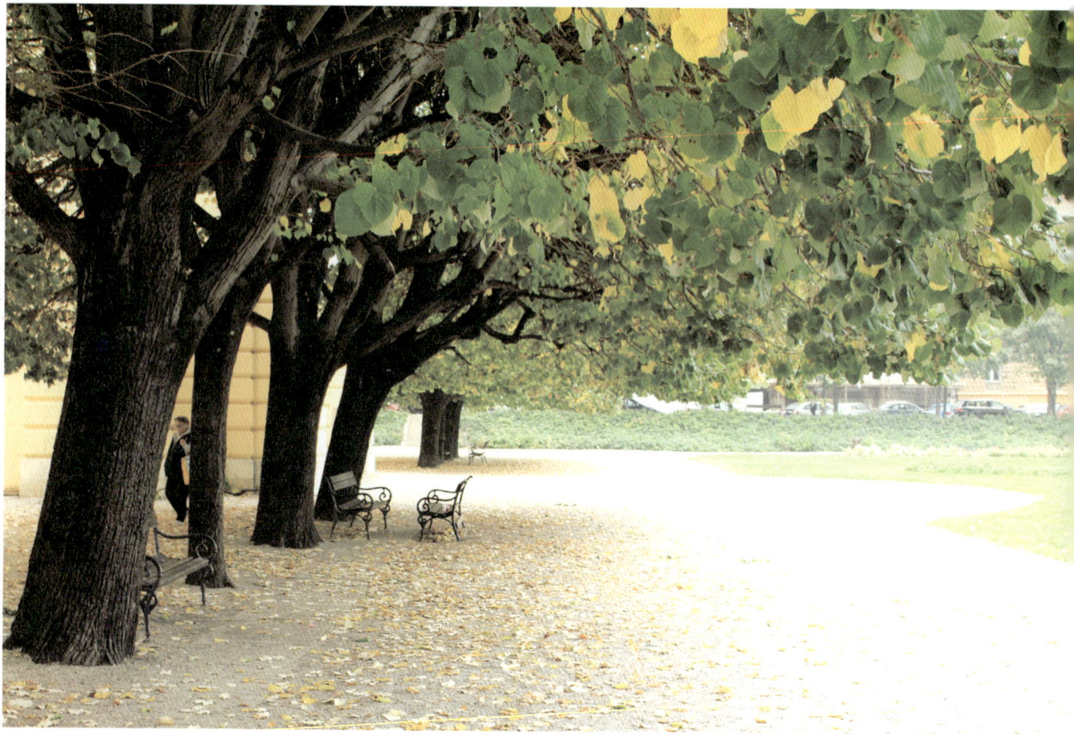

토미슬라브 광장

토미슬라브 광장 Trg kralja Tomislava / King Tomislav Square

자그레브의 주요 관광지는 두 발로 걸어 다니기에 충분하다. 개인적으로 전철과 버스, 트램을 이용해서 돌아다녀야 하는 큰 도시보다 이렇게 두 발로 모두 섭렵할 수 있는 작은 도시가 더 좋다. 좀 더 친근하고, 정겹고, 게다가 교통비가 들지 않으니까 말이다. 일행과 함께 중앙역 앞쪽에 있는 토미슬라브 광장에서부터 자그레브 대성당까지 천천히 걸어 올라가기로 한다. 광장 앞쪽에 말을 타고 칼을 든 동상이 있는데, 이는 크로아티아 왕국을 세운 토미슬라브 왕이다. 아침 일찍이라 더욱 한산한 공원은 감성이 듬뿍 담긴 사진들을 찍기에 최적의 장소다. 빨갛고 노랗게 피어난 꽃들과 시원하게 물줄기를 뿜어내는 분수, 그리고 낙엽들 사이에 놓인 벤치까지. 아침부터 마음에 쏙 드는 예쁜 사진들을 담을 수 있어서 신이 났는지 나도 모르게 일행에게 "와! 여기 연예인들이 화보 찍으러 와야겠는데?"라고 내뱉는다.

Add. Trg kralja Tomislava 7, 10000, Zagreb

반 옐라치치 광장 Trg Bana Jelačića / Ban Jelačić Square

장방형의 광장을 모두 지나니 반 옐라치치 광장이 우리를 맞이한다. 트램들이 쉴 새 없이 운행되고, 무척이나 바빠 보이는 사람들이 지나다니는 이 광장에는 유명한 동상이 하나 있는데, 바로 요시프 옐라치치의 동상(Josip Jelačić Spomenik)이다. 그는 오스트리아 제국으로부터 크로아티아 독립운동에 앞장서고 헝가리 왕국의 침략을 막아낸 인물이다. 아마 크로아티아 국민들에게는 토미슬라브 왕과 함께 역사에서 가장 중요한 인물이지 않을까? 반 옐라치치 광장은 자그레브 사람들에게 '만남의 광장'과도 같은 곳이고, 트램들이 모이는 메인 허브와 같은 곳이다. 크리스마스 시즌에는 트리와 불빛들로 로맨틱하게 장식이 된다니, 왠지 크리스마스 시즌에도 이곳을 방문하고 싶은 마음이 든다.

Add. Trg bana Josipa Jelačića, 10000, Zagreb

자그레브 대성당 Zagrebačka Katedrala / Cathedral of Zagreb

반 옐라치치 광장에서 언덕으로 조금 올라가면 자그레브 대성당이 자리하고 있는데, 지나가던 구름을 찌를 것만 같은 뾰족한 첨탑이 인상적이다. 아쉽게도 한쪽 첨탑은 공사 중이었다. 대성당 앞에서는 전통 복장의 남녀들이 공연을 펼치고 있다. 우연히 만나는 길거리 공연들은 늘 여행의 즐거움을 극대화 시켜준다. 공연 후에는 쿠키가 가득 담긴 바구니를 들고 와서 쿠키를 권하기도 하고 같이 사진도 찍어준다.

대성당 내부는 웅장하고도 경건한 느낌이 드는데, 여기저기 진심을 다해

길거리 전통공연　　　　　　　　　　자그레브 대성당 내부

기도하는 사람들도 볼 수 있다. 자그레브 대성당은 크로아티아에서 가장 높은 건축물일 뿐만 아니라 고딕 양식의 가장 기념비적인 건축물이기도 하다. 1093년 라디슬라스 왕에 의해 건축이 시작되었고 완공된 이후에는 성 모마리아, 슈테판 왕, 라디슬라스 왕에게 헌정되었다. 오랜 세월 자리를 지키고 서 있으면서 때로는 외부의 침략을 받기도 했고, 대지진과 화재를 겪기도 했다. 하지만 그때마다 재건과 복원되었고 여전히 자그레브의 중심에 당당하게 서 있다.

Add. Kaptol ul, 31, 10000, Zagreb

돌라츠 시장 Tržnica Dolac / Dolac Market

자그레브 대성당을 나와 앞쪽으로 직진하면 돌라츠 시장이 나온다. 시장을 보자마자 '우와' 소리가 저절로 나온다. 빨간 천막 아래 알록달록한 과일들이 쌓여있고 신선한 채소와 치즈, 꽃들까지! 향긋하고 맛있어 보이는 과일들에 나의 눈과 코뿐만 아니라 지갑까지 바빠진다. 게다가 추로 무게를 달아 물건을 파는 옛날 방식은 마치 과거로 돌아가게 만든 것 같은 느낌이다.

달콤한 과즙이 입안에 '착!' 하고 퍼지는 귤도 사고, 일행은 무화과도 샀다. 가격도 저렴하고 맛도 좋다.

Add. Dolac 9, 10000, Zagreb   Price. 과일 약 10쿠나~   Tel. +385 1 6422 501   Time. 월요일~토요일 6:30~15:00, 일요일 6:30~13:00

카페 거리 Ulica Ivana Tkalčića / Ivana Tkalčića Street

돌라츠 시장에서 대로 쪽으로 나 있는 계단을 내려와 오른쪽으로 꺾으면 카페 거리가 이어지는데, 이곳에는 레스토랑, 카페, 바가 많아서 끼니를 해결하거나 커피 한잔 하고 싶을 때 오면 좋다. 참고로 크로아티아는 북부에서 남부로 내려갈수록 물가가 비싸지므로 외식은 되도록 자그레브에서 하는 게 현명하다. 일행과 나도 마음에 드는 음식점에 자리를 잡고 Stuffed patty with a side dish와 로컬 맥주인 Ožujsko를 주문한다. Stuffed patty는 고기 안에 치즈와 몇몇 재료로 채워져 있는데, 약간 짭짤해서 맥주와 함께 먹기에 그만이다.

Add. Ulica Ivana Tkalčića 4-12, 10000, Zagreb

Ožujsko PUB TKALčA
Add. Ulica Ivana Tkalčića 14, 10000, Zagreb
Tel. +385 1 4827 237
Price. 메인메뉴 약 50쿠나, 음료 약 15쿠나

tip. **숙소와 음식점의 무료 WIFI를 적극 활용하자!**

장기간 유럽여행을 한다면 매일 거의 만 원씩 나가는 데이터 로밍이 부담스러울 수 있다. 이럴 때는 숙소와 음식점들의 WIFI를 적극 활용하자. 유럽 대부분의 숙소가 무료 WIFI를 제공하며, 음식점의 경우 점원에게 WIFI를 쓸 수 있는지 물어보면 대부분 비밀번호를 알려준다.

푸니쿨라를 타고 Upper town으로

우리의 다음 목적지인 전망대, 스톤게이트, 성 마르코 성당은 모두 한쪽에 몰려 있는데, 꽤나 높은 곳에 위치하고 있기에 푸니쿨라를 타고 올라가기로 한다. 물론 체력이 좋고 돈을 조금이라도 아끼고 싶다면 계단을 이용해서 올라가도 된다. 가는 길에 일행이 젤라토 맛집이라고 주장한 VINCEK이라는 곳에서 젤라토도 한 스쿱 사들고 간다. 이 집의 대표 맛은 VINCEK 맛으로 초콜릿, 바닐라, 견과류가 들어가 있어서 맛이 없을 수가 없다. 젤라토 하면 이탈리아만 떠오르는데 크로아티아 젤라토도 나름 괜찮다.

Vincek Slastičarnica
Add. Ilica 18, 10000, Zagreb
Tel. +385 1 4833 612
Price. 젤라토 약 10~20쿠나
Time. 매일 9:00~22:00

푸니쿨라(Funicular) 타는 곳은 반 옐라치치 광장에서 걸어서 3분 정도 거리에 있는데, 골목 안으로 쑥 들어가 있어서 그냥 지나치기 쉬우니 눈을 크게 뜨고 찾아야 한다. 푸니쿨라에 '음식물 반입 금지'라는 표시를 보고는 아직 반 이상 남은 젤라토를 마시듯 해치우고 푸니쿨라에 올라탔다.

1. 푸니쿨라 승차장 2. 성 마르코 성당 3. 로트르슈차크 전망대 4. 5. 스톤게이트

푸니쿨라 타는 곳

Add. Tomićeva ul., 10000, Zagreb   Price. 편도 4쿠나

로트르슈차크 전망대 Kula Lotrščak / Lotrščak Tower

위쪽 푸니쿨라 플랫폼에 내리면 바로 앞에 전망대가 있다. 표는 전망대 바로 아래 안내소에서 구입할 수 있고, 살짝 현기증 나게 하는 나선형 계단을 따라 올라가면 자그레브가 한눈에 내려다보이는 멋진 풍경을 눈에 담을 수 있다. 매일 정오에 이곳에서 대포를 발사한다고 하길래 어디서 하는 건가 싶었는데, 계단 올라가다가 중간쯤에 대포를 발사하는 공간이 따로 있다. 우리는 그것도 모르고 계단만 보고 올라갔다가 갑작스럽게 울리는 대포 소리에 심장이 터질 뻔했다.

Add. Strossmayerovo šetalište 9, 10000, Zagreb   Tel. +385 1 4851 768   Fee. 성인 20쿠나

스톤게이트 Kamenita Vrata / Stone Gate

전망대에서 내려와 성 마르코 성당으로 가는 길에 오른쪽으로 살짝 빠지면 스톤게이트를 만날 수 있다. 워낙 이정표가 잘 되어 있어서 헤매지 않고 둘러볼 수 있는데, 이 스톤게이트에는 뭔가 묘한 기운이 감돈다. 1731년 대화재로 인해 모든 것이 불에 탔는데, 이곳에 유일하게 불타지 않은 성모 마리아 그림이 있어서 사람들이 그 그림에 어떤 영적인 힘이 있다고 믿고 꾸준히 기도를 하러 온다고 한다. 실제로 성모 마리아 그림 주변에 꽃을 두거나 촛불을 켜고 기도하는 사람들이 끊이지 않는다.

Add. Kamenita ul., 10000, Zagreb

성 마르코 성당 Crkva sv. Marka / St. Mark's Church

자그레브 대성당과 함께 자그레브에서 꼭 봐야 하는 이곳은 바로 성 마르코 성당이다. 자그레브에서 가장 오래된 성당으로 색색의 타일을 사용하여 지붕을 만든 것이 인상적이다. 이 성당의 별명은 '타일 성당'인데, 마치 레고로 만든 것 같기도 하고 테트리스 게임을 연상시키기도 한다. 13세기 초에 지어진 것으로 추정되며 지붕에 모자이크로 장식된 두 문장은 크로아티아와 자그레브 시의 문장이라고 한다. 14세기 후반에 후기 고딕 양식으로 재건축되어 본래의 로마네스크 양식과 후기 고딕 양식이 섞인 형태가 되었다. 내부에 아름다운 벽화와 프레스코화가 있다고 해서 성당 뒤쪽에 있는 문으로 들어가 보려고 하였으나 완전히 들어가지는 못하게 되어 있고 유리창을 통해 멀리서만 확인이 가능한 정도였다.

Add. Trg Sv. Marka 5, Zagreb   Tel. +385 1 4851 611

실연박물관 Muzej Prekinutih Veza / Museum of Broken Relationships

영어에 좀 자신이 있다면 실연박물관에 가보는 것도 나쁘지 않다. 실연박물관은 안타깝게 끊어져버린 관계들에 대한 사연과 그것에 관련된 물건들이 전시된 박물관이다. 모든 사연이 크로아티아어와 영어로 쓰여 있다. 어릴 때 좋아하던 사람에게 강간당한 이야기, 여름휴가지에서 시작된 사랑이 일상으로 돌아가자 깨져버린 이야기, 남자가 출장 간 사이 여자가 다른 여자가 좋아졌다고 해서 남자가 여자의 물건들을 하나하나 도끼로 부순 이야기, 장거리 연애를 하면서 잘 안된 이야기 등. 상상도 못한 사연들이 많아 읽는 내내 심장이 쿵쿵거린다. 남녀 사이의 관계뿐만 아니라 부모와 자식 간의 끊어진 관계에 대한 사연도 많다. 그리 크지 않은 박물관이지만 나와 다른 사람들과의 관계에 대해 많이 생각해보게 해준 곳이라 기억에 남는다.

Add. Ćirilometodska 2, 10000, Zagreb **Tel.** +385 1 4851 021 **Web.** brokenships.com
Fee. 성인 30쿠나, 학생 20쿠나 **Time.** 6월~9월 9:00~22:30, 10월~5월 9:00~21:00, 크리스마스/새해/이스터/모든 성인의 날에는 휴관, 크리스마스 이브/새해 전날은 9:00~15:00

자그레브 대성당이 보이는 루프탑 숙소

여행을 할 때 보통 일행이 있으면 호텔이나 아파트를 빌리고, 일행이 없으면 혼자 호스텔 도미토리에서 머무르는 편이다. 그게 비용 면에서 훨씬 효율적이기 때문이다. 자그레브에서는 Airbnb를 통해 대성당 앞에 있는 현지인의 집을 빌려 숙박하게 되었는데, 안타깝게도 현재는 영업을 하지 않는 것 같다. 방 2개, 거실, 부엌, 화장실로 구성된 그 집은 마치 내가 이곳에 사는듯한 느낌을 줄 정도로 현지 가정집의 느낌이 물씬 풍긴다. 게다가 루프탑 창 밖으로 보이는 경치가 자그레브 대성당이라니, 위치와 경치가 정말 너무 좋다. 무거운 짐을 들고 가파른 계단을 올라가야 한다는 단점이 있지만, 그래도 이곳에서의 1박은 참 행복했다.

로트르슈차크 전망대에서 본 풍경

자그레브 교통 정보

자그레브로 가는 방법

비행기 시내 동남쪽에 국제공항이 있어 유럽의 여러 도시에서 항공편을 이용하여 자그레브로 갈 수 있다.
- 자그레브 공항 : www.zagreb-airport.hr

버스 근처 국외/국내 도시들에서 버스를 이용해 자그레브로 갈 수 있다. 기차보다 빠르고 직행편이 많아 크로아티아 여행 시 추천할만한 교통수단이다.
▷ 뮌헨 → 자그레브(약 7시간), 비엔나 → 자그레브(약 5~6시간), 류블랴나 → 자그레브(약 2시간 50분), 사라예보 → 자그레브(약 8시간 30분), 베오그라드 → 자그레브(약 5~6시간), 자다르 → 자그레브(약 3시간 30분), 스플리트 → 자그레브(약 5시간 30분)
- 크로아티아 국내/국제선 버스 : www.buscroatia.com
- 크로아티아 버스터미널 : www.autobusni-kolodvor.com
- 자그레브 버스터미널 : www.akz.hr

기차 버스와 마찬가지로 국외/국내 도시들에서 기차를 이용해 자그레브로 갈 수 있다. 일반적으로 버스보다 소요시간이 길며 환승을 해야 하는 경우가 대부분이다.
▷ 뮌헨 → 자그레브(약 9시간), 비엔나 → 자그레브(약 8시간), 류블랴나 → 자그레브(약 2시간 30분), 사라예보 → 자그레브(약 9시간 30분), 베오그라드 → 자그레브(약 7시간)
- 크로아티아 국내 기차 검색 : www.hzpp.hr
- 크로아티아 국외 기차 검색 : reiseauskunft.bahn.de

자그레브 중심지로 가는 방법

공항에서 공항은 시내 중심지로부터 약 17km 정도 떨어져 있다. 택시를 타면 시내까지 약

25분 정도 소요되며, 요금은 약 200쿠나이다. 공항셔틀버스를 타면 시내에 있는 버스터미널까지 약 30분 정도 소요되며, 티켓은 30쿠나이다. 공항셔틀버스 첫차는 오전 7시, 막차는 오후 8시인데, 오후 8시 이후에는 비행기가 착륙한 후 출발한다.
- 자그레브 공항버스 : www.plesoprijevoz.hr

기차역에서   기차역에서 시내의 반 옐라치치 광장까지는 1km로 걸어갈 수 있는 거리이다. 하지만 짐이 무거울 경우 기차역 앞에서 6번 혹은 13번 트램을 이용하면 된다.

버스터미널에서   버스터미널에서 시내의 반 옐라치치 광장까지는 1.8km이며 6번 트램을 이용하면 된다. 6번 트램이 버스터미널에서 기차역을 거쳐 반 옐라치치 광장으로 간다.

자그레브의 대중교통

트램
버스   자그레브 시내의 대부분 지역은 트램과 버스노선으로 이어져 있다. 티켓은 기사, 거리의 Tisak 신문가판대, ZET 스토어에서 구입할 수 있으며 90분 동안 유효하다. 티켓 가격은 낮에는 10쿠나, 밤(자정부터 새벽 4시까지)에는 15쿠나이다. 하루 혹은 3일 동안 무제한으로 이용 가능한 티켓도 있다. 1일권 30쿠나, 3일권 70쿠나.
- 자그레브 시내교통 : www.zet.hr

푸니쿨라   자그레브 Lower town과 Upper town을 연결하는 푸니쿨라는 편도 4쿠나이다.

택시   Cammeo Taxi, Eko Taxi, Radio Taxi, VG-Taxi, Zebra Taxi 등 여러 택시회사가 있으며, 각 택시회사마다 기본요금과 킬로미터 당 요금이 다르다. 기본요금은 택시회사별로 8.50~16쿠나에서부터 시작하며, 킬로미터 당 6~9쿠나이다. 야간에는 추가요금이 붙는다.

자그레브의 중심지는 모두 도보로 걸어 다닐 수 있는 거리이고, 주요 관광지가 한 곳에 옹기종기 모여있으니 산책하듯 천천히 둘러보면 된다. 다만 전망대, 스톤게이트, 성 마르코 성당, 실연박물관 등은 높은 지대에 있으니 체력에 자신이 없다면 푸니쿨라를 이용하자.

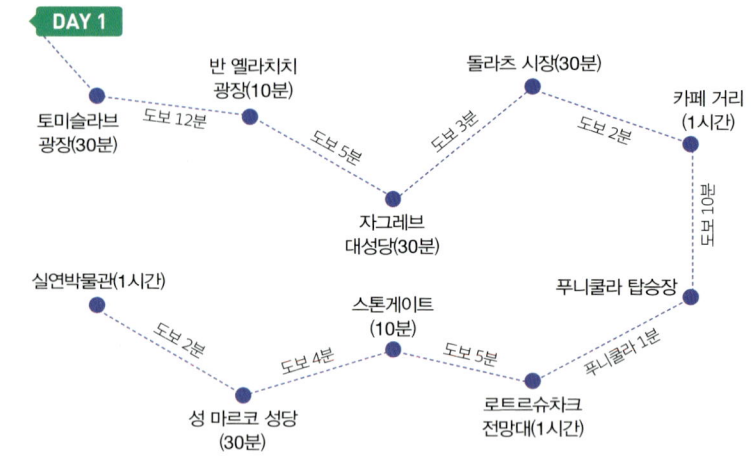

× 이것만은 꼭! 자그레브의 BEST 3 ×

BEST 1. 장난감 같은 지붕의 성 마르코 성당(타일 성당) 보기
BEST 2. 돌라츠 시장에서 신선한 과일 사 먹기
BEST 3. 로트르슈차크 전망대에 올라 자그레브 전체를 내려다보기

Croatia #3
라스토케
RASTOKE

라스토케는 자그레브에서 남쪽으로 약 105km 정도 떨어진 곳에 위치하는 작은 마을이다. 아름다운 산과 호수가 많은 리카-카를로바츠 지방에 속하며, 플리트비체 국립공원의 예고편 혹은 작은 버전이라고 할 수 있다. 플리트비체 국립공원이 크고 웅장한 느낌을 주는 곳이라면 라스토케는 아담하고 정겨운 느낌을 주는 곳이다.

라스토케 마을

자그레브에서 라스토케로, 렌터카 여행

오전에 자그레브에서 시간을 보낸 뒤 오후에 렌터카를 픽업하여 라스토케를 향해 출발하기로 한다. 렌터카 여행을 하려면 혼자보다 여러 사람이 함께하는 것이 비용 면에서 효율적이기 때문에 유럽여행 카페에서 일행 3명을 구해 같이 여행하기로 했다.

트램이 다니는 길을 운전하는 것에 익숙하지 않은 우리는 겨우 자그레브 시내를 빠져나와 라스토케로 향하는 길에 오른다. 자그레브에서 라스토케까지는 총 105km 정도이고 1시간 반 정도 달리면 도착할 수 있다. 라스토케는 플리트비체 국립공원으로 향하는 길 중간쯤에 있는 수많은 폭포를 가진 작은 마을이다. 플리트비체와 비슷한 자연적 현상이 나타나기 때문에 '플리트비체의 작은 호수'라고 불리기도 한다. 렌터카로 여행할 경우 늘 주차가 문제인데 우리가 도착한 시각이 오후 5시쯤이어서 다행히 마을 근처 유료주차장에 자리가 많이 남아 있었다. 주차 후에는 꼭 기계에서 티켓을 구입하여 차 앞유리에 두어야 한다. 그렇지 않으면 벌금을 물게 될 수도 있다.

수많은 작은 폭포로 이루어진 마을, 라스토케

천천히 마을 쪽으로 내려가보니 이곳은 정말 물과 폭포로 이루어진 마을임이 느껴진다. 예쁜 집들이 옹기종기 모여있고, 맑은 물이 졸졸 흐르고, 한쪽에는 폭포가 시원하게 쏟아져 내리고 있다. 다리를 건너니 마을이 저만치 보이고 폭포들이 한눈에 들어온다. 라스토케 마을에는 숙박업소가 많았는데 자연환경이 좋아서인지 많은 사람이 쉬러 오는 것 같았다. 바쁘게 돌아가는 일상에서 잠시 벗어나 느리고 평화롭게 돌아가는 이곳에서 휴양하는 것은 좋은 생각인 것 같다. 폭포를 보며 길을 따라 걷다 보니 한 무리의

라스토케 마을 폭포

아주머니와 아저씨들이 보인다. 컬러풀한 등산복을 잘 차려입은 그들은 바로 한국인 단체 관광객들이다. 확실히 이전보다 크로아티아에 한국인 관광객이 많이 늘었다. 다 TV 프로그램의 효과려니…… 역시 대중매체의 영향력은 크다.

다시 주차장 쪽으로 돌아와 이번에는 반대쪽으로 걸어보기로 한다. 다리를 건너 폭포의 전경은 봤지만, 막상 마을 안쪽으로 들어가는 길은 없었기 때문이다. 반대쪽에 있는 다른 다리를 건너 마을이 있는, 정확하게 말하자면 음식점 표시가 된 곳으로 걷는다. 100m만 이쪽으로 더 오라는 음식점 사인에는 접시 위에 올려진 생선 그림과 함께 꼬치에 꽂힌 도롱뇽 그림도 있다.

아무래도 물이 많은 마을이라 그런지 이런 요리가 유명한가 보다. POD RASTOCKIM KORVOM이라고 쓰인 이곳에서는 식사도 가능하고 다리로 연결된 4개의 섬도 둘러볼 수 있다. 저녁 시간이어서 그런지 음식점에는 이미 기다리는 줄이 있어서 우리는 먼저 섬을 둘러보기로 한다. 수십 개의 작은 폭포들, 콸콸 흐르는 물, 그리고 푸르른 풀밭. 중간중간 피크닉 테이블이 놓여 있는데, 이곳에서 피크닉을 하면 정말 좋겠다는 생각이 든다. 풀밭도 거닐고, 얼룩덜룩 한 무늬의 오리도 보고, 화려하지 않지만 소박한 재미가 있다.

이곳을 거닐다가 한국에서 왔다는 어떤 귀여운 아가씨도 만났다. 버스를 이용하여 크로아티아를 여행 중이라던 그녀는 우리에게 꽤나 많은 팁을 준다. 이 레스토랑에서 파는 생선 요리가 그렇게 맛있다며 꼭 먹어보라고, 내일 플리트비체 국립공원을 갈 때는 양말과 수건을 준비하라고 말이다. 어제까지 비가 많이 와서 국립공원 자체가 많이 젖어 있는 상태란다. 그녀는 지금도 어디선가 잘 살고 있겠지? 여행 중 우연히 만나 대화를 나눈 사람들이 이따금씩 떠오를 때가 있다.

POD RASTOCKIM KORVOM

유명하다는 송어요리를 먹다!

드디어 음식점에 입성하여 자리를 잡고 주문을 한다. 제일 먼저 주문한 건 따뜻한 카푸치노. 10월 초의 크로아티아는 생각보다 춥다. 우리나라 가을 날씨 정도지만 아침과 저녁은 어느 정도 두툼한 옷이 있어야 견딜 수 있다. 그래도 따뜻한 실내에서 뜨끈한 커피를 마시니 몸이 조금씩 녹기 시작한다. 나와 한 일행은 아까 그 아가씨가 추천한 송어요리와 감자튀김을, 또 다른 두 명의 일행은 고기요리를 주문한다. 장방형의 긴 접시에 감자튀김이 깔리고, 뱃속에 버섯 등 각종 재료들을 품은 송어가 그 위에 놓여 서빙된다. 개인적으로 내 입맛에 잘 맞지는 않았지만, 음식은 워낙 호불호가 갈리고 이곳에서 유명한 요리라고 하니 한 번쯤 먹어볼 만은 하다.

SLOVIN UNIQUE
Add. Rastoke 25b, 47240, Slunj   **Tel.** +385 47 801 460
Web. http://slunj-rastoke.com
Price. 메인메뉴와 사이드디쉬 약 100쿠나, 음료 약 20쿠나

Rastoke

🚩 라스토케 교통 정보

라스토케로 가는 방법

버스 라스토케는 버스로만 갈 수 있으며 자그레브에서 플리트비체 국립공원 가는 길에 라스토케를 들르는 경우가 많다. 버스는 자주 있는 편이며 온라인으로 검색 시 Rastoke가 아닌 Slunj로 검색해야 한다.
▷ 자그레브 → 라스토케(약 1시간 40분), 플리트비체 → 라스토케(약 40분)
- 크로아티아 국내/국제선 버스 : www.buscroatia.com
- 크로아티아 버스터미널 : www.autobusni-kolodvor.com
- 자그레브 버스터미널 : www.akz.hr

라스토케 중심지로 가는 방법

버스터미널에서 버스터미널에서 내린 다음 자그레브 방향으로(북쪽으로) 약 10분 정도 걸어 올라가면(약 650m) 라스토케 마을 중심부에 다다를 수 있다.

✕ 이것만은 꼭! 라스토케의 BEST 3 ✕

BEST 1. 다리를 건너 폭포와 마을 전경 바라보기
BEST 2. 마을로 들어가 폭포를 가까이에서 느끼기
BEST 3. 분위기 좋은 레스토랑에서 유명한 송어요리 먹기

라스토케 여행코스

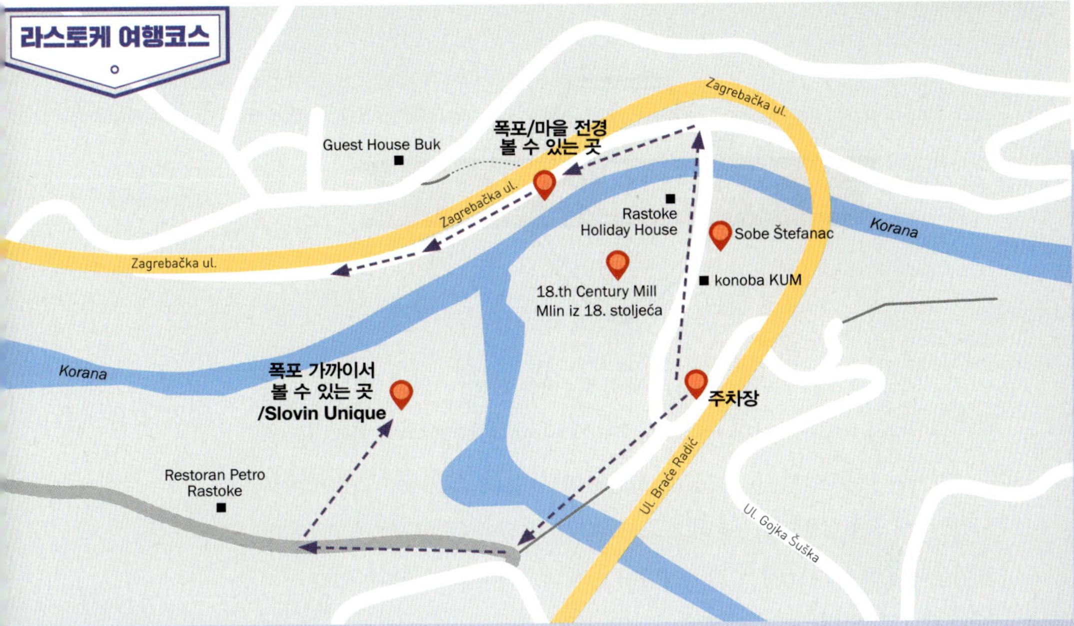

Zagrebačka ul.
폭포/마을 전경
볼 수 있는 곳
Guest House Buk
Zagrebačka ul.
Rastoke
Holiday House
Sobe Štefanac
Korana
Zagrebačka ul.
18.th Century Mill
Mlin iz 18. stoljeća
konoba KUM
Korana
폭포 가까이서
볼 수 있는 곳
/Slovin Unique
주차장
Restoran Petro
Rastoke
Ul. Braće Radić
Ul. Gojka Šuška

라스토케 추천일정

라스토케 마을은 상당히 작아서 도보로 충분히 둘러볼 수 있다. 일정이 여유롭지 않다면 2~3시간 정도 할애하면 좋고, 일정이 여유롭다면 최소 반나절에서 하루 이상 할애해도 좋다. 라스토케에는 조용히 쉴 수 있는 숙소들이 많으니, 여행의 테마가 '힐링'인 여행자들은 이곳에서 숙박하며 여유를 즐기는 것도 추천할 만하다.

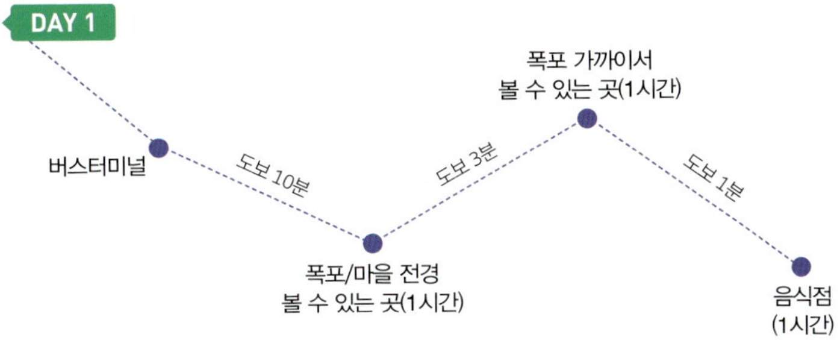

DAY 1
버스터미널
도보 10분
폭포/마을 전경
볼 수 있는 곳(1시간)
도보 3분
폭포 가까이서
볼 수 있는 곳(1시간)
도보 1분
음식점
(1시간)

플리트비체 국립공원

PLITVICE LAKES NATIONAL PARK

'세상에 어떻게 이런 곳이 존재하지?'라는 생각이 드는 곳, 숲 속 요정이 튀어나올 것만 같은 곳, 수많은 폭포와 에메랄드빛 호수를 가진 곳, 혼자 보기에는 너무 아까워서 소중한 사람과 다시 오고 싶은 곳. 그곳이 바로 플리트비체 국립공원이다. 유네스코 세계 자연유산에 등재되어 매년 100만 명 이상이 방문하는 이곳은 크로아티아 여행의 핵심이라고 할 수 있다.

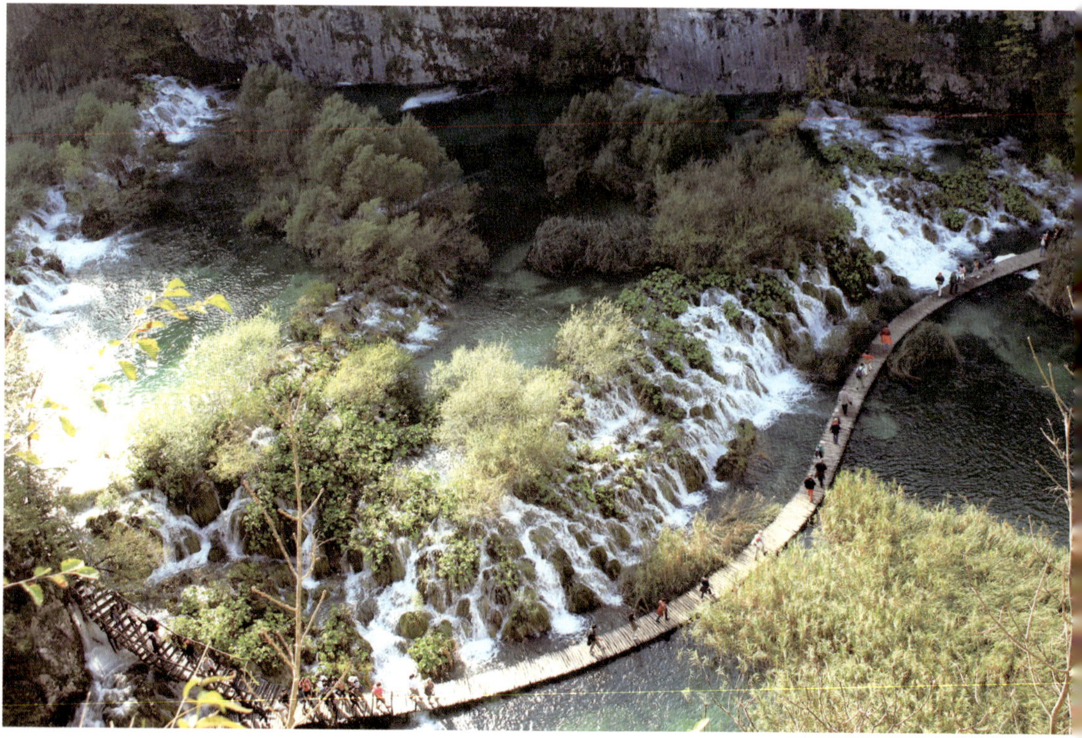

라스토케 마을 다리

플리트비체 국립공원에서의 보금자리

저녁식사를 마치고 플리트비체 국립공원 근처에 미리 잡아놓은 숙소로 이동한다. 이 숙소 역시 Airbnb를 통해 현지인의 집을 예약한 것인데, 큰 방과 작은 방, 모두 둘러앉아 담소를 나눌 수 있는 따뜻한 분위기의 거실과 부엌이 있어서 내 집인 것처럼 편하게 지낼 수 있는 곳이다. 특히 세탁기와 세제까지 구비되어 있어 너도 나도 자기 전에 밀린 빨래를 하느라 바빴다. 장기간 여행을 하다 보면 숙소 세탁기의 유무도 참 중요하다. 만약 세탁기 사용이 불가능하다면 모든 것을 손빨래로 해결해야 하니까 말이다.

Apartman Špehar
Add. Mukinje, Plitvička Jezera, Lika-Senj County 53231   Price. 아파트 약 530쿠나

머리맡 창문을 통해 들어오는 따뜻한 햇살이 얼굴 위로 쏟아진다. 오늘은 대망의 플리트비체 국립공원에 가는 날! 오기 전에 하도 좋다는 얘기를 많이 들어서 벌써부터 마음이 들뜬다. 국립공원에 들어가면 먹을 곳이 마땅치 않다는 정보를 미리 입수했기에 그곳에 가서 먹을 삶은 감자와 계란, 바나나와 귤을 포장해 가방 속에 꾹꾹 눌러 담는다. 오래 걸어도 문제없는 신발을 신고 더우면 벗고 추우면 입을 수 있는 옷을 챙겨 숙소를 나선다.

플리트비체 국립공원은 어떤 곳?

영화 아바타 촬영지로 유명한 플리트비체 국립공원은 동유럽에서 가장 오래된 국립공원이며, 동시에 크로아티아에서 제일 큰 국립공원이다. 1979년에는 유네스코 세계 자연유산으로 등재되기도 했다. 16개의 호수와 90여 개의 폭포로 이루어진 플리트비체 국립공원에는 꽤나 여러 개의 하이킹 코스가 있다. 그중에서도 한국인들이 가장 많이 한다고 알려져 있는 것은 H코스. 전반적으로 국립공원 전체를 둘러보는 코스이면서 위에서부터 아래로 내려오는 코스이기 때문에 체력소모가 덜하다. 우리도 원래 이 코스를 걸을 예정이었으나 막판에 C코스로 변경했는데, 그 이유는 C코스는 올라가면서 풍경을 보는 거라 걸으면서 풍경을 자연스럽게 볼 수 있는데, H코스는 아름다운 풍경이 다 뒤에 있어서 의도적으로 뒤를 돌아봐야 하기 때문이다. 어떤 사람들은 C코스가 산을 올라가면서 보는 코스이기에 체력소모가 많다고 하는데 직접 걸어보니 산책하는 수준이라 그렇게 힘들지는 않다.

플리트비체 국립공원
Tel. +385 53 751 015 Web. www.np-plitvicka-jezera.hr Time. 성수기 7:00~19:00, 비성수기 7:00~18:00(일요일, 공휴일 포함) Fee. 티켓 가격 다음 페이지 참고, 주차비 1시간 기준 7쿠나

1일권

	1월~3월, 11월~12월	4월~6월, 9월~10월	7월~8월
성인	55쿠나	110쿠나	180쿠나
학생	45쿠나	80쿠나	110쿠나
7~18세	35쿠나	55쿠나	80쿠나
7세 이하	무료	무료	무료

2일권

	1월~3월, 11월~12월	4월~6월, 9월~10월	7월~8월
성인	90쿠나	180쿠나	280쿠나
학생	70쿠나	130쿠나	210쿠나
어린이	55쿠나	90쿠나	140쿠나

코스

참고 : www.np-plitvicka-jezera.hr

- 입구 1

  A코스 : 2~3시간, 3,500m, B코스 : 3~4시간, 4,000m,
  C코스 : 4~6시간, 8,000m, K코스 : 6~8시간, 18,300m

- 입구 2

  E코스 : 2~3시간, 5,100m, F코스 : 3~4시간, 4,600m,
  H코스 : 4~6시간, 8,900m, K코스 : 6~8시간, 18,300m

C코스를 따라 걷다! - 전반부

어느 코스를 걷느냐에 따라 입구도 달라진다. 입구 1과 2가 있는데 우리가 걷는 C코스는 입구 1에서 입장할 수 있기에 그쪽에 주차를 한다. 주차장에 들어갈 때 티켓을 뽑고 나중에 티켓을 제출하고 정산을 하는 시스템이다. 아침인데도 이미 매표소에는 사람들이 줄을 서 있다. 시간적인 여유만 된다면 이 근처에 숙소를 잡고 2일 연속으로 이곳에 오는 것도 좋겠다는 생각이 든다. 하루는 이 코스를, 그 다음날은 다른 코스를 걸으면서 이곳의 신

비함을 만끽하는 것이다. 티켓을 구입하면 이곳을 떠날 때까지 잘 보관해야 하는데, 그 이유는 중간에 전기로 움직이는 페리를 타거나 할 때 티켓 검사를 하기 때문이다. 국립공원 자체가 워낙 넓다 보니 걷기도 하고, 페리도 타고, 마지막에는 꼬마기차도 타게 된다.

C라고 쓰인 푯말을 따라 걷는다. 단지 몇 걸음 걸었을 뿐인데 벌써 눈은 휘둥그레지고 입은 다물어지지 않는다. 저 위에서부터 아래로 세차게 떨어지는 폭포수는 시원한 풍경과 함께 시원한 소리를 들려주고, 폭포수가 모여 만들어진 호수는 말로 다 설명할 수 없는 신비로운 색을 띠고 있다. 녹색은 녹색인데 물속이 다 보이는 투명한 녹색이라고 해야 할까? 지난 며칠 동안 비가 많이 왔다고 하더니 나무로 만들어진 보행자 통로 위로 물이 흘러넘쳐 조금 위험해 보인다. 신발이 젖지 않게, 미끄러지지 않게 조심조심 걸으면서도 멋진 풍경을 두 눈과 카메라에 담기 바쁘다. 1시간 30분 정도를 걷고 나니 페리 선착장이 나온다. 페리는 매 30분 정도마다 출발하는 것 같았는데 사람이 어느 정도 차면 출발하기도 한다.

C코스를 따라 걷다! – 후반부

20분 정도 페리를 타고 도착한 곳에는 간단하게 뭔가 사 먹을 수 있는 매점과 화장실이 있다. 우리도 이 근처에 자리를 잡고 숙소에서 싸온 간식거리들을 꺼내 먹는다. 너무 덥지도 춥지도 않은 날씨에 눈앞에는 한 폭의 산수화가 펼쳐져 있고 심지어 삶아온 감자까지 너무 맛있다.

잠시 동안의 휴식을 마치고 한번 더 페리에 올랐다. C코스로 가려면 5분 정도 페리를 더 타야 했기 때문이다. 여기서부터 2시간 정도는 약간의 오르막이 포함된 코스다. 그렇지만 이곳에서만 볼 수 있는 진귀하고 멋진 풍경들을 보며 걷느라 힘든지도 모르고 걷는다. 초반부에서는 폭포를 아래에서 위로 올려다보았다면 후반부로 갈수록 폭포를 위에서 아래로 내려다보게 된다. 위에서 보나 아래에서 보나 멋있기는 매한가지. 여행하면서 사람들이 만든 인공적인 아름다움에도 감탄하지만 확실히 제일 큰 감동을 주는 것은 자연이다. 코스의 종점에 도착하니 음식점과 함께 화장실이 있다. 이미 많은 사람이 이곳에서 식사를 즐기고 있었는데, 우리는 빨리 자다르로 이동해야 했기 때문에 바로 꼬마기차에 올라타기로 한다. 꼬마기차는 20분 간격으로 있었고 우리를 입구 2와 입구 1로 데려다주는 역할을 한다. 바로 주차장 앞에 세워주는 줄 알았는데 내린 곳에서 또 한참을 걸어가야 한다. 주차장으로 돌아오니 시간은 이미 오후 3시가 넘었다. 10시에 하이킹을 시작했으니 꼬박 5시간이 걸린 셈이다. 주차장 들어올 때 뽑았던 티켓을 들고 정산소에 가서 정산을 한 뒤 영수증의 바코드를 기계에 찍고 주차장을 빠져나와 자다르로 향한다.

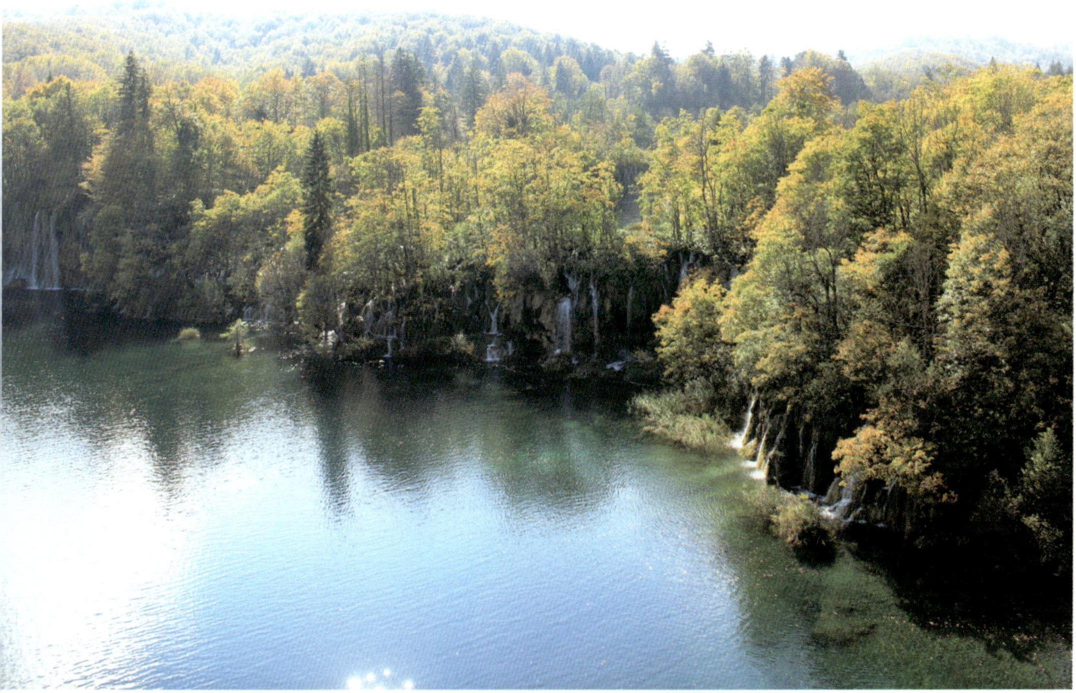

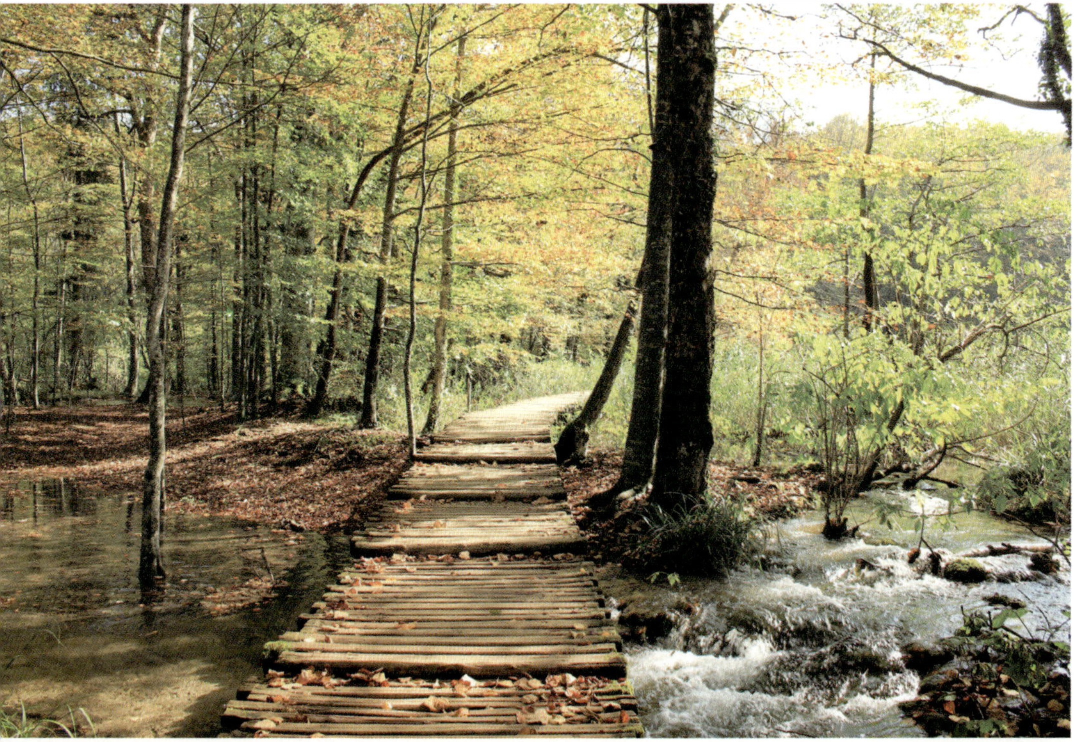

🚩 플리트비체 국립공원 교통 정보

플리트비체 국립공원으로 가는 방법

버스 플리트비체 국립공원은 버스로만 갈 수 있다. 주말이나 성수기에는 자그레브와 플리트비체 구간을 운행하는 택시나 승합차도 있는데, 일정 인원을 모아 출발한다.
▷ 자그레브 → 플리트비체(약 2시간), 라스토케 → 플리트비체(약 40분),
  자다르 → 플리트비체(약 2시간), 스플리트 → 플리트비체(약 3시간 30분)
- 크로아티아 국내/국제선 버스 : www.buscroatia.com
- 크로아티아 버스터미널 : www.autobusni-kolodvor.com
- 자그레브 버스터미널 : www.akz.hr

플리트비체 국립공원 입구로 가는 방법

버스터미널에서 버스가 입구 1, 입구 2에서 정차한다. 만약을 대비해 버스기사에게 플리트비체 국립공원 입구 1 또는 2에서 내려주는지 물어보는 것도 좋은 방법이다. (특히 비수기의 경우) 버스에서 내린 후에는 Entrance, ULAZ 표시를 따라가면 된다.

✕ 이것만은 꼭! 플리트비체 국립공원의 BEST 3 ✕

BEST 1. 트래킹 코스를 정해 플리트비체 국립공원을 느끼며 트래킹하기
BEST 2. 위쪽에서 폭포 전경 내려다보기 (입구 1)
BEST 3. 페리를 타고 호수 위를 달리기 (일부 트래킹 코스)

플리트비체 국립공원 추천일정

여러 트래킹 코스 중 본인에게 맞는 코스를 정해 둘러보면 된다. 플리트비체 국립공원을 전체적으로 다 보고 싶다면 C코스 또는 H코스를 추천한다. 특히 긴 코스를 걷는 사람들은 중간에 마실 물이나 허기를 채울 만한 간식을 챙기는 것이 좋다. 음식점과 매점이 있기는 하지만 매우 한정적인 장소에 국한되어 있다.

자다르
ZADAR
Croatia #5

달마티아 지방의 주도이자 풀라, 스플리트와 함께 현재에도 로마시대를 느낄 수 있는 도시이다. 아드리아해를 접하고 있는 항구도시로 특히 일몰이 아름답기로 유명하다. 세계 최초의 바다오르간이 있어서 많은 여행자가 바닷물의 연주를 감상하기 위해 이곳을 찾는다.

자다르 구시가지

시설이 좋았던 자다르의 숙소

플리트비체 국립공원에서 차로 2시간 정도 달리면 크로아티아의 서쪽 해안에 있는 자다르에 다다른다. 이곳을 일정에 넣은 이유는 단 하나, 일몰이 정말 아름답기 때문이다. 사실 자다르는 도착해서 일몰 보는 것 외에는 별다른 계획을 세우지도 않았다. 하지만 특유의 평화로운 분위기 때문인지 일행 중 한 명은 크로아티아에서 자다르가 제일 마음에 드는 도시라고 한다. 예약해둔 아파트를 찾아가 골목에 주차를 하려는데, 골목이 너무 좁아 고작 1~2년 운전한 경력으로 주차하기에는 어림도 없다. 결국 집주인에게 주차를 부탁한다. 다행히 집주인이 좁은 골목에 우리 렌터카를 쏙 넣어 주었고, 그제야 우리는 차에서 빠져나올 수 있었다.

자다르 숙소는 부킹닷컴으로 미리 예약해두었는데, 1베드룸의 작은 아파트다. 방 안에 더블침대가 있고 거실에 소파베드가 있어서 최대 4명 정도까지 숙박할 수 있다. 특히 주방이 최신식이고 깔끔해서 요리해먹기에 최적이었는데, 아쉽게도 우리는 하룻밤만 자고 떠나서 주방을 사용할 일이 없었다. 이 숙소에서 제일 마음에 든 것은 샤워실. 수압이 어찌나 강하던지 마치 사우나나 온천에 가서 물로 마사지를 받는 듯한 느낌이 들 정도다. 덕분에 피로를 싹 물리치고 푹 잘 수 있었다. 위치도 바다오르간 근처라서 자다르 숙소로 추천하고 싶다.

Zadar Inn The Big Blue Apartment
Add. Jurja Bijankinija 6, Zadar, 23000   Price. 아파트 약 525쿠나

황홀한 자다르의 일몰을 보다!

숙소에 짐을 던져두고 바닷가 쪽으로 나가 산책로를 걷다 보니 해가 뉘엿뉘엿 지는 것이 보인다. 어둑어둑한 하늘에 흰 구름이 퍼져있고, 그 위를 붉게 물들이며 진하게 작별인사를 하는 태양. 그냥 흰 바탕을 빨갛게 물들이는 것이 아니라 하늘과 구름, 그리고 바다의 색 위에 붉은색을 입히는 것이라 그런지 더 신비롭게 느껴진다. 색과 색이 섞이면서 또 다른 아름다운 색을 만들어내니 말이다. 이 아름다운 장면을 놓칠 수 없다며 저마다 실루엣 사진을 찍어댄다. 지는 해를 배경으로 사진을 찍으면 인물은 까맣게 실루엣만 나오기 때문에 분위기 있는 사진을 연출할 수 있다. 나도 빠질 수 없다며 실루엣 사진을 찍는다.

태양에게 인사 & 바다오르간 Pozdrav Suncu & Morske Orgulje / Monument to the Sun & Sea Organ

바다 산책로 끝까지 걸어가면 바다오르간이 있는데, 이 바다오르간은 대리석 계단 아래에 35개의 파이프를 설치해서 파도가 파이프 안의 공기를 밀어내면서 소리를 만들어 낸다고 한다. 어딘가에는 파이프가 보이지 않을까 하고 여기저기 둘러보았는데 파이프의 모습은 보이지 않는다. 한쪽 바닥에 있는 커다란 동그라미에서 색색의 불빛이 나오고, 아이들은 그 위에서 뛰어다니며 놀기에 바쁘다. 이게 뭔가 했더니 낮 동안 태양열을 받아 보관했다가 밤에 이렇게 반짝거리며 빛나는 '태양에게 인사'라고 한다. 한쪽에 자리를 잡고 가만히 앉아 오르간 소리에 귀를 기울인다. 들릴 듯 말 듯 낮은 음색으로 '웅~ 웅~'하는 소리가 들려온다.

포럼

포럼 & 성 도나타 교회 & 성 아나스타샤 대성당
Forum & Crkva Sv. Donata & Katedrala Sv. Stošije / Forum & Church of St. Donatus & Cathedral of St. Anastasia

자다르는 로마시대에 형성된 역사가 깊은 도시인데, 안타깝게도 2차 세계대전 때 폭격을 당해 포럼 등 귀중한 문화유산이 파괴되었다. 해변 산책로 옆 넓은 부지로 가보니 건물의 일부분이었던 것 같은 큰 조각들이 놓여 있다. 아마 폭격당했을 때 무너진 건물들의 일부분이겠지. 이곳에 성 도나타 교회와 성 아나스타샤 대성당도 자리하고 있다. 성 도나타 교회는 9세기에 지어진 것으로 원래 성 삼위일체 교회(Church of the Holy Trinity)라는 이름을 가지고 있다가 15세기에 현재의 이름으로 변경되었다. 로마광장이 무너진 뒤 그 잔해로 지은 것이기 때문에 그 모습이 보통의 교회들과는 다른

성 도나타 교회

것이 특징이다. 또 하나 신기한 것은 현재 교회의 역할을 하는 것이 아니라 콘서트 장소, 국제 중세 르네상스 음악 축제 장소의 역할을 하고 있다는 것이다. 바로 옆의 성 아나스타샤 대성당은 자다르의 대성당인데, 건물 중앙에 꽃을 연상시키는 문양이 들어가 있는 것이 인상적이다. 종탑에 오르면 자다르 시내가 한 눈에 내려다보인다고 하니 시간적 여유가 된다면 올라가 보는 것도 좋을 듯하다.

성 도나타 교회

Add. Trg Rimskog Foruma, 23000, Zadar   **Tel.** +385 23 316 166   **Web.** www.zadar.travel
Fee. 10세 이상 학생과 성인 20쿠나, 학생 및 노인 그룹 12쿠나, 기타 그룹 15쿠나, 10세 이하 어린이 무료, 그룹은 10명 이상   **Time.** 4월~5월 9:00~17:00, 6월 9:00~21:00, 7월~8월 9:00~22:00, 9월~10월 9:00~17:00, 11월~3월 휴무. 변동 가능성 있음.

성 아나스타샤 대성당

Add. Croacia, Trg Svete Stošije, Zadar   **Web.** www.zadar.travel

나로드니 광장 Trg Narodni / People's Square

상점과 레스토랑이 많은 메인 거리를 걷다 보니 젤라토를 파는 가게가 눈에 들어온다. 크로아티아도 이탈리아와 마찬가지로 여름에는 매우 덥기 때문에 젤라토를 먹는 문화가 발달한 모양이다. 우리도 그냥 지나치지 못하고 젤라토 한 스쿱씩을 주문한 뒤 조금씩 핥아 먹으면서 자다르의 구시가지를 걷는다. 곧 우리 눈앞에 모습을 드러낸 나로드니 광장. 반질반질한 바닥, 광장을 둘러싼 오래된 건물들과 시계탑, 그리고 광장 여기저기에 야외 테이블을 내놓고 점심 장사를 하고 있는 레스토랑과 카페들. 르네상스 시대부터 지금까지 자다르 공공생활의 중심지라고 불리는 것에 걸맞게, 그리고 사람들의 광장이라는 이름에 걸맞게 옛날이나 지금이나 사람들로 북적이고 있다.

SLAD ICE CREAM
Price. 젤라토 약 10~20쿠나

나로드니 광장의 활기참을 뒤로하고 골목을 따라 성 밖으로 향한다. 골목 한쪽에서는 그림을 파는 화가 아저씨도 보인다. 성 밖으로 나가니 항구가 눈에 들어온다. 파란 하늘과 바다와 대비되는 하얀색의 보트들. 그리고 1시간에 1대꼴로 운행되는 관광용 꼬마기차도 보인다. 정말 시간이 없는데 그 도시의 주요 관광지는 다 돌아보고 싶거나 아니면 걸어 다니기 힘든 날씨일 때는 관광용 꼬마기차를 이용하는 것도 좋을 것이다. 유럽 대부분의 관광도시에서는 이런 꼬마기차를 운영하니 말이다. 어느덧 평온한 이곳을 떠나야 할 시간. 우리는 차에 올라 자다르에서 남쪽으로 약 160km 떨어진 곳에 있는 스플리트로 향한다.

항구

자다르 교통 정보

자다르로 가는 방법

비행기 시내 동쪽에 공항이 있어 유럽의 여러 도시에서 항공편을 이용하여 자다르로 갈 수 있다.
- 자다르 공항 : www.zadar-airport.hr

버스 자그레브, 플리트비체 국립공원, 스플리트 등 근처 도시들에서 버스를 이용해 자다르로 갈 수 있다.
▷ 자그레브 → 자다르(약 3시간 30분), 플리트비체 → 자다르(약 2시간), 스플리트 → 자다르(약 2시간 30분)
- 크로아티아 국내/국제선 버스 : www.buscroatia.com
- 크로아티아 버스터미널 : www.autobusni-kolodvor.com
- 자그레브 버스터미널 : www.akz.hr

기차 주변 도시들에서 기차를 이용해 자다르로 갈 수 있지만 버스보다 시간이 오래 걸리고 환승을 해야 하는 등 불편하기 때문에 추천하지는 않는다. 환승 시간이 길 경우 자그레브에서 자다르까지 가는데 총 12시간이 걸리기도 한다.
- 크로아티아 국내 기차 검색 : www.hzpp.hr
- 크로아티아 국외 기차 검색 : reiseauskunft.bahn.de

페리 이탈리아 안코나에서 페리를 이용해 자다르로 갈 수 있다. 페리는 Jadrolinija사가 운행하고 있으며 6월부터 9월까지 한정적으로 운행한다.
▷ 안코나 → 자다르(6~9시간)
- Jadrolinija 페리 검색 : www.jadrolinija.hr

자다르 중심지로 가는 방법

공항에서 공항은 시내 중심지로부터 약 11km 정도 떨어져 있다. 택시를 타면 시내까지 약 20분 정도 소요되며, 요금은 약 190쿠나이다. 공항셔틀버스를 타면 시내에 있는 메인 버스터미널, 올드타운 버스터미널까지 약 25분 정도 소요되며 티켓은 25쿠나이다.
- 자다르 공항버스 : www.zadar-airport.hr

기차역에서
버스터미널에서 기차역과 메인 버스터미널에서 시내 중심지까지는 약 1.5km이며, 걸어서 갈 경우 약 20분 정도 소요된다. 메인 버스터미널 앞에서 시내버스 2번 또는 4번을 타면 5분 정도 소요된다.

페리터미널에서 페리터미널은 자다르 시내 중심지에 위치하므로 도보로 이동이 가능하다.

자다르의 대중교통

버스 자다르 시내의 대부분 지역은 버스노선으로 이어져 있다. 티켓은 기사, 거리의 Kiosk Liburnia, 신문가판대에서 구입할 수 있으며, 50분 동안 유효하다. 티켓 가격은 싱글 티켓 10쿠나, 리턴 티켓 16쿠나이다.
- 자다르 시내교통 : www.liburnija-zadar.hr

택시 LULIĆ Taxi, DENIS Taxi, FOX Taxi, ANTE ZADAR Taxi 등 여러 택시회사가 있으며, 택시회사마다 요금이 다르다. 약 5km에 19~45쿠나 정도이다.

자다르의 중심지는 모두 도보로 걸어 다닐 수 있는 거리이므로 산책하듯 천천히 둘러보면 좋다. 나로드니 광장과 포럼 주변, 해변 산책로 위주로 돌아보고, 바다오르간 근처에서의 일몰 감상은 놓치지 말자. 시간 여유가 있는 여행자는 구시가지 이곳저곳을 걷는 것도 좋다.

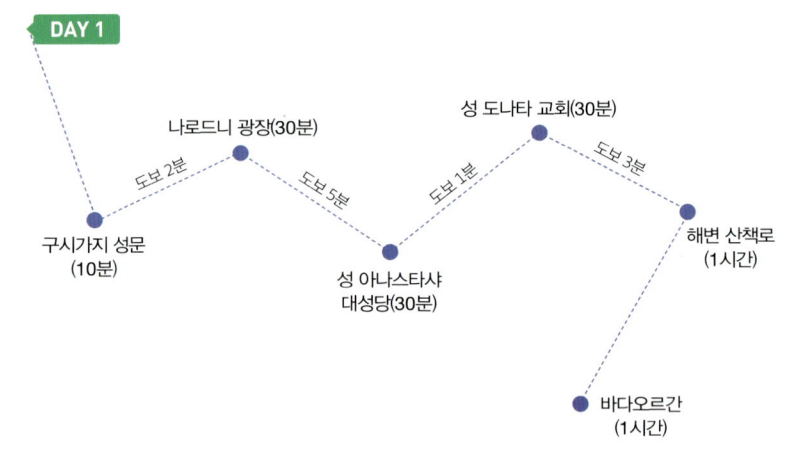

✕ 이것만은 꼭! 자다르의 BEST 3 ✕

BEST 1. 아름다운 일몰 감상하며 실루엣 사진 찍기
BEST 2. 바다를 바라보며 바다오르간 소리 감상하기
BEST 3. 해변 산책로를 따라 산책하기

동유럽에 반하다

Croatia #6
스플리트
SPLIT

Croatia

자다르에서 차로 약 2시간 정도 달리면 달마티안 지방에서 가장 큰 도시이자 크로아티아에서 두 번째로 큰 도시인 스플리트에 다다를 수 있다. 풀라, 자다르와 마찬가지로 아드리아해를 끼고 있어 아름다운 풍경을 자랑하며, 일몰 역시 황홀할 정도로 아름답다. 로마시대 디오클레티아누스의 궁전이 관광의 중심이 된다.

스플리트 풍경

아기자기한 골목에 위치한 숙소

스플리트가 보여줄 멋진 풍경을 기대하며 먼저 예약해둔 숙소 쪽으로 향한다. 자다르에서 골목길이 좁아 운전하기 불편하다고 불평했는데, 스플리트는 더 했으면 더 했지 덜 하지는 않다. 조금이라도 내비게이션에 집중하지 않으면 영락없이 잘못된 길로 들어서 버린다. 숙소는 디오클레티아누스 궁전 동쪽 주택가에 위치하고 있는데, 골목길이 아기자기해서 구석구석 걸어보고 싶다는 생각이 들게 만든다. 다만 이 골목이 그 골목이고, 그 골목이 이 골목인 것처럼 비슷하게 생긴 곳들이 많기 때문에 방향감각이 없다면 꼭 지도 어플을 들고 돌아다녀야 한다.

숙소 주인이 우리를 반갑게 맞이하며 안내를 해준다. 1층에는 작은 거실 겸 부엌이 있고, 입구 바로 옆쪽에는 화장실이 있다. 작지만 샤워실과 세탁기를 구비하고 있어서 1박 하는 데 큰 불편함은 없다. 2층으로 올라가 보니 더블침대 하나와 싱글침대 하나가 준비되어 있다. 작은 발코니도 있고 우리나라에 많은 복층펜션을 떠올리게 한다.

Studio Pama in the center of Split
Add. Dvornikova 5, Split, 21000   Price. 스튜디오 약 375쿠나

그린마켓 Green Market

잠시 쉬다가 디오클레티아누스 궁전으로 향한다. 궁전의 동문 밖에 펼쳐져 있을 활기찬 재래시장, 그린마켓을 구경할 생각에 이미 신이 나 있다. 그런데 막상 가보니 대부분 벌써 문을 닫았다. 오후 3시가 넘은 시각에 나갔으니. 역시 시장은 오전에 활기를 띠고 오후에는 대부분 장사를 접는듯하다. 아쉬운 마음을 뒤로하고 궁전 안으로 발걸음을 옮긴다.

Add. Ulica Stari pazar 8, 21000, Split

디오클레티아누스 궁전 Dioklecijanova Palača / Diocletian's Palace

유네스코 세계문화유산으로 지정되어 있는 디오클레티아누스 궁전은 황제가 은퇴 후 살기 위한 목적으로 지었기 때문에 궁전이라고 불리지만, 사실 형태는 군사적 목적의 요새와 비슷하다. 실제로 궁전의 반은 황제의 개인

디오클레티아누스 궁전 내부

적 용도로 사용되었고, 나머지 반은 군사들의 주둔지로 사용되었다. 지금은 남문 바깥에 길이 조성되어 있지만 처음 지어질 당시에는 바다와 이어져 있었다. 혹시라도 공격을 받아 요새가 함락될 경우, 바로 배를 타고 바다로 도망치기 용이하도록 말이다. 로마시대 이후 수 세기 동안 방치되었던 디오클레티아누스 궁전에는 7세기부터 사람들이 들어와 살기 시작했고 지금도 사람들의 주거지, 혹은 레스토랑이나 샵으로 사용되고 있다.

분위기 좋은 Figa food bar

아침부터 지금까지 제대로 식사를 못했기 때문에 다들 배가 고파서 음식점

으로 향하는 발걸음이 바쁘다. 일행 중 누군가가 맛집이라고 찾아온 Figa food bar. 지도를 보고 찾아가는데도 워낙 길이 좁고 꼬불꼬불해 찾기가 어렵다. 하지만 맛있는 음식을 먹겠다는 강한 의지와 매의 눈으로 결국 Figa food bar를 찾아낸다. 좁은 문을 통해 들어가 보니 아담한 크기의 내부가 눈에 들어온다. 그런데 이상하게도 손님이 아무도 없다.

앞서가는 일행들을 졸졸 따라가 보니 또 다른 입구가 나오고, 그곳을 통해 바깥으로 나가니 넓은 계단에 색색의 테이블과 의자가 놓여있다. 안에 손님들이 왜 이렇게 없나 했는데, 손님들이 모두 이곳에 앉아 있던 것이다. 저녁에 와서 칵테일 한잔 하면 좋겠다는 생각을 하며 자리를 잡고 앉았다. 레몬향과 맛이 나는 가벼운 맥주 Karlovačko Radler를 주문한다. Karlovačko는 크로아티아와 보스니아-헤르체고비나에서 인기 있는 맥주라고 하는데, 그 중 Radler는 가벼운 맥주라 점심에 곁들이기 딱 좋다. 여행할 때 음식점에 가면 늘 그 지역 맥주를 추천해달라고 해서 마셔보는데, 이곳저곳의 로컬맥주를 마셔보는 재미가 쏠쏠하다.

먹물 리소토, 토마토소스로 요리한 파스타, 화이트 와인으로 요리한 새우 파스타 등 각자의 입맛에 맞는 음식을 주문한다. 자다르에서 쉬림프 파스타를 주문했다가 새우가 너무 작아 충격을 받았었는데, 이곳에서는 음식을 받은 내 얼굴에 미소가 퍼진다. "새우가 생각보다 커!" 화이트와인으로 요리한 파스타라 그런지 심플하면서도 담백한 맛이라 입맛에 잘 맞았다.

Figa food bar – Restaurant
Add. Ul. Andrije Buvine 1, 21000, Split
Tel. +385 21 274 491
Price. 메인메뉴 약 90~100쿠나, 음료 약 25쿠나

나로드니 광장 Trg Narodni / People's Square

궁전의 서문 쪽으로 향한다. 이곳에는 넓은 나로드니 광장과 시계탑이 있는데, 모 TV 프로그램에서 나왔던 곳이라 더 반갑게 느껴진다. '아! 여기 거기다! 여행 프로그램에서 출연자들이 숙소 잡았던 곳. 여기가 그 시계탑인데?' 영상이나 사진으로만 보던 곳에 실제로 발을 디디니 감회가 새롭다.

Add. Narodni trg 14, 21000, Split

1. 서문 2. 나로드니 광장 3. 열주광장

열주광장 Trg Peristil / Peristyle Square

열주광장을 둘러싼 계단에는 특이하게도 방석들이 놓여 있는데, 이곳은 현재 카페로 사용되고 있기 때문에 방석에 앉으면 웨이터가 주문을 받으러 온다. 시간적 여유가 된다면 이곳에 앉아 잠시 쉬면서 로마시대의 모습을 상상해보는 것도 좋을듯하다. 궁전의 중심부에 있는 광장이기 때문에 로마 시대 때에도 아마 많은 사람이 모이고 이벤트가 열렸던 현장이 아닐까 하는 생각이 든다. 광장의 한쪽에는 마치 이 광장과 궁전을 지켜주는 듯한 스핑크스도 보이고, 세계에서 가장 오래된 성당 중 하나라는 성 돔니우스 대성당의 높다란 종탑도 보인다. 그리고 남문으로 연결되는 계단도 있는데, 이 계단을 따라 내려가면 궁전의 지하 홀을 볼 수 있는 곳과 몇몇 가게들이 있고 그 끝에 남문이 있다.

Add. Peristil ul. 3, 21000, Split

성 돔니우스 대성당 Katedrala Svetog Duje / Cathedral of St. Domnius

우리는 먼저 성 돔니우스 대성당 종탑에 오르기로 한다. 대성당 앞에 티켓을 판매하는 가판이 있고, 티켓을 구입한 뒤 좁다란 문으로 들어가 계단을 따라 올라가야 한다. 종탑의 꼭대기로 오르면서 '이 계단 참 좁고, 가파르고, 위험하고, 힘들구나.'라는 생각이 들었다. 계단의 높이도 높을뿐더러 발밑이 훤히 보이는 구조라 고소공포증이 있다면 못 오를 수도 있을 것 같다. 특정 시간이 되면 종이 울리는데, 종탑에 있는 동안 종이 울리면 그 소리가 엄청 시끄럽고 크게 들린다.

'고생 끝에 아름다운 풍경을 볼 수 있다!' 여행에서 이 말은 진리이다. 높은 곳에서 내려다보는 풍경이 멋지고, 유럽의 오래된 도시들은 대부분 종탑이 가장 높은 곳이고, 그 종탑에 오르는 방법은 오직 계단이다. 결국 수많은 계

종탑 내부

성 돔니우스 대성당 & 종탑

종탑에서 본 스플리트

단을 힘들게 올라야 멋진 풍경을 눈에 담을 수 있다는 것. 오늘도 고생 끝에 스플리트 전경을 눈과 마음에 담는다. 붉은 지붕들, 오래되어 보이는 집들의 외벽, 그리고 산과 바다, 바다 위에 떠 있는 큰 배들. 한국에서 보는 풍경들과는 사뭇 달라 한참을 내려다본다. 하루 동안 세상을 열심히 비춘 태양은 서서히 쉬러 갈 준비를 하고 어디서 왔는지 모를 경비행기는 지는 태양과 아드리아해를 배경으로 춤추듯이 비행을 하고 있다. 종탑에 올라간지 한참 후에야 그곳을 내려왔다. 한번 여행했던 곳을 다시 여행할 확률은 낮기에 아무래도 그곳을 천천히 그리고 진하게 느끼고 싶었나 보다.

성 돔니우스 대성당 & 종탑

Add. Ul. Kraj Svetog Duje 5, 21000, Split **Tel.** +385 21 342 589 **Fee.** 대성당 35쿠나, 종탑 20쿠나 **Time.** 월요일~토요일 08:00~19:00, 일요일 12:30~18:30

지하 궁전 홀 Sale Sotterranee / Underground of Diocletian's Palace

열주광장에서 남문으로 이어지는 계단으로 내려간다. 지하 동굴처럼 생긴 이곳은 기념품 가게들이 들어서 있고 한쪽에는 디오클레티아누스 궁전의 지하 홀을 볼 수 있는 입구가 있다. 그곳에 뭔가 특별한 것이 있다는 정보를 미리 입수했으면 들어가 봤겠지만 그러지 못해 우리는 그냥 남문 밖 리바거리로 향한다.

Add. Obala Hrvatskog narodnog preporoda 22, 21000, Split **Fee.** 성인 40쿠나, 학생 20쿠나

지하 궁전 홀의 기념품 상점들

리바거리 Obala Riva / Riva (Split's Promanade)

낮은 낮대로 밤은 밤대로 분위기가 좋은 이 거리. 한쪽으로는 반짝이는 아드리아해가 펼쳐져 있고, 다른 한쪽으로는 레스토랑과 카페의 야외테이블이 줄지어 서 있다. 벌써 많은 사람이 야외테이블에 앉아 그들만의 저녁시간을 만끽하고 있다. 대부분의 사람들이 마주보지 않고 한쪽으로만 앉아 있다 싶었는데, 그들의 시선이 향하는 곳에는 붉게 물들어가는 예쁜 하늘이 있었다. '하늘 색이 어떻게 이렇게 될 수 있나' 생각이 들 정도로 이쪽은 핑크빛에 가까운 빨간색, 저쪽은 오렌지에 가까운 빨간색이다. 해변 산책로를 거닐며 스플리트의 일몰에 푹 빠져있는데 그때 마침 종탑에서 종소리가 들려온다. 실력 좋은 작가가 그려놓은 듯한 그림 같은 풍경에 청명하게 울려 퍼지는 종소리까지 들리니 행복함이 배가된다.

Add. Riva, 21420, Split   Tel. +385 21 345 606

스플리트의 밤, 길거리 간식

밤이 될 때까지 리바거리를 배회했던 이유 중 하나는 이곳에서 야시장이 열린다는 정보를 입수했기 때문이다. 그런데 내가 생각했던 야시장 - 여러 먹거리들을 판매하는 푸드트럭들이 가득하고, 다양한 상품들을 판매하는 가판이 있는 곳 - 은 아무리 생각해도 열릴 생각을 안 한다. 오늘 열리는 게 아닌가 싶어서 현지인에게 물어봤는데 돌아오는 대답이라고는 "응, 저쪽에서 열려!" 그러나, 기다리고 기다려도 야시장은 열리지 않았다. 리바거리에 길거리 음식과 기념품을 파는 소수의 가판이 있었는데, 설마 이걸 두고 야시장이라고 하진 않았겠지.

슬슬 배가 고파져서 길거리 음식 중 하나를 사 먹기로 한다. 밀가루 반죽을 얇고 길게 튀겨 그 사이에 누텔라나 잼을 발라주는 간식. 동글동글하게 튀긴 미니도넛 같은 간식도 있다. 가격은 튀긴 빵에 설탕만 올리면 5쿠나, 누텔라나 잼을 올리면 10쿠나다. 고소한 튀김 냄새가 후각을 자극하고 뜨거운 빵 사이에 사르르 녹는 초콜릿 스프레드 누텔라가 시각을 사로잡는다. 너나 할 것 없이 한입씩 베어 물었는데, 역시 맛있다. 밀가루와 초콜릿의 조합은 실패할 확률이 0%에 가깝다는 것을 깨닫는다.

리바거리

길거리 간식

마르몬토바 거리 Marmontova Ulica / Marmontova Street

스플리트의 거리는 밤에 더 활기를 띤다. 리바거리도 그렇고 쇼핑거리인 마르몬토바 거리도 그렇고 밤에 복작복작 사람이 더 많다. 목적지 없이 흥겨운 밤 분위기를 즐기며 걷다가 성벽 아래 있는 주스 가게를 발견한다. 훈훈한 외모의 직원들이 신선하고 다양한 과일들로 즉석에서 주스를 만들어 주는데, 목이 말랐던 터라 나도 사과주스를 하나 사 마셨다. 가격은 20쿠나. 딱히 벽이 있고 지붕이 있는 장소가 아닌데 이곳 사람들은 야외에 간이 테이블과 의자를 만들어놓고 장사를 참 잘한다. 그런 것이 또 스플리트의 매력이 아닐까 싶다.

Add. Marmontova ulica 2-5, 21000, Split

바트비체 해변 Plaža Bačvice / Bacvice Beach

시내 중심에서 남쪽으로 10~15분 정도 걸으면 모습을 드러내는 바트비체 해변은 수심이 얕고 파도가 거의 없어서 아기들이 물놀이하기에 딱 좋은 해변이다. 사실 이곳 밤 문화가 핫하다는 소식에 어젯밤에 잠시 들렀으나 성수기가 아니어서 그런지 한산하기 짝이 없는 모습만 보고 돌아서야 했다. 오전에 다시 찾은 바트비체 해변 한쪽에서는 울룩불룩 근육을 장착한

청년들이 무언가 촬영을 하고 있고, 또 다른 한쪽에서는 한 무리의 노년층이 비치 발리볼을 즐기고 있다. 가장 기억에 남는 것은 실오라기 하나 걸치지 않은 상태로 엄마와 놀고 있던 하얗고 포동포동한 꼬마아이 '마야'였다. 너무나 해맑은 모습으로 엄마와 딸의 행복한 모습을 보여주고 있길래 엄마에게 양해를 구하고 사진도 몇 컷 담았다.

Add. Šetalište Petra Preradovića, 21000, Split

목적지 없이 걸어도 행복한 스플리트

다시 리바거리로 향하는 길. 창문 밖 빨랫줄에 널린 다채로운 색의 빨래들과 파란 하늘이 어우러져 내 눈길을 사로잡는다. 다른 쪽에서는 계단을 따라 일렬로 놓인 화분들과 집을 뒤덮은 식물들이 저희들도 봐달라 한다. 단지 사람들이 살고 있는 어느 한 골목을 걷고 있을 뿐인데, 왜 시선을 사로

1. 스플리트 풍경 2. 리바거리 3, 4. 디오클레티아누스 궁전 북문 5. 그레고리우스 닌의 동상 발가락 6. 플리마켓

잡는 것들이 이렇게 많은지, 이래서 유럽여행에서는 골목여행도 빼놓을 수가 없다.

몇 번을 다시 걸어도 질리지 않는 리바거리를 또다시 걷는다. 어제는 저녁에 걸었는데, 오늘은 아침에 걸으니 또 다른 느낌이다. 친구와 함께 여러 추억 사진을 남기고 있는데, 현지 10대 소녀가 다가와 같이 사진 찍고 싶다며 수줍게 말을 걸어와 미소로 사진촬영에 응해주었다. 그 소녀에게는 우리가 신기하게 보였나 보다.

그레고리우스 닌의 동상 Grgur Ninski / Gregory of Nin

흐바르로 떠나기 전 마지막으로 디오클레티아누스 궁전 북문 쪽으로 향한다. 이곳에는 그레고리우스 닌의 동상이 있는데, 그는 10세기경 크로아티아의 대주교였고 라틴어가 아닌 모국어로 예배를 볼 수 있도록 투쟁했던 인물이다. 많은 사람에게 존경을 받으며 지금도 스플리트 중심지에 위풍당당하게 서 있는 그. 특히 그의 발가락을 만지면 행운이 온다는 이야기가 있어 그의 발가락만 반질반질하게 빛난다. 우리도 행운 좀 받자고 야심 차게 찾아갔건만, 아쉽게도 보수공사 중이다. 그래도 행운은 받아가라는 세심한 배려로 그는 보수공사 중에도 발가락만큼은 살포시 내밀고 있다.

Add. Ul. Kralja Tomislava 15, 21000, Split

스플리트 교통 정보

스플리트로 가는 방법

비행기 시내 서쪽에 공항이 있어 유럽의 여러 도시에서 항공편을 이용하여 스플리트로 갈 수 있다.
- 스플리트 공항 : www.split-airport.hr

버스 자그레브, 플리트비체 국립공원, 자다르, 두브로브니크 등의 도시들에서 버스를 이용해 스플리트로 갈 수 있다.
- ▷ 자그레브 → 스플리트(약 5시간 30분), 플리트비체 → 스플리트(약 3시간 30분), 자다르 → 스플리트(약 2시간 30분), 두브로브니크 → 스플리트(약 3시간 30분)
- 크로아티아 국내/국제선 버스 : www.buscroatia.com
- 크로아티아 버스터미널 : www.autobusni-kolodvor.com
- 스플리트 버스터미널 : www.ak-split.hr

기차 주변 도시에서 기차를 이용해 스플리트로 갈 수 있지만 버스보다 시간이 오래 걸리고 환승을 해야 하는 등 불편하기 때문에 추천하지는 않는다.
- 크로아티아 국내 기차 검색 : www.hzpp.hr
- 크로아티아 국외 기차 검색 : reiseauskunft.bahn.de

페리 이탈리아 안코나에서 페리를 이용해 스플리트로 갈 수 있다. 페리는 Jadrolinija사가 운행하고 있으며 연중 운행하지만 비수기에는 횟수가 줄어들기 때문에 미리 스케줄 확인이 필요하다.
- ▷ 안코나 → 스플리트(10~11시간)
- Jadrolinija 페리 검색 : www.jadrolinija.hr

스플리트 중심지로 가는 방법

공항에서
공항은 시내 중심지로부터 약 25km 정도 떨어져 있다. 택시를 타면 시내까지 약 30분 정도 소요되며 요금은 약 230쿠나이다. 공항셔틀버스를 타면 시내까지 약 30분이 소요되며 티켓은 30쿠나이다. 일반버스를 이용할 경우 공항 터미널 앞 메인도로에서 37번 버스를 타고 Sukoisan까지 간 다음, 거기서 다시 9번(혹은 2번, 10번) 버스로 갈아타야 한다.
- 스플리트 공항버스 : http://plesoprijevoz.hr

기차역에서
버스터미널에서
기차역과 버스터미널에서 시내의 디오클레티아누스 궁전까지는 약 400~500m로 걸어서 5분이면 갈 수 있다.

페리터미널에서
페리터미널에서 시내의 디오클레티아누스 궁전까지는 약 800m로 걸어서 10분이면 갈 수 있다.

스플리트의 대중교통

버스
스플리트 시내의 대부분 지역은 버스노선으로 이어져 있다. 티켓은 기사, 거리의 신문가판대(Tisak and Slobodna Dalmacija)에서 구입할 수 있으며, 45분 동안 유효하다. (1존 45분, 2존 65분, 3존 85분, 4존 105분) 티켓 가격은 1존 11쿠나, 2존 13쿠나, 3존 17쿠나, 4존 21쿠나이다. 수하물을 들고 탈 경우 5쿠나의 추가요금이 있다. 스플리트 시내는 1존에 속하며, 근교인 오미스(Omis)와 트로기르(Trogir)는 4존에 속한다. 오미스는 60번 버스, 뜨로기르는 37번 버스를 이용해 가면 된다.
- 스플리트 시내교통 : www.promet-split.hr

택시
여러 택시회사가 있는데, 평균 기본요금은 20쿠나에서부터 시작하며 킬로미터 당 10쿠나 정도이다.

스플리트의 중심지는 모두 도보로 걸어 다닐 수 있는 거리이며 관광의 중심이 되는 디오클레티아누스 궁전을 기준으로 궁전의 동서남북과 내부를 둘러보면 좋다. 시간적 여유가 있다면 바트비체 해변까지 천천히 걸어보자. 환상적인 경치가 펼쳐지는 건 아니지만 물이 얕고 파도가 거의 없어 물놀이하기에 제격이다.

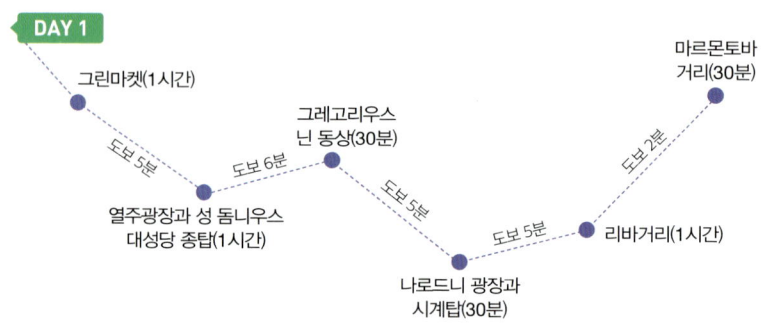

DAY 2
- 바트비체 해변과 리바거리에서 해수욕과 산책을 즐기며 여유롭게 시간 보내기
- 오미스나 트로기르 당일치기 여행하기

✕ 이것만은 꼭! 스플리트의 BEST 3 ✕

BEST 1. 디오클레티아누스 궁전을 돌아보며 로마시대 느끼기
BEST 2. 성 돔니우스 대성당 종탑에 올라 스플리트 전체를 내려다보기
BEST 3. 리바거리 산책과 아름다운 일몰 감상하기

딱 휴양하러 가기 좋은 곳, 현지인들에게도 최고의 휴가지로 꼽히는 곳, 그곳이 바로 흐바르다. 스플리트에서 페리를 타고 1시간 정도면 도착할 수 있는 섬으로 해변에서 시간을 보내거나 맛있는 해산물을 먹으며 시간을 보내기에 좋다. 성수기에는 사람들로 붐비고 비수기에는 조용한 편이다.

흐바르 메인 광장

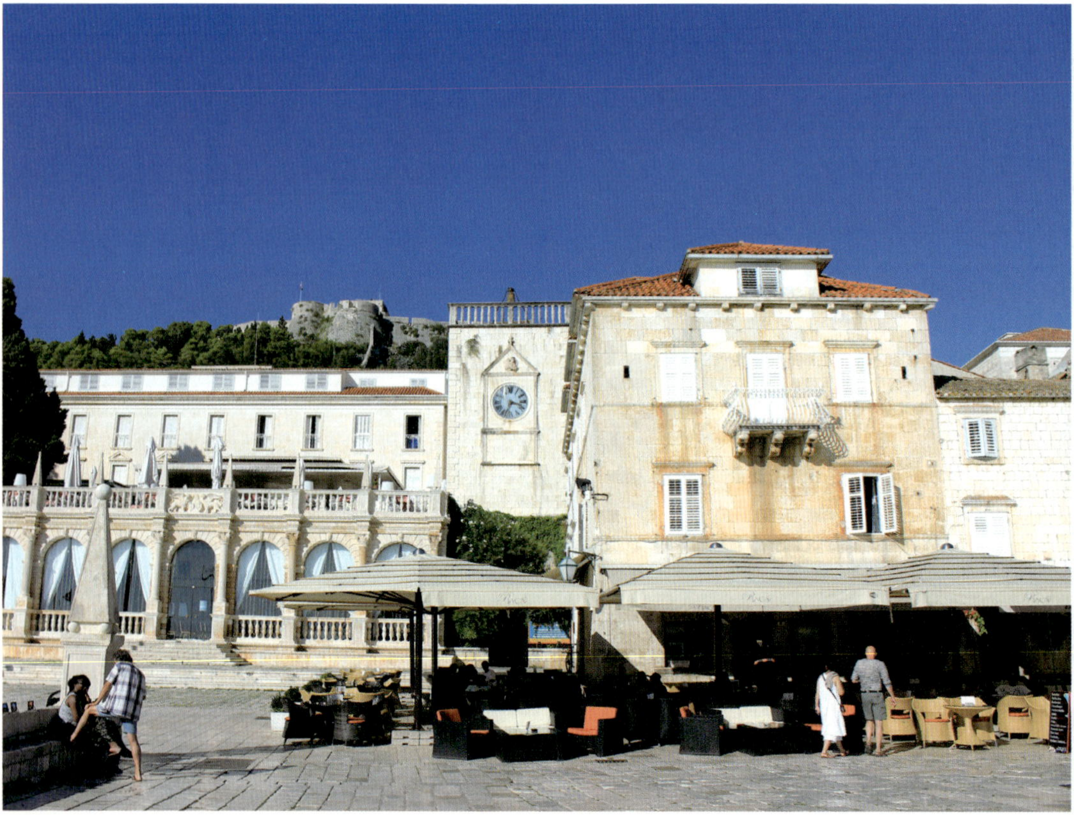

흐바르행 페리에 오르다!

이제 흐바르행 페리에 오를 시간. 일행들과 페리를 탈 수 있는 항구로 향한다. 자그레브부터 두브로브니크까지 렌터카로 여행을 하던 우리. 흐바르에 렌터카를 가지고 갈 수도 안 가지고 갈 수도 있는데, 우리는 렌터카를 스플리트에 두고 가기로 결정했다. 그 이유는 렌터카를 가지고 갈 경우 쾌속페리가 아닌 카페리를 타야 하기 때문에 소요시간이 거의 2배 걸리고, 1박 2일의 짧은 일정이기에 차가 있다 해도 섬 구석구석을 둘러보기 힘들 것 같았기 때문이다. 또한, 차를 가지고 가는 경우 흐바르 항이 아닌 스타리그라드 항으로 가게 되는데, 내려서 또 운전을 해서 이동해야 한다는 것이 꽤 번거롭게 느껴졌기 때문이다. 그럼에도 불구하고 섬 이곳저곳을 둘러보고 싶다면 차가 있는 편이 편하다.

흐바르행 페리 티켓은 온라인으로 구입할 수도 있으나 우리는 미리 구입하지 못해 현장에서 구입하기로 한다. 사실 어제 스플리트에 도착하자마자 항구 쪽으로 가서 티켓 구입을 시도했지만, 당일 페리 티켓은 당일에만 구입이 가능하고 매표소는 오전 6시부터 문을 연단다. 그래서 일행 중 아침잠이 제일 없는 친구가 새벽부터 페리 티켓을 구입해왔다. 스플리트 항에서 흐바르 항까지 성인 편도가 60~90쿠나 정도인데 확인해보니 날짜마다 가격이 조금씩 다르다. 오후 2시에 출발하는 일정이었는데 정확히 1시 30분부터 승선이 시작됐다. 차는 실을 수 없는 고속페리이고 카페리보다 훨씬 작은 규모여서 흔들림이 많은 편이다. 게다가 밖의 데크로 나가 바람을 쐴 수도 없는 구조라 뱃멀미가 있는 사람이라면 멀미약을 사전에 챙기는 것이 좋다.

출항 후 1시간 정도 지나고 '아, 이제 곧 도착할 것 같다.'라는 느낌이 들 무렵, 짐칸에서 캐리어를 챙겨 하선하는 쪽으로 이동했다. 이렇게 하면 오래 기다리지 않고 빨리 내릴 수 있기 때문이다. 내리자마자 향한 곳은 항구 근처의 Jadrolimija 사무실. 여기에서 내일 스플리트로 돌아갈 아침 페리 티켓을 구입한다. 내일 아침 7시 30분 출발. 자는 시간을 빼면 흐바르를 만끽할 시간이 약 반나절 정도라서 마음이 급해진다.

경치가 끝내주는 숙소

에어비앤비로 미리 예약한 숙소 주인에게 연락을 하니 항구에서 스테판 광장 쪽으로 걸어오면 골목 사이에 계단이 있는데, 그 계단으로 쭉 올라오면 된단다. 이때까지만 해도 우리는 몰랐다. 그 계단이 끝도 없이 이어지는 마의 계단이라는 것을. 아래쪽에서 보면 산 위에 요새 같은 것이 보이는데 우리 숙소는 그 근처였다. 캐리어를 들고 올라가니 숨이 턱까지 차오르고 땀은 삐질삐질 흘러내린다.

숙소에서 보이는 풍경

다 올라와 뒤를 돌아보니 흐바르 전경이 눈에 들어온다. 마치 영화관 객석에 앉아 있는 것처럼 언덕을 따라 층층이 자리 잡은 집들, 누가 누가 더 푸른가 경쟁하는듯한 하늘과 바다, 그리고 바다 위에 동동 떠 있는 수많은 요트와 보트. 그때, 멋쟁이 할머니 한 분이 우리에게 다가와 짧은 영어로 말을 건넨다. "하이! 하와유! 디스 이스 마이 도터스 하우스, 마이 도터 이스 비지, 베이비 베이비, 소 아이 컴!" 완전한 문장이라기보다 단어의 조합에 가까웠지만 이 집은 할머니 딸의 집이고, 딸이 지금 아기 때문에 바빠서 자기가 왔다는 핵심은 잘 전달되었다.

들어가자마자 작은 주방 겸 거실이 있는데 소파와 테이블, 그리고 싱크대

1. 흐바르 메인 광장 2. 숙소로 향하는 계단 3. 숙소 전경 4. 흐바르 항구

와 간단한 조리도구들이 준비되어 있다. 다만 아쉬웠던 점은 전자레인지가 없었다는 점. 섬의 물가가 비싼 편이라고 해서 스플리트 슈퍼에서 조리된 음식을 사 왔는데 전자레인지가 없어 데워먹을 수가 없다. 두 개의 침실에는 더블침대가 하나씩 놓여 있었고, 화장실 상태도 좋아 편하게 이용할 수 있었다. 이 숙소의 가장 큰 장점이 있다면 그건 바로 경치. 숙소 옆 계단으로 올라가면 작은 마당이 나오는데 이곳에 테이블과 의자, 선베드가 있다. 여기서 흐바르가 한눈에 다 내려다보이고 경치만큼은 정말 5성급 호텔 부럽지 않다. 다만 모기에게 사랑받는 여행자라면 모기약 정도는 미리 챙겨야 한다.

The best position in Hvar!
Add. 21 Ulica Higijenickog drustva, Hvar, Dalmatia 21450   Price. 아파트 약 525쿠나

아드리아해에 몸을 담그다!

옷 안에 수영복을 챙겨 입고 무시무시한 계단을 다시 내려가 스테판 광장에 있는 관광안내소로 향한다. 가까운 해변이 어디에 있냐고 물으니, 광장 반대쪽으로 6분 정도 걸으면 나온단다.

관광안내원의 말에 따라 6분 정도를 걸었는데 이상하게도 해변은 나오지 않는다. 아니, 정확히 말하자면 우리가 해변이라고 생각하는 그런 해변이 나오지 않는다. 알고 봤더니 이 주변에는 고운 모래사장으로 된 해변은 없고 바위 해변만 있단다. 바위 해변도 그 나름의 매력이 있는데, 특히 수영을 잘 하는 사람이라면 바위 해변을 더 즐길 수 있다. 바위에 수영장에서나 볼듯한 사다리가 달려있고, 그 사다리를 통해 내려가면 바로 깊은 바다를 만날 수 있다. 당연히 아기들이 놀기에는 위험하고 바다 수영에 자신 있는

1, 2. 바위해변

성인이라면 충분히 즐길만하다.

선베드에 짐을 놓고 나와 한 친구는 사다리가 있는 쪽으로 향한다. 바다 수영에 자신은 없지만, 이곳까지 와서 아드리아해에 몸 한번 안 담가보면 나중에 후회할 것 같았기 때문이다. 사다리를 꼭 붙잡고 천천히 바닷속으로 들어간다. 10월 초였고 그것도 오후 4시~5시였기 때문에 물은 좀 찼다. 하지만 못 견딜만한 수준은 아니었다. 곧 물 온도에 적응을 하고 텀벙텀벙 발차기를 해본다. 10월이라도 한낮에만 오면 물놀이하기 좋겠다는 생각이 든다.

흐바르에서 즐긴 쇼핑

스테판 광장이 있는 곳으로 돌아오는 길, 저녁이 되니 가판들이 더 늘었다. 곧 한국으로 돌아가는 두 일행은 기념품 구경에 여념이 없다. 이쪽 지방이 워낙 라벤더로 유명해서인지 라벤더 관련 상품이 많다. 어깨너머로 상품에 대한 설명을 듣다가 모기 퇴치 효과가 있다고 해서 나도 라벤더 향수와 오일을 각각 하나씩 구입했다. 손바닥 안에 들어올 정도로 작은 크기이고, 가격은 향수가 20쿠나 오일이 10쿠나였다. 이 가판에서 상품을 판매하던 아주머니가 아직도 기억에 남는데, 인상이 정말 좋고 우리가 이런저런 질문을 많이 해도 계속 웃는 얼굴로 응대해주었기 때문이다. 가판에 한국어로 '루이자'에게 쓴 편지가 있길래 아주머니에게 본인이 루이자인지 물었는데, 루이자는 가게 주인이고 자기는 아르바이트하는 거라고 했다. 본인 가게도 아니고 길거리에서 판매를 하는 거라 힘들 텐데 시종일관 웃는 얼굴로 열심히 일하는 모습을 보니 왠지 짠하면서도 감동적이다.

흐바르 교통 정보

흐바르로 가는 방법

페리 스플리트에서 흐바르까지 페리를 타고 이동할 수 있다. 흐바르에는 3개의 항구가 있는데, 차가 없는 여행자는 흐바르행 티켓을, 차를 가지고 가는 여행자는 스타리그라드행 티켓을 구입하면 된다. 페리 시간표 및 티켓 가격은 시즌에 따라 변동되므로 홈페이지에서 미리 확인하자. 홈페이지에서 예약이 불가능한 경우 스플리트 항구 근처 매표소에서 티켓을 구입할 수 있다.

- 스플리트 → 흐바르(약 1시간 5분), 스플리트 → 스타리그라드(약 2시간), 스플리트 → 옐사(약 1시간 40분)
- Jadrolinija 페리 검색 : www.jadrolinija.hr

흐바르 중심지로 가는 방법

페리터미널에서 흐바르 페리터미널에서 중심지인 스테판 광장까지는 약 300m로 걸어서 5분이면 갈 수 있다.

✕ 이것만은 꼭! 흐바르의 BEST 3 ✕

BEST 1. 흐바르의 맑은 바다에서 해수욕하기
BEST 2. 멋진 풍경을 바라보며 해산물 요리 먹기
BEST 3. 반짝이는 야경을 보며 산책하기

흐바르 여행코스

흐바르 추천 일정

흐바르는 휴양하기에 좋은 섬이므로 별다른 생각 없이 아름다운 자연을 마음껏 즐기면 된다. 차가 없는 여행자들은 항구와 광장을 중심으로 해변을 즐기면 되고, 스파뇰라 요새에 올라 흐바르 전경을 내려다봐도 좋다. 다만 요새까지 굉장히 가파른 계단을 계속 올라가야 하기 때문에 체력이 허락하는 경우에만 올라가도록 하자. 차가 있는 여행자들은 섬 이곳저곳을 드라이브하며 풍경이 아름다운 곳을 찾아다니는 것도 괜찮다.

동유럽에 반하다

Croatia #8
두브로브니크
DUBROVNIK

Croatia

주황색 지붕의 집들로 빼곡한 올드타운, 그런 올드타운을 완벽하게 감싸고 있는 성벽, 성벽 밖으로 펼쳐진 푸르디푸른 아드리아해. 괜히 '아드리아해의 진주'라는 별명을 얻은 것이 아니다. 플리트비체 국립공원과 더불어 크로아티아를 방문해야 하는 이유가 되는 곳이다. 카메라로는 다 담아내기 어려운 아름다움을 간직한 곳, 눈과 마음속에 담아오고 싶은 곳, 그곳이 두브로브니크다.

두브로브니크로 가는 길

크로아티아에서의 마지막 여행지이자 가장 핵심 여행지인 두브로브니크로 떠나는 날이 밝았다. 오늘은 이동이 많은 날로 아침부터 분주하게 움직인다. 흐바르 섬에서 7시 30분 페리를 타고 스플리트로 이동한 뒤, 스플리트에서 렌터카로 9시 15분쯤 두브로브니크를 향해 출발한다. 구글맵으로 검색을 해보니 스플리트에서 두브로브니크까지는 약 230km로 3시간이면 갈 수 있다는데, 구글맵이 이상한 것인지 아니면 우리가 운전을 못하는 것인지 실제로 4시간 30분 정도가 걸렸다. 아마 고속도로처럼 일직선으로 뻗은 도로가 아니라 산과 바다를 낀 구불구불한 해안도로여서 그랬던 것 같다.

렌터카를 반납하기로 한 시간이 다가오자 마음이 급해진 운전 담당 친구는 구불구불한 도로를 미친 듯이 달리기 시작한다. "아아악!" 운전하는 친구를 뺀 나머지 3명이 동시에 외마디 비명을 지른다. 왼쪽 커브길인데 운전하는 친구가 직진을 하고 있었던 것. 조금만 더 핸들을 늦게 꺾었더라면 우리는 아드리아해 깊은 바다에서 생을 마감할 뻔했다. 실제로 이 해안도로를 급하게 운전하다가, 혹은 밤에 운전하다가 사고가 나는 경우가 있다고 하니, 크로아티아를 렌터카로 여행할 계획이 있다면 각별히 주의해야 한다.

위치가 최고인 숙소

두브로브니크에서는 두 군데 숙소에서 숙박을 했다. 그중 Guesthouse Biba는 아침 일찍 공항셔틀버스를 타야 하는 나에게 안성맞춤인 숙소였는데, 숙소에서부터 공항셔틀버스 타는 곳(케이블카 바로 앞)까지 10초면 갈 수 있다. 게다가 올드타운까지도 걸어서 5분이면 갈 수 있으니 위치 하나는 정말 최고다. 계단을 따라 올라가 '헬로우!'를 외치니 정겹게 생긴 할머니가 미소로 맞이한다. 할머니는 매우 기본적인 영어밖에 못 하지만 체크인/아웃

하는 데에는 문제가 없다. 복잡한 대화를 해야 하는 경우 할머니가 딸에게 전화를 해서 딸이 통역을 해준다. 개인 화장실이 딸린 아늑한 방도, 두브로브니크 올드타운과 로크룸 섬이 내려다보이는 테라스도 내 마음에 쏙 든다.

Guesthouse Biba
Add. Lokrumska 1, Ploce, 20000 Dubrovnik   Price. 더블룸 약 450쿠나

가격이 저렴한 숙소

Guest House Letizia는 버스터미널, 페리터미널과 가까운 곳에 위치하고 올드타운에서 가려면 필레게이트에서 3번 버스를 타고 종점인 Nuncijata까지 가면 된다. 종점에서 내리면 길을 건너 계단을 내려가야 하는데, 가파른 언덕을 따라 작은 집들이 자리하고 있어 마치 달동네에 온 느낌이다. 게스트하우스를 찾아가는 길에 우연히 주인아주머니를 만나 쉽게 체크인을 할 수 있었다. 주인아주머니는 영어가 수준급이라 이것저것 설명을 많이 해준다.

나와 일행이 선택한 방은 싱글침대 2개가 있는 아담한 트윈룸. 룸에 딸린 발코니에는 작은 테이블과 의자가 있는데, 이곳에 앉아 아드리아해와 두브

로브니크의 신시가지를 내려다보는 것이 참 좋다. 1층에는 공용 부엌과 거실이, 2층에는 공용 화장실이 있는데 화장실이 넓고 깨끗해서 마음에 든다.

Guest House Letizia
Add. Dura Basariceka 30a Dubrovnik, 20 000 **Price.** 트윈룸 약 260쿠나

두브로브니크 카드

두브로브니크에서 맞이하는 둘째 날. 휴대폰으로 두브로브니크 카드를 구입하느라 바쁘다. 두브로브니크 카드는 1일권, 3일권, 7일권이 있는데 성벽 투어를 포함하여 박물관이나 갤러리를 방문할 사람, 그리고 주기적으로 버스를 이용해야 하는 사람이 구입하면 편리하게 쓸 수 있으며 돈도 절약할 수 있다. 박물관이나 갤러리 등에는 관심이 없지만, 성벽 투어와 버스 이용 때문에 3일권 카드를 사기로 결정했다. 오프라인으로도 구입할 수 있지만, 온라인으로 구입하면 10% 더 할인받을 수 있으므로 온라인에서 구입하고 필레게이트 쪽에 있는 안내소에서 카드를 받기로 한다.

종류	오프라인 가격	온라인 가격	교통 혜택	관광지 혜택
1일권	170쿠나	153쿠나	24시간 대중교통 무제한 이용	• 6개 박물관(Cultural Historical Museum, Rupe Etnographic Museum, Maritime Museum, Friars Minor Franciscan Monastery Museum, Marin Držić House, Natural History Museum) 무료입장 • 2개 갤러리(Art Gallery Dubrovnik, Dulčić–Masle–Pulitika Gallery) 무료입장 • Vlaho Bukovac Home–Cavtat(3일권/7일권) 무료입장 • 두브로브니크 성벽 무료입장
3일권	250쿠나	225쿠나	시내버스 6회, 차브타트행 10번 버스 쿠폰 2장	
7일권	350쿠나	315쿠나	시내버스 10회, 차브타트행 10번 버스 쿠폰 4장	

* 관광지 카드와 교통 카드가 들어 있으며, 각 카드를 첫 관광지와 첫 버스탑승에서 개시한 이후 24시간, 3일, 7일 유효하다.
* 교통 카드의 경우, 성인 1명과 7세 이하 어린이 1명이 함께 이용할 수 있다.
* 카드와 함께 제공되는 'Discounts & Special offers'로는 성인 1명과 12세 이하 어린이 1명이 할인을 적용받을 수 있다.
* 3일권/7일권에는 근교 마을 차브타트(Cavtat)에 다녀올 수 있는 버스 쿠폰과 차브타트 내 갤러리 무료 입장이 포함되어 있다.
* 두브로브니크 카드 공식 홈페이지 : www.dubrovnikcard.com

오직 성벽 투어만 할 예정이고 버스를 이용할 일도 없다면 두브로브니크 카드를 구입하지 않는 게 더 낫다. 성벽 투어는 성인 1인 기준으로 120쿠나이고, 학생증이 있다면 크게 할인된 가격인 30쿠나에 투어를 할 수 있기 때문이다. 이래서 다들 유럽은 학생 때 가야 한다고 하나보다.

두브로브니크 성벽 투어 Gradske Zidine / Walls of Dubrovnik

두브로브니크 성벽이 가장 핫한 관광지라 그런지 필레게이트 안쪽의 성벽 투어 입구는 아침부터 사람들로 바글바글하다. 매표소에서 두브로브니크 카드를 보여주고 입장권을 받아 성벽으로 올라간다. 계속 '성벽 투어, 성벽 투어'라고 해서 실제로 가이드가 있고 설명을 듣는 건 줄 알았는데 사실은

그렇지 않다. 두브로브니크 올드타운 전체를 감싸고 있는 약 2km의 성벽을 스스로 둘러보는 것! 전체를 천천히 다 둘러보는 데는 약 2~3시간 정도 소요되며 너무 덥거나 힘들면 반만 보고 내려와도 괜찮다. 처음에만 가파른 계단을 따라 성벽으로 올라가고, 그 이후에는 평지 수준인 성벽을 따라 걷는 것이기 때문에 체력에 자신이 없다 하더라도 완주할 수 있다.

Add. Placa ulica 32, Dubrovnik 20000(필레게이트로 들어가서 바로 왼쪽)　**Tel.** +385 20 638 800　**Fee.** 성인 120쿠나, 학생 30쿠나 (쿠나 혹은 신용카드로 지불 가능, 유로 불가능. 티켓은 입장할 때 한번, 중간에 한번 검사를 하기 때문에 성벽 투어가 모두 끝날 때까지 소지해야 한다.)　**Time.** 1월~2월 10:00~15:00, 3월 09:00~15:00, 4월~5월 9:00~18:30, 6월~7월 8:00~19:30, 8월~9월 15일 8:00~19:00, 9월 16일~10월 09:00~18:00, 11월~12월 09:00~15:00

사실 우리 한국인들은 성곽에 익숙한 사람들이다. 서울(한양)만 하더라도 성곽 도시가 아니었던가! 서울 성곽에 비교하면 두브로브니크 성곽은 아기 수준이다. 두브로브니크 성곽 전체 길이가 2km 조금 안 되는데 비해 서울 성곽은 크게 6개의 코스로 나뉘는데, 각 코스가 최소 1.8km, 최대 4.7km이기 때문이다. 그럼에도 불구하고 두브로브니크 성곽의 특별한 점이 있다면 성곽의 반은 바다에 접해 있고 반은 육지에 접해 있다는 점, 그리고 성곽이 완벽하게 올드타운을 감싸고 있다는 점이 아닌가 싶다. 게다가 성곽에서 볼 수 있는 아드리아해와 올드타운의 풍경이 눈과 마음에 꾹꾹 눌러 담아 두고 싶을 정도로 아름답다는 점도 한몫한다.

오노프리오 분수

스트라둔 대로 & 오노프리오 분수
Obala Stradun & Velika Onofrijeva Fontana / Stradun Street & Large Onofrio's Fountain

성벽에 올라서자마자 내려다보이는 곳은 바로 두브로브니크 올드타운의 메인거리인 스트라둔 대로(혹은 플라차 거리)와 오노프리오 분수다. 필레 게이트에서 구항구로 나가는 문까지 300m 가량 쭉 이어지는 스트라둔 대로는 여행자들이 올드타운에서 제일 많이 걷게 되는 길 중 하나이고, 16개의 면과 동그란 지붕을 가진 오노프리오 분수는 두브로브니크의 수도 시스템과 연관이 있는 분수이다. 수도시설이 있기 전까지는 물탱크에 빗물을 모아 사용했었으나, 1436년 나폴리의 건축가 오노프리오(Onofrio di Giordano della Cava)에 의해서 물 공급 시스템이 완성되었다. 수도 시스템이 완성되고 나서 크고 작은 오노프리오 분수가 스트라둔 대로 양 끝의 게이트 쪽에 만들어졌다. 필레게이트 쪽의 큰 오노프리오 분수는 16개의 면에 각각 독특한 조각이 있는데, 이 조각의 입을 통해서 물이 나온다.

아드리아해의 아름다움을 눈에 담다

앞쪽으로 좀 더 걸으니 새파란 바다가 눈에 들어온다. 꽤나 진한 파란색인데도 바닷속의 돌들을 육안으로 확인할 수 있다. '와, 어쩜 이렇지?' 떡 벌어진 입과 그 입에서 계속 튀어나오는 감탄사는 절대 내가 의도한 것이 아니다. 파란 바다, 절벽, 절벽 위에 세워진 요새와 성곽, 붉은 지붕과 흰 벽의 집들, 녹색의 스르지산까지. 이 모든 것이 어우러져 하나의 작품이 된다. 유네스코 세계문화유산으로 지정되어 있고 아드리아해의 진주라고 불리는 데에는 다 이유가 있다. 직접 와보니 절로 고개를 끄덕이게 되고 이해를 하게 된다. 나중에 안 사실이지만 드라마 '왕좌의 게임'을 이곳 두브로브니크에서 촬영했다고 한다. 관련 투어상품도 있다고 하는데 미리 알았더라면 아마 그 투어에 참여하지 않았을까 한다. 재미있게 봤던 드라마이니만큼 그 드라마가 촬영된 장소를 실제로 가보면 왠지 감회가 남다를 것 같다.

절벽에 위치한 카페와 구항구

성벽 아래로 삐죽 튀어나온 절벽, 그 좁은 공간에 파라솔들이 펼쳐져 있다. 알고 보니 이미 매스컴을 타서 유명해진 부자카페. 어떻게 저런 좁은 절벽 공간을 활용해서 카페를 만들 생각을 했는지 놀랍기만 하다. 선베드가 놓여 있는 다른 한쪽에는 일광욕을 즐기는 사람, 바다 수영을 즐기는 사람들이 있다. 10월인데도 낮에는 마치 한여름 같다. 바다에서 수영할 수 있는 시기를 모두 여름으로 친다면 두브로브니크의 여름은 참 길다. 나도 다른 사람들처럼 아드리아해로 첨벙 뛰어들어 수영을 즐기고 싶지만, 겁이 많은지라 엄두도 못 내고 구경만 한다.

어느덧 출발 지점의 딱 반대편인 구항구가 있는 쪽에 도달한다. 출발할 때는 괜찮았는데 점점 땀이 나고 갈증이 밀려온다. 여름에 성벽 투어를 한다

1. 절벽 위에서 바다를 즐기는 사람들 2. 구항구 3. 올드타운과 로크룸 섬 4. 망루

면 혹은 여름이 아니더라도 한낮에 성벽 투어를 한다면 마실 수 있는 물과 태양을 가릴 수 있는 모자나 양산, 부채 등을 가지고 가는 게 좋겠다. 물론 선크림 바르는 것은 필수이고 말이다. 중간에 주스를 사 마실 수 있는 카페가 있긴 하지만 가격대비 양이 만족스럽지 않다.

신시가지 쪽에 페리터미널이 생기면서 구항구는 보통 로크룸 섬으로 가는 배나 관광용 배가 많이 다닌다. 자다르, 스플리트, 흐바르의 항구에서도 느꼈지만, 두브로브니크의 항구도 물이 어마어마하게 맑다. 나중에 안 사실이지만 크로아티아의 바다는 바닥이 모래가 아니라 돌로 되어 있어서 물이 유난히 더 맑아 보인다고 한다.

성벽을 한 바퀴 돌아 다시 출발 지점인 필레게이트 쪽에 가까워지자 높다란 탑이 서 있다. 이곳에 오르니 지금까지 걸어왔던 길들과 올드타운, 아드리아해와 로크룸 섬까지 한눈에 들어온다. '와. 끝내주는구나.' 시간과 돈을 들여 이곳 크로아티아까지 온 보람이 느껴지는 순간이다.

우연히 발견한 맛집 Konoba Dalmatino

투어를 끝내고 나니 이제 배가 고프다. 골목의 수많은 레스토랑 중 한 곳에 들어간다. 여행 중 어디에서 밥을 먹어야 할지 모르겠으면 모험을 해보는 것도 나쁘지 않다. 그러다가 우연히 맛집을 발견하기도 한다. 에피타이저로는 칼라마리 튀김을, 메인으로는 블랙리소토와 송아지 꼬치가 곁들여진 크림리소토를 주문한다. 냄새에 예민한 나는 칼라마리 요리에서 종종 비린내가 나는 것을 느끼는데, 이곳에서 맛본 칼라마리는 비린내도 나지 않고 겉은 바삭하고 안은 부드러웠다. 잠시 후 메인요리가 등장한다. 일단 비주얼은 합격! 보기만 해도 침이 샘솟는다. 조심스럽게 송아지 꼬치부터 한입 베어 물었는데 전혀 질기지 않고 부드럽다. 크림리소토도 진한 크림소스의 맛이 입안 가득 퍼지는 게 일품이다. 아무 레스토랑이나 선택한 것치고는 우리가 꽤나 괜찮은 곳을 선택했나 보다. 나중에 검색해보고 알게 된 사실인데 좋은 평가를 받는 맛집이었다.

Konoba Dalmatino
Add. Ul. Miha Pracata 6, 20000, Dubrovnik   Tel. +385 20 323 070   Price. 에피타이저 약 70 쿠나, 메인메뉴 약 85~120쿠나, 음료 약 25쿠나

렉터궁전 Knežev Dvor / The Rector's Palace

두브로브니크 공화국의 집무공간으로 사용되었던 렉터궁전은 처음 지어진 이후로 많은 일들을 겪어왔다. 화재, 폭발, 지진으로 인해 무너지고 다시 지어지고를 여러 번 반복했으니 말이다. 다시 지어질 때마다 새로운 양식들이 추가되었는데, 그 때문에 렉터궁전은 고딕, 르네상스, 바로크 양식 등이 조화롭게 혼재된 건물로 유명하다. 특히 1435년 화재 이후에는 두브로브니크의 수도 시설을 완성했던 나폴리의 건축가 오노프리오가 렉터궁전 재건에 투입되었고, 그는 아름다운 고딕 양식의 건축물을 만들어냈다. 이후에도 여러 번 보수공사가 진행되었지만 오노프리오 디자인의 기본적인 틀은 유지되었다고 한다.

지금은 문화 역사 박물관으로 쓰이고 있는데, 각 전시실에서는 그림, 돈이나 귀중품을 담았던 궤짝, 당시 사용했던 물품(서랍장, 침대, 의자, 가마 등), 동전이나 메달 제조했던 것, 음악 관련된 역사, 전쟁에 관한 사진전 등을 볼 수 있다. 1층 구석에는 감옥도 있는데, 혼자 들어가 보니 서늘하고 깜

1. 전쟁에 관한 사진전 2. 2층으로 가는 계단

깜해서 소름이 돋는다. 전시실 내부는 사진 촬영이 금지되어 있고 다 돌아보는데 약 1시간 정도가 걸렸다.

Add. Ul. Pred Dvorom 3, 20000, Dubrovnik **Tel.** +385 20 321 422 **Fee.** 두브로브니크 카드 이용 시 무료입장, 박물관 통합권 성인 100쿠나, 학생 25쿠나 **Time.** 겨울 시즌(11월 3일~3월 21일) 9:00~16:00, 여름 시즌(3월 22일~11월 2일) 9:00~18:00 **Web.** www.dumus.hr

로크룸 섬으로 떠나다! Otok Lokrum / Lokrum Island

구항구 쪽 가판에서 로크룸행 승선권을 구입한다. 오전 11시, 사람들을 가득 태운 배가 통통거리며 섬을 향해 나아가기 시작한다. 배가 구항구에서 멀어질수록 성곽이 명확하게 보인다. 성곽에 올라 풍경을 보는 것도 좋지만, 이렇게 한발 떨어져서 성곽을 바라보는 것도 좋다. 잠시 후 섬에 도착하자 귀여운 공작새들이 나를 반겨준다. 로크룸 섬에는 공작이 많이 살고 있는데 특히 항구, 사해, 수도원 쪽에 많다.

로크룸 섬은 항구를 기준으로 남쪽과 북쪽으로 나뉜다. 남쪽에는 사해와 물놀이하기 좋은 바닷가, 수도원 터와 음식점 등이 있고 북쪽에는 전망대 역할을 하고 있는 포트 로얄(Fort Royal)이 있다. 나와 일행은 시간도 많고 섬 전체를 다 둘러보고 싶어서 남쪽과 북쪽을 모두 둘러봤지만, 시간이 별로 없고 체력에 자신이 없다면 북쪽은 생략해도 괜찮다.

로크룸 섬 페리
Fee. 왕복 100쿠나, 학생할인 없음   Time. 매시 정각과 30분에 구항구 출발, 매시 15분과 45분에 로크룸 섬 출발(여름 기준), 봄, 가을에는 1시간에 1대 출발
* 로크룸 섬에 도착하면 그날의 마지막 배 정보가 크게 적혀 있다. 마지막 배 이후에 섬에 머무는 것은 금지되어 있으니 마지막 배를 놓치지 않도록 주의해야 한다.

사해 Mrtvo More / Dead Sea

바위와 나무들 사이에 조용히 자리하고 있는 사해는 자연적으로 만들어진 수영장 같은 느낌이다. 바다와 연결된 호수라는데, 실제로 보면 바다와 연결되어 있다는 생각은 전혀 들지 않는다. 몇몇 사람들은 바위에 돗자리를 깔고 누워 일광욕을 즐기고, 한 커플은 사해에서 수영을 즐기다가 사해 한가운데에 있는 바위에 앉아 대화를 나눈다. 아이들이 있었음에도 불구하고 조용함이 유지되는 신기한 곳. 마치 동남아 어딘가의 올인클루시브 리조트 내 콰이어트풀에 온 듯하다. 이날 동행한 친구와 나는 수영복을 챙겨오지 않아 아쉬운 대로 발이라도 담갔다. 한국에서는 좀처럼 느껴보지 못한 조용함과 평화로움이다.

바위 해변 Stijene / Rocks

로크룸 섬 지도상에 Rocks라고 표시된 바위 해변에는 평평한 바위들이 수

십 개 놓여있다. 각 바위는 딱 사람 한 명 정도가 눕거나 앉기 좋은 크기였고, 몇몇 사람들은 이미 바위 하나씩을 차지하고 앉아 있다. 위에서 보면 큰 바위가 가뭄에 쩍쩍 갈라진 모양이다. 나도 한 바위 차지하고 앉았는데, 몇 분 지나니 엉덩이가 너무 아파 일어날 수밖에 없었다. 어쩐지 이곳에 가려면 키오스크에서 스폰지 매트를 사 가라는 조언이 있더라니. 다음에는 꼭 스폰지 매트와 아쿠아슈즈를 가져와야겠다.

옛 베네딕트 수도원에서 먹는 점심

옛 베네딕트 수도원이 있는 곳에는 작은 음식점이 있는데, 이곳에서 점심을 먹기로 한다. 인간이 만든 인공적인 구조물과 자연이 어우러져서 신비한 느낌을 자아내는 곳. 한때는 멋진 수도원의 모습이었을지도 모르겠으나 지금은 자연 속에 파묻힌 폐허 혹은 유적지 느낌이다. 야외테이블에 자리를 잡은 뒤 립아이 스테이크와 애플사이다를 주문한다. 오늘도 즉흥적으로 '여기서 밥 먹을까?'하고 앉은 건데 이곳 음식도 맛있다. 운이 좋아 음식점을 잘 고른 건지 아니면 두브로브니크의 음식점들이 대체로 수준이 높은건지 모를 일이다.

Rajski Vrt

Add. Lokrum ul., 20000, Dubrovnik Tel. +385 20 324 803
Price. 메인메뉴 약 120쿠나, 음료 약 40쿠나 Web. restorandubrovnik.com

포트 로얄 Utvrda Royal / Fort Royal

점심 이후에는 섬의 북쪽 부분을 둘러봤는데, 북쪽은 남쪽보다 훨씬 자연 그대로의 상태다. 포트 로얄에 가기 위해 파라다이스의 길을 걷는데 도대체 왜 이 길이 파라다이스의 길인지 모르겠다. 가파르고, 게다가 돌멩이와 자갈이 많아 미끄럽고, 누가 이름을 붙였는지는 몰라도 작명에 재능이 없는 사람임이 분명하다. 몇 번을 미끄러질 뻔하고 넘어질 뻔하며 도착한 포트 로얄. 이곳은 프랑스인에 의해 로크룸 섬에서 가장 높은 곳에 지어졌다. 지금은 폐허 같이 변해있지만, 이곳까지 온 사람들이 꽤 많다. 그 이유는 이곳에서 바라보는 두브로브니크의 풍경이 멋지기 때문이다. 저 멀리 두브로브니크 성곽의 모습이 온전하게 보인다.

올드타운   포트 로얄

부자 카페 café Buza

약 5시간 정도의 로크룸 섬 나들이를 마치고 구항구로 돌아왔다. 피곤한 몸을 이끌고 부랴부랴 향한 곳은 바로 부자 카페. 혹은 부자 바. 사실 카페라는 명칭보다는 바라는 명칭이 더 어울린다. 커피도 팔지만 사람들이 주로 맥주를 마시기 때문이다. 낮에는 어떤지 모르겠지만 일몰 때가 되면 너도 나도 앞다투어 이곳으로 오는지 손님들로 바글바글하다. 사람들 사이에 비어 있는 한 자리를 용케 차지하고 앉아 맥주 한 병을 주문한다. 해가 점점 저물어간다. 그런데 내가 너무 기대를 많이 한 것일까? 자다르나 스플리트에서 봤던 일몰보다 더 아름답지는 않은 것 같다.

성 사비오르 성당 Crkva sv. Spasa / St. Saviour Church

필레게이트 안쪽, 큰 오노프리오 분수 맞은편에는 성 사비오르 성당이 있다. 1520년 이곳에 지진이 발생했을 때 약 20명의 사람이 죽고 건물들이 무너졌지만, 이것보다 더 큰 피해를 입지 않은 것에 감사하는 마음에 성 사비

오르 성당을 건축했다. 이후 1667년에 발생한 대지진 때에도 이 성당은 무너지지 않아 더욱 성스럽게 여겨지고 있으며, 지금도 건축했을 당시 그대로의 모습을 유지하고 있다. 아쉽게도 내부는 특별전이나 정기 콘서트가 열릴 때만 볼 수 있다.

Add. Poljana Paska Miličevića, 20000, Dubrovnik **Tel.** +385 20 323 887

스폰자 궁전 Palača Sponza / Sponza Palace

스트라둔 대로의 구항구 쪽 루자광장 근처에는 스폰자 궁전, 성 블라이세 성당, 렉터 궁전, 시계탑, 두브로브니크 대성당 등 볼거리가 옹기종기 모여있다. 스폰자 궁전은 이 도시에서 가장 아름다운 궁전 중 하나로 성 사비오르 성당과 마찬가지로 1667년 대지진에서 살아남은 건물이다. 스폰자라는 이름은 '빗물을 모아두는 장소'라는 뜻의 라틴어 Spongia에서 유래되었는데, 이 궁전이 세워지기 전 이곳이 빗물을 모아두는 곳이어서 스폰자 궁전이라는 이름이 붙었다. 이 궁전은 세월에 따라 관세청에서부터 시작해서 창고, 금고, 무기고, 은행 등 다양한 용도로 쓰였다. 스폰자 궁전 바로 옆에는 태양을 닮은 시계가 달려있는 종탑이 있는데, 자세히 보면 종 옆에 종을 치는 두 남자의 조각상이 있다.

Add. Stradun 2, 20000, Dubrovnik **Tel.** +385 20 323 887

성 블라이세 성당 Crkva sv. Vlaha / Church Of Saint Blaise

성 블라이세 성당은 두브로브니크의 수호성인인 블라이세를 위한 성당이다. 전설에 따르면 971년 베네치아의 배가 도시 앞에 배를 대고 물을 구하는 척하면서 두브로브니크를 침략하려고 했는데, 이를 알게 된 블라이세

가 그 사실을 스테판 대성당의 신부였던 Stojko에게 알려 도시는 문을 걸어 잠그고 대비태세를 갖출 수 있었다. 적의 침략으로부터 도시를 구한 블라이세는 수호성인이 되었고, 그때 이후로 지금까지 수많은 블라이세 동상이 제작되어 도시 곳곳에 놓여졌다. 이 성당 앞에는 올란도 동상이 있는데, 전설에 따르면 9세기에 올란도와 그의 함대가 두브로브니크를 구했다고 한다. 하지만 이 전설은 사실이 아니고 실제로는 헝가리-크로아티아 왕의 보호 아래에 있는 도시들에 세워졌던 동상 중 하나라고 한다.

Add. Luža ul. 2, 20000, Dubrovnik **Tel.** +385 20 324 999

두브로브니크 대성당 Katedrala Velike Gospe / Dubrovnik Cathedral

두브로브니크 대성당이 세워지게 된 것에도 전설이 있는데, 1192년 십자군 전쟁에서 돌아오던 리차드(Richard)는 폭풍우를 만났고 배가 난파되어 가

까스로 로크룸 섬에 다다라 살아남을 수 있었다. 이를 감사히 여긴 그는 본인이 살아남은 자리에 대성당을 지으려고 했으나, 당시 두브로브니크 지도자들의 권유에 따라 두브로브니크 내에 대성당을 지었다고 한다. 그러나 안타깝게도 1667년 대지진에 대성당은 많은 부분 파괴되었고, 그 이후에 다시 건축되었다. 내부는 생각보다 소박하고 깔끔한 느낌이고, 특히 그림과 벽화가 많다.

Add. Ul. kneza Damjana Jude 1, 20000, Dubrovnik **Tel.** +385 20 323 459

구항구 Old Port

항구에서 로크룸 섬 방향으로 계속 걷다 보면 바다 쪽으로 삐쭉 튀어나온 곳이 있는데, 이곳에 빨간 등대와 벤치가 있다. 사람들에게 사랑받는 휴식 장소라는 것을 증명이라도 하듯 이미 많은 사람이 앉아 오후의 태양을 만

끽하고 있다. 두브로브니크에서 가장 감성 넘치는 곳을 꼽는다면 바로 이 곳이 아닐까! 성벽 앞쪽, 그러니까 성벽과 바다가 마주한 곳까지 길이 이어 져 가보니 어떤 아주머니가 바위에 앉아서 무언가에 열중하고 있다. 알고 보니 손낚시 중이던 아주머니. 이미 잡은 물고기를 손질하더니 내장을 꺼 내 미끼로 쓴다. 그리곤 그걸로는 충분하지 않은지 바다에 빵가루를 뿌린 다. 그 뒷모습이 쓸쓸해 보여 몇 마디 건네고 싶었는데, 말을 걸면 부담스 러워 하실까 봐 뒷모습만 한참 쳐다보다가 발걸음을 돌린다.

Add. Ribarnica ul. 1, 20000, Dubrovnik

가성비 최고인 버거집

다른 도시들에 비해 물가가 비싼 두브로브니크에서 굉장히 마음에 드는 버 거집을 발견했다. 숙소인 Guesthouse Biba 바로 옆에 있던 Coffe & Fast food Yummmi. 우연히 방문해서 버거를 주문했는데 착한 가격에 양이 어마어마하다. 게다가 무료 와이파이까지 터져서 내 사랑을 독차지했다. 나처럼 지갑이 얇은 여행자에게, 혹은 공항셔틀버스 타기 전에 점심이나 저녁을 해결하고 싶은 여행자에게 안성맞춤인 음식점이다.

Coffee & Fast food Yummmi
Add. Chorwacja, Ul. kralja Krešimira IV 7, 20000, Dubrovnik
Price. 메인메뉴 약 50쿠나

케이블카를 타고 스르지 산에 오르다!

두브로브니크에서의 마지막 밤은 스르지 산에서 보내기로 한다. 숙소 바로 앞에 있는 케이블카 정류장으로 내려가 왕복 티켓을 구입하고 케이블카에 오른다. 그런데 막상 전망대에 올라서니 구름인지 안개인지에 휩싸여 한 치 앞도 보이지 않는 상황. 그래도 그냥 내려갈 수 없어 여기저기 둘러보고 사진도 찍는다. 다행히 잠시 후에 구름이 조금 걷혀서 저 아래 두브로브니크 올드타운의 모습이 눈에 들어온다. 다시 봐도 정말 완벽하게 구시가지를 감싸고 있는 성곽, 그 안에 빼곡히 들어선 주황색 지붕의 집들, 푸르디푸른 바다와 저 멀리 로크룸 섬까지. 이 아름다운 풍경을 두 눈에 담고 있다는 사실이 새삼 감사하게 느껴진다.

두브로브니크 케이블카

Add. Ul. kralja Petra Krešimira IV, 20000, Dubrovnik　Tel. +385 20 325 393　Fee. 성인 왕복 120쿠나, 성인 편도 70쿠나, 4~12세 왕복 50쿠나, 4~12세 편도 30쿠나　Time. <u>1월&12월</u> 9:00~16:00, <u>2월~3월&11월</u> 9:00~17:00, <u>4월&10월</u> 9:00~20:00, <u>5월</u> 9:00~21:00, <u>6월~8월</u> 9:00~24:00, <u>9월</u> 9:00~22:00　Web. www.dubrovnikcablecar.com

일몰과 야경, 올드타운을 보며 즐기는 마지막 저녁식사

스르지 산 전망대 건물에는 기념품점과 음식점, 화장실 등이 마련되어 있는데, 일몰부터 야경까지 보고 내려가기 위해 파노라마 레스토랑에서 이른 저녁을 먹기로 한다. 아직 저녁 시간이 아니라 손님은 많지 않아 구시가지가 잘 내려다보이는 창가에 자리를 잡을 수 있었다. 크로아티아에서의 마지막 밤을 장식할 요리는 기다란 마늘빵 위에 토마토소스로 요리된 킹프라운 네 마리가 올라가 있는 요리. 비록 양은 적지만 맛있다! 자다르나 스플

리트에서 먹었던 파스타에 들어간 새우와는 비교할 수도 없는 오동통함과 씹히는 맛이 있다. 금방 킹프라운 네 마리를 해치우고 내친김에 카푸치노와 초콜릿케이크로 혼자만의 마지막 만찬을 즐긴다.

식사하는 동안 창밖으로 보이는 풍경은 낮에서 밤이 되었다. 밖으로 나가 불빛으로 가득 채워진 두브로브니크를 내려다본다. 말로는 다 설명할 수 없는 아름다운 모습들만 보여준 크로아티아. '안녕~ 다음에 또 올게.' 혼잣말로 작별 인사를 하며 스르지 산에서 내려와 떠날 채비를 한다.

파노라마 레스토랑
Add. Srd ul. 3, 20000 Tel. +385 20 312 664 Price. 메인메뉴 약 200쿠나, 음료 약 30~40쿠나, 디저트 약 42쿠나

두브로브니크 교통 정보

두브로브니크로 가는 방법

비행기 시내 남쪽에 공항이 있어 유럽의 여러 도시에서 항공편을 이용하여 두브로브니크로 갈 수 있다. 아시아나항공과 루프트한자 독일항공이 인천을 출발하여 경유지 1회를 경유해 두브로브니크에 도착하므로, 두브로브니크에서 여행을 시작할 여행자들은 참고하자. 자그레브 공항으로 도착하더라도 자그레브 → 두브로브니크 간 비행 스케줄이 자주 있으므로 국내선을 잘 활용하면 된다.
- ▷ 자그레브 → 두브로브니크(약 1시간)
- 두브로브니크 공항 : www.airport-dubrovnik.hr

버스 크로아티아의 도시들에서 버스를 이용해 두브로브니크로 갈 수 있다. 특히 두브로브니크는 기차로 갈 수 없기 때문에 렌터카로 여행하지 않는 한 버스를 이용할 확률이 높다. 또한, 근처 국가도 버스로 쉽게 갈 수 있어서 두브로브니크에 머물면서 코토르나 모스타르에 다녀오는 여행자들도 있다.
- ▷ 스플리트 → 두브로브니크(약 3시간 30분), 코토르 → 두브로브니크(약 2시간), 모스타르 → 두브로브니크(약 3시간)
- 크로아티아 국내/국제선 버스 : www.buscroatia.com
- 크로아티아 버스터미널 : www.autobusni-kolodvor.com

페리 이탈리아 바리에서 페리를 이용해 두브로브니크로 갈 수 있다. 페리는 Jadrolinija사가 운행하고 있으며, 3월말부터 10월까지 한정적으로만 운행한다.
- ▷ 바리 → 두브로브니크(10시간)
- Jadrolinija 페리 검색 : www.jadrolinija.hr

두브로브니크 중심지로 가는 방법

공항에서 공항은 올드타운으로부터 남쪽으로 약 20km 정도 떨어져 있다. 택시를 타면 올드타운까지 약 25분 정도 소요되며, 요금은 약 250~270쿠나이다. 공항 터미널 옆에 주차되어 있는 공항셔틀버스를 타면 구시가지의 필레게이트, 신시가지의 버스터미널까지 약 30~40분 정도 소요되며, 티켓은 편도 40쿠나, 왕복 70쿠나이다. 시내에서 공항으로 갈 경우 버스터미널과 스르지 산 케이블카 앞에서 공항셔틀버스에 탑승할 수 있으며, 필레게이트에서는 정차하지 않으니 주의해야 한다. 공항셔틀버스의 시간표는 비행시간에 따라 조금씩 바뀌므로, 공항 가기 전날 최종적으로 확인하도록 하자. 보통 국내선 출발 1시간 30분 전, 국제선 출발 2시간 전에 출발한다.

- 두브로브니크 공항버스 : www.absolute-dubrovnik.com

버스터미널에서
페리터미널에서
버스터미널/페리터미널에서 올드타운까지는 약 2~3km로 시내버스를 타면 금방 갈 수 있다. Pile Square (Old Town)행 1, 1A, 1B번 버스에 오르면 된다. Lapad나 Babin Kuk 지역으로 가려면 7번, Ploče and Sveti Jakov 지역으로 가려면 8번 버스를 이용하면 된다.

두브로브니크의 대중교통

버스
두브로브니크 시내의 대부분 지역은 모두 버스노선으로 이어져 있다. 티켓은 기사, 신문가판(Kiosks of Libertas)에서 구입할 수 있으며, 1시간 동안 유효하다. 티켓 가격은 버스기사에게 직접 구입하면 15쿠나, 가판에서 구입하면 12쿠나이다. 24시간 동안 무제한으로 이용 가능한 티켓도 있는데, 가판에서 구입 가능하며 가격은 30쿠나이다. 두브로브니크 카드를 구입할 경우 카드에 1일 무제한 혹은 3일이나 7일 안에 10회, 20회 이용 가능한 버스 티켓이 포함되어 있다.

- 두브로브니크 시내교통 : http://libertasdubrovnik.com

택시
여러 택시회사가 있는데, 평균적으로 기본요금은 26쿠나에서부터 시작하며 킬로미터 당 10쿠나이다.

두브로브니크 관광의 중심은 올드타운이며, 핵심 중의 핵심은 성벽 투어이다. 다른 것은 다 놓치더라도 성벽 투어만큼은 꼭 하자. 날이 뜨거운 여름의 경우 성벽 투어를 낮에 하면 너무 지칠 수 있으므로 아침 일찍이나 오후 늦게 하는 것을 추천한다. 부자 카페는 일몰을 보기 좋은 곳, 스르지 산 케이블카와 전망대는 일몰과 야경을 보기 좋은 곳이므로 늦은 오후와 저녁 시간으로 일정을 잡는 것이 좋다. 로크룸 섬과 반예비치는 여유롭게 풍경과 물놀이를 즐기기에 좋은 곳이다.

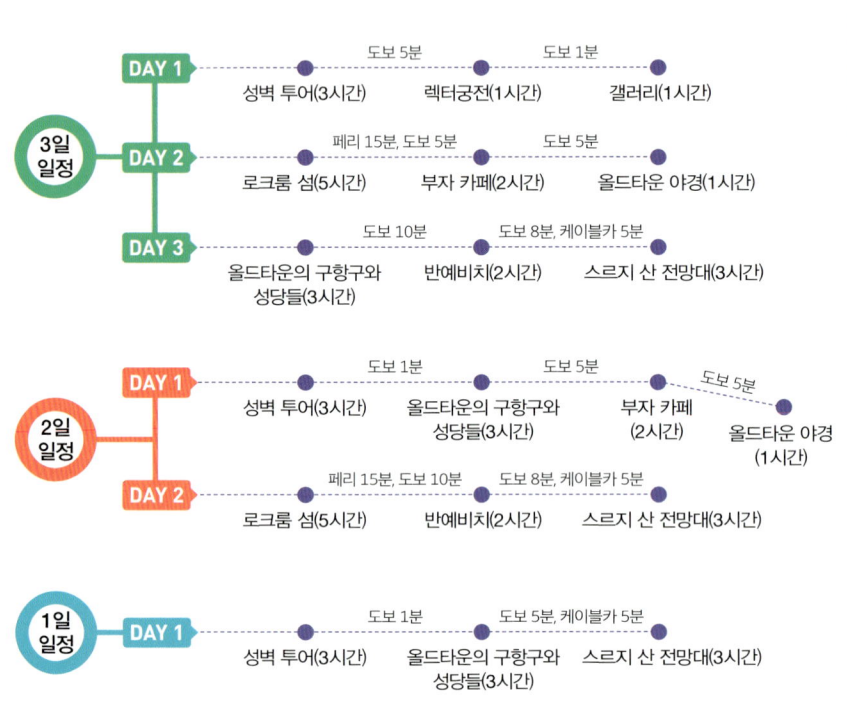

✕ 이것만은 꼭! 두브로브니크의 BEST 3 ✕

BEST 1. 두브로브니크 성벽 투어하기
BEST 2. 스르지 산 전망대에서 두브로브니크 전경 내려다보기
BEST 3. 두브로브니크 올드타운과 구항구 산책하기

슬로베니아
SLOVENIA

× × ×

1. 류블랴나
2. 블레드 호수

Basic Information

❶ **국가명** 슬로베니아공화국(Republic of Slovenia)
❷ **수도** 류블랴냐(Ljubljana)
❸ **언어** 슬로베니아어
❹ **면적** 20,273km^2
❺ **국가번호** +386
❻ **기후** 북서부는 알프스 산맥과 카르스트 지형으로 인해 고산 기후, 남서부는 바다를 접하고 있어서 지중해성 기후, 북동부는 전형적인 대륙성 기후의 특징을 가지고 있다.

도시	평균	1월	2월	3월	4월	5월	6월	7월	8월	9월	10월	11월	12월
류블랴나	최고	2	4	10	13	19	22	25	25	20	14	6	2
	최저	-5	-3	0	2	7	11	12	12	9	5	0	-3

❼ **시차** 한국보다 8시간 느리다. 서머타임(3월 마지막 일요일~10월 마지막 일요일) 기간에는 7시간 느리다. 예를 들어 한국이 오전 10시라면 슬로베니아는 새벽 3시.
❽ **전압** 220V로 한국과 동일하며, 한국 전자제품을 가져가 그대로 사용할 수 있다.
❾ **비자** 무비자로 90일 체류 가능하다. (슬로베니아는 쉥겐국가)
❿ **응급 시 연락처** 경찰 113, 구급차 112
⓫ **주 오스트리아 대한민국 대사관**
　　Add. Gregor Mendel Strasse 25, A-1180, Vienna　Tel. +43 1 478 1991
　　* 슬로베니아에는 상주 대한민국 대사관이 없으며, 주 오스트리아 대한민국 대사관이 슬로베니아 대사관을 겸임하고 있다.

✕ 슬로베니아의 화폐와 환전

화폐 단위는 유로(EUR/Euro)와 센트(Cent)이다. 지폐로 500, 200, 100, 50, 20, 10, 5유로가 있고, 동전으로 2, 1유로가 있으며, 유로보다 작은 단위인 센트(Cent)가 동전으로 50, 20, 10, 5, 2, 1이 있다.

우리나라 각 은행에서 한화를 유로로 직접 환전할 수 있다. 본인의 주거래은행에서 환전을 할 경우 환율 우대를 받을 수 있으며, 은행마다 다르지만 여행자보험을 무료로 들어주는 곳

도 있다. 인터넷에 '환율 우대쿠폰'을 검색해서 유효한 쿠폰을 출력해 환율 우대를 받을 수도 있다. 단, 이 경우 쿠폰의 유효기간 및 조건을 잘 확인해야 한다. 시간 여유가 없는 여행자는 인터넷 환전을 한 다음 은행에 가서 유로화를 수령해도 된다. 꿀팁 하나. 은행에서 일하는 친구가 있다면 친구에게 환전을 부탁해 보자! 직원 환율 우대를 받을 수 있다. 여행 후 유로가 남았을 경우 지폐는 다시 한화로 환전할 수 있지만 동전은 환전할 수 없다. 되도록 동전은 현지에서 다 쓰고 올 수 있도록 조절하자!

✕ 슬로베니아의 공휴일과 축제

공휴일

1월 1일	새해 첫날	8월 15일	성모 승천 축일
2월 8일	문화의 날/프레셰렌의 날	10월 31일	종교개혁일
3월 27일~28일	부활절	11월 1일	만성절/영령기념일
4월 27일	투쟁기념일	11월 11일	성 마르티노 축일
5월 1일~2일	근로자의 날	12월 24일~25일	크리스마스 이브 & 크리스마스
5월 24일	오순절, 성령강림절		
5월 26일	성체 축일	12월 26일	박싱데이
6월 25일	주정부 수립기념일	12월 31일	새해 전날

축제

2월	프투이	Kurentovanje Carnival
3월	크란스카고라	FIS Ski Jumping World Cup Finals
4월	프투이	St. George's Fair(중세 마켓)
5월	류블랴나	Druga Godba International World Music Festival
6월	류블랴나 서부	Idrija Lace Festival
	류블랴나 남동부	Jurjevanje Folklore Festival
6~7월(2주)	마리보르	Festival of Lent(Arts Festival, Fireworks)
7월	류블랴나	Ljubljana Jazz Festival
		Ana Desetnica Street Theatre Festival
7월~8월	류블랴나	Ljubljana Summer Festival
7월	류블랴나 동부	Festival of Beer and Flowers
	블레드	Bled Days and Nights(Folk Music, Crafts, Fireworks, Floating Candles)
7월~8월	블레드	Okarina Etno Festival (Ethno Music)

축제	8월~9월	피란	Tartini Festival (Classical Music)
	9월 혹은 10월	마리보르	Old Vine Festival (Wine, Folk Music and Dancing)
	9월	보힌 호수	Cow Ball(Procession of Decorated Cows, with Traditional Alpine Sports, Dancing, Music, Costumes)
	10월	마리보르	Maribor Theater Festival
		류블랴나	Ljubljana Marathon
	12월	류블랴나	Ljubljana Christmas Market
		포스토이나 동굴	Christmas Events at Postonja caves

✈ 슬로베니아로 가는 방법

❶ 한국에서 슬로베니아로

한국에서 슬로베니아까지 가는 직항은 없고, 유럽의 다른 도시를 1회 경유하여 가는 것이 일반적이다. 대기시간과 비행시간을 포함한 소요시간은 최소 13~16시간이며, 대기시간이 길면 소요시간이 30~36시간이 되는 경우도 있다. 특히 여름 성수기 항공권 중 스케줄이 좋은 항공권은 마감이 빨리 되므로 여행계획이 있다면 항공권은 빨리 예매하는 편이 좋다. 항공권 가격의 경우, 프로모션 특가를 이용하면 100만 원 미만으로 구매할 수도 있고 일반적으로는 100만 원 초~중반대로 구매할 수 있다.

터키항공이 대기시간이 짧은 편이기 때문에 시간 여유가 부족한 여행객들이 이용하기에 좋다. 터키항공은 이스탄불을 1회 경유하며, 대기시간은 약 2시간 30분 정도이다. 핀에어는 헬싱키를 1회 경유하며, 대기시간이 짧으면 3시간, 길면 18시간이 넘는다. 에어프랑스나 오스트리아 항공은 대기시간이 길거나 2회 경유하기 때문에 추천하지 않는다.

❷ 유럽국가에서 슬로베니아로(소요시간)

- 뮌헨 → 류블랴나　　　　　버스 7시간, 기차 6시간, 비행기 50분
- 비엔나 → 류블랴나　　　　버스 6시간, 기차 6시간, 비행기 50분
- 부다페스트 → 류블랴나　　버스 9시간, 기차 8시간
- 자그레브 → 류블랴나　　　버스 2시간 10분, 기차 2시간 30분
- 베네치아 → 류블랴나　　　버스 3시간

- 류블랴나 → 블레드　　　　버스 1시간 20분

✕ 슬로베니아 추천 일정

❶ 류블랴나와 근교 여행지까지 섭렵하는 일정(3박 4일)

류블랴나(3박)

류블랴나에서 3박을 하면서 블레드 호수와 포스토이나 동굴 당일치기 여행을 다녀오자. 두 곳 모두 버스로 1시간~1시간 20분 정도면 갈 수 있기 때문에 부담 없이 근교 여행으로 다녀올 수 있다. 블레드 호수를 조금 더 온전히 느끼고 싶은 여행자는 블레드 호수 근처에서 1박을 하는 것도 좋다.

❷ 류블랴나 핵심+블레드 호수를 돌아보는 일정(2박 3일)

류블랴나(2박)

류블랴나 시내에서 하루 반나절을 보내고, 블레드 호수 당일치기 여행을 다녀오자. 만약 2박을 할 여유가 없다면 1박만 하고 류블랴나와 블레드 호수에 각각 반나절씩 시간을 투자해도 된다. 2박 3일 일정에서 포스토이나 동굴까지 가고 싶다면 각각의 일정을 조금씩 줄여 류블랴나, 블레드 호수, 포스토이나 동굴을 빡빡하게 돌아볼 수 있다.

✕ 슬로베니아 여행비용

❶ 3박 4일 일정 여행비용(기준환율 1,400원)

왕복항공료	100만 원 초~중반대
숙박비(3박)	호스텔 도미토리 기준 약 66유로(약 92,000원)
교통	공항 ↔ 시내 왕복 버스비 약 20유로(약 28,000원) 블레드 호수 왕복 버스비 약 14유로(약 19,600원) 포스토이나 동굴 왕복 버스비 약 14유로(약 19,600원)
관광지 입장료	류블랴나 성(푸니쿨라+캐슬) 약 10유로(약 14,000원) 블레드 호수 플레트나 약 14유로(약 19,600원) 블레드 섬 성모마리아 승천 교회 약 6유로(약 8,400원) 블레드 성 약 10유로(약 14,000원)
	포스토이나 동굴 약 23.90유로(약 33,460원)

음식	약 80유로(약 112,000원)
쇼핑	개인에 따라 다름
총 금액	약 1,361,060원+@

❷ 2박 3일 일정 여행비용(기준환율 1,400원)

왕복항공료	100만 원 초~중반대
숙박비(2박)	호스텔 도미토리 기준 약 44유로(약 61,600원)
교통	공항 ↔ 시내 왕복 버스비 약 20유로(약 28,000원) 블레드 호수 왕복 버스비 약 14유로(약 19,600원)
관광지 입장료	류블랴나 성(푸니쿨라+캐슬) 약 10유로(약 14,000원) 블레드 호수 플레트나 약 14유로(약 19,600원) 블레드 섬 성모마리아 승천 교회 약 6유로(약 8,400원) 블레드 성 약 10유로(약 14,000원)
음식	약 60유로(약 84,000원)
쇼핑	개인에 따라 다름
총 금액	약 1,249,200원+@

❸ 슬로베니아 2박 3일 실제 여행비용(2014년 10월 기준)

도시	사용일	구분	사용내역	금액(1인)	원화환산(1인)
류블랴나	10/2	교통	베니스-류블랴나(DRD)	€ 25.00	₩ 33,500
류블랴나	10/2-10/4	숙박	Zeppelin Hostel 2박 전액	€ 38.00	₩ 50,920
류블랴나	10/2	음식	저녁 및 간식	€ 3.08	₩ 4,127
블레드	10/3	교통	류블랴나-블레드 버스비	€ 7.80	₩ 10,452
블레드	10/3	교통	블레드-류블랴나 버스비	€ 6.30	₩ 8,442
블레드	10/3	교통	류블랴나-자그레브 기차비	€ 16.40	₩ 21,976
블레드	10/3	관광	블레드섬 플레트나	€ 12.00	₩ 16,080
블레드	10/3	관광	블레드 성 입장료	€ 10.00	₩ 13,400
류블랴나	10/3	음식	저녁 (빵)	€ 3.48	₩ 4,663
류블랴나	10/4	음식	커피 2잔	€ 3.00	₩ 4,020
류블랴나	10/4	음식	저녁 (슬로베니아 전통 음식) 2인분	€ 37.00	₩ 49,580

동유럽에 반하다

류블랴나
Slovenia #1
LJUBLJANA

슬로베니아의 수도인 류블랴나는 젊고 활기차다. 류블랴나 대학이 있어 대학생들이 많고 다양한 축제와 이벤트가 펼쳐진다. 도시의 상징은 류블랴나의 용으로 힘과 용기, 위대함을 나타낸다. 류블랴니차 강 주변의 중심지와 대학가는 따뜻하고 사랑스러운 분위기를 풍긴다.

류블랴니차 강

류블랴나로 떠난 이유

원래 슬로베니아의 류블랴나는 내 여행 일정에 없었다. 이탈리아의 베네치아에서 곧바로 크로아티아의 풀라로 넘어간 다음, 거기서 자그레브로 이동해 크로아티아 남쪽으로 내려갈 생각이었다. 이런 계획을 평소 알고 지내던 여행작가님께 공유했더니 "풀라를 빼고 슬로베니아의 류블랴나와 블레드 호수를 넣는 게 어때요? 크로아티아 서쪽은 느낌이 다 비슷비슷하니까 느낌이 확 다른 류블랴나랑 블레드 호수를 넣는 것도 좋을 것 같은데. 그리고 블레드 호수 가봤는데 정말 좋더라." 평소에 워낙 팔랑거리는 귀를 가진 데다가 다른 사람도 아니고 여행의 고수인 작가님께서 그렇게 말씀하시니 꼭 그렇게 해야만 할 것 같았다. 그래서 곧바로 계획을 수정해 이탈리아 베네치아에서 슬로베니아 류블랴나로 간 다음, 그곳에서 2박 3일 머물면서 블레드 호수를 당일치기로 다녀오고 자그레브로 곧장 넘어가기로 한다.

류블랴나로 가는 길, 그리고 류블랴나의 첫 인상

베네치아에서 류블랴나로 떠나는 날. 그동안 함께했던 여행 친구들과 작별인사를 마치고 베네치아 본섬에 있는 산타루치아 역에서 메스트레 역까지 기차를 타고 이동한 뒤, Plaza 호텔 앞에서 류블랴나행 DRD 버스를 기다린다. 잠시 후, DRD라는 글씨가 크게 쓰인 봉고가 다가와 주차를 한다. 반

가운 마음에 다가갔더니 예약증을 보여주기도 전에 "류블랴나 가?"라고 묻는다. 다른 사람들은 모두 봉고에 태우더니 나만 따로 이쪽으로 따라오란다. 그러더니 한참을 걸어 대형 관광버스에 오르라고 한다. 불안한 마음에 류블랴나 가는 버스가 맞는지 재차 확인하고 버스에 올랐는데 그 큰 버스는 온통 남자들로만 가득 차 있다.

DRD 버스
Add. 베네치아 메스트레 역 건너편 Plaza 호텔 앞, 류블랴나 버스터미널(기차역 앞) Tel. +386 31 616 945 Web. www.drd.si Fee. 편도 25유로, 왕복 45유로 Time. 류블랴나 출발 매일 8시 15분, 메스트레 출발 매일 11시 50분, 월~목요일 16시 20분, 금~일요일 20시 45분

이어폰으로 흘러나오는 음악을 들으며 창밖으로 펼쳐지는 전원적인 풍경을 보고 있자니 어느덧 3시간이 훌쩍 지나 류블랴나에 도착했다. 류블랴나 버스터미널은 기차역 바로 앞에 있는데, 사실 '터미널'이라기보다는 길거리에 수십 개의 버스 주차장이 있고 그 옆에 매표소가 있는 게 전부다. 내리자마자 내 눈에 들어온 것은 대학생으로 보이는 수많은 젊은이. 어디선가 '류블랴나는 대학도시다!'라는 말을 들은 적이 있는데, 그게 정말인가보다.

Zeppelin Hostel

미리 예약해둔 Zeppelin Hostel은 기차역에서 걸어서 8분, 관광의 중심지에서 걸어서 6분으로 위치 하나는 정말 끝내준다. 한 손으로는 캐리어를 질질 끌고, 다른 한 손으로는 스마트폰을 거머쥔 채, 지도를 보며 열심히 걷는다. 분명 여기쯤 같은데 호스텔이 안 보인다. 이럴 때는 번지수로 찾는 게 제일 정확하다. 번지수를 따라가 보니 아치형 문 옆에 아주 작게 'Zeppelin Hostel'이라고 적힌 것이 눈에 들어온다. 유럽에서는 호스텔 입구가 대로변에 있는 것이 아니라 건물 뒤쪽에 있거나(이런 경우 번지수가

몇 다시 몇으로 되어 있기도 하다.),아니면 대로변의 대문을 통과한 뒤 안쪽으로 들어가야 입구가 있는 경우도 허다하다. 벨을 누르니 직원이 문을 열어준다. 그런데 그 앞에 또 하나의 산이 있었으니, 바로 무섭도록 펼쳐진 계단들. 유럽은 호텔이 아니고서야 엘리베이터가 있는 경우가 드물다. 그러니 호스텔에 머물 예정이라면 꼭 짐은 가볍게 싸자. 호스텔은 꽤나 아담했는데, 작지만 요리를 해 먹을 수 있는 부엌과 편히 쉴 수 있는 공용공간이 있고, 손님들이 쓸 수 있는 컴퓨터도 2대 있다. 내 방은 4인 도미토리인데, 침대도 깔끔하고 개인등과 큰 락커가 있어서 마음에 든다.

Add. 2nd floor, Slovenska cesta 47, 1000 Ljubljana **Tel.** +386 591 91427 **Price.** 4인 도미토리 약 22유로

프레셰렌 광장 주변의 볼거리들 Prešrnov Trg / Prešren Square

류블랴니차 강을 접하고 있는 프레셰렌 광장은 관광객들에게는 여행의 시작점이고, 시민들에게는 만남의 장소이자 각종 행사를 즐기는 곳이다. 그래서인지 이곳에는 늘 밝고 따뜻한 기운이 맴돈다. 광장 중심에는 분홍빛으로 고운 자태를 뽐내고 있는 성 프란체스코 성당과 슬로베니아의 민족 시인이자 변호사였던 프란체 프레셰렌의 동상이 있다. 지금 우리가 볼

수 있는 성 프란체스코 성당은 1646년과 1660년 사이에 지어졌는데, 1895년 지진으로 무너진 이후에 재건되었다. 프레셰렌 광장 중심에 있고 상큼한 핑크색 덕분에 류블랴나의 상징 중 하나가 되었다. 프란체 프레셰렌은 19세기 낭만주의 시인으로 그의 시가 슬로베니아 국가의 가사로 쓰일 정도로 유명하다. 그는 1800년 슬로베니아의 브르바에서 태어나 빈에서 철학과 법학을 공부한 뒤 류블랴나에 있는 법률사무소에 취직했다. 그에게는 슬픈 사랑 이야기가 있는데, 그는 부유한 상인의 딸이었던 율리아를 보고 한눈에 반하게 된다. 하지만 신분의 차이로 사랑은 이루어지지 않았고, 율리아는 다른 부잣집으로 시집을 가버리게 된다. 지금도 프란체 프레셰렌은 율리아를 간절하게 바라보고 있는데, 동상의 시선이 향하는

율리아

성 프란체스코 성당

곳, 성 프란체스코 성당 옆의 노란색 건물 벽면에 율리아가 조각되어 있다.

성 프란체스코 성당
Add. Presernov trg 4, Ljubljana **Tel.** +386 1 425 3007 **Fee.** 무료 **Time.** 매일 8:00~12:30분, 13:30~20:00

3개의 다리 Tromostovje / Triple Bridge

프레셰렌 광장 바로 앞에는 3개의 다리가 있는데, 원래 이곳에는 목조로 된 다리 하나만이 있었다. 구시가지로 통하는 최초의 다리였고, Old Bridge 혹은 Lower Bridge라고 불리기도 했다. 1842년에 목조 다리가 석조 다리로 대체되었고, 증가하는 교통량 때문에 1929년에 다리를 넓히기로 하였으나 당시 담당자였던 건축가 Joze Plecnik이 가운데 다리를 그대로 유지하고 양쪽에 보행자 전용 다리를 두 개 건설하기로 결정하였다. 1932년에 완공

된 3개의 다리는 그때부터 지금까지 이 자리를 지키고 있다. 이 다리를 기준으로 한쪽에는 프레셰렌 광장이, 다른 쪽에는 시청사, 대성당, 중앙시장, 류블랴나 성이 있으니 여행자라면 의도하든 의도치 않든 이 다리를 여러 번 건너게 된다.

Add. Stritarjeva ulica, 1000 Ljubljana

류블랴나 대성당 Ljubljanska Stolnica / Ljubljana Cathedral

3개의 다리를 건너 향한 곳은 바로 '류블랴나 대성당'이라고 불리는 성 니콜라스 성당이다. 류블랴나에서 가장 크고 유명한 성당으로 원래는 고딕 양식의 성당이었지만 18세기 초에 안드레아 푸조에 의해 바로크 양식으로 변경되었다. 이 성당에서 가장 눈에 띄는 것은 바로 입체적이고 화려한 부조가 있는 두 개의 청동문이다. Slovene Door라고 불리는 정문에는 1996년 교황 요한 바오로 2세(Pope John Paul II) 방문을 기념하여 슬로베니아

기독교 역사와 함께 상단부에 교황 요한 바오로 2세가 조각되어 있다. 건물 옆쪽의 문은 Ljubljana Door라 불리는데, 20세기의 주교들 여섯 명이 예수 그리스도를 내려다보고 있다. 이 주교들의 얼굴이 얼마나 입체적인지 문을 박차고 현실로 툭 튀어나올 것만 같다. 성당의 내부로 들어가 보니 금빛 장식들과 천장의 화려한 프레스코화가 눈에 들어온다. 성 니콜라스의 생애를 담은 것이라고 한다. 시끌시끌한 단체 관광객이 성당을 모두 빠져나가자 조용함을 넘어 고요함이 찾아온다. 조용히 성당 내부 이곳저곳을 눈에 담다가 한쪽에 자리를 잡고 앉아 기도를 한다. 개인적으로 믿음을 가지고 있는 종교는 없지만 조용한 성당이나 교회, 사찰에 혼자 남으면 저절로 눈을 감고 고개를 숙이고 기도를 하게 된다. 이게 바로 종교의 힘이 아닐까?

Add. Dolničarjeva ulica 1, 1000 Ljubljana **Tel.** +386 1 2342 690 **Fee.** 무료

푸줏간 다리 Mesarski Most / Butchers' Bridge

3개의 다리와 용의 다리 중간에 있는 푸줏간 다리는 다른 다리들에 비해 비교적 현대적인 모습으로, 다리의 양쪽 바닥은 투명한 유리로 되어 있다. 이 다리 위에는 프로메테우스, 사티로스, 아담과 이브 같이 그리스 신화와 성경의 내용을 담은 조각들이 있어서 자칫 평범하게 느껴질 만한 다리를 조금 더 특별하게 만들어 준다. 우리나라 서울 N타워의 전망대나 파리의 퐁네프 다리처럼 이곳에도 수많은 연인들이 달아놓고 간 자물쇠들이 걸려 있다. 한쪽에서는 거리의 음악가가 기타를 연주하며 노래를 부르고, 한 무리의 젊은이들은 편안한 자세로 다리에 앉아 연주와 노래를 감상하고 있다. 다리 건너편에는 많은 사람이 벌써부터 야외테이블과 벤치에 앉아 가을 저

강변 노천카페

녁을 만끽하고 있다. 슬로베니아의 가을 햇살은 유난히도 따뜻하고 빛나서 찍는 사진마다 빛이 들어와 더욱 따뜻한 느낌을 자아낸다.

용의 다리 Zmajski Most / Dragon Bridge

류블랴나에서 제일 유명한 것 중 하나인 용의 다리. 네 마리의 녹색 용이 다리 네 귀퉁이에 늠름하게 자리 잡고 있다. 이 용들과 관련하여 전해져 내려오는 전설이 있는데, 고대 그리스 신화의 영웅인 제이슨(Jason)이 그의 아르고선 선원들(Argonauts)과 함께 이 용들 중 한 마리를 죽였다는 전설, 그리고 처녀가 이 다리를 건너가면 용들이 꼬리를 흔든다는 전설이 바로 그것이다. 생각한 만큼 크거나 화려하지 않지만 네 마리의 용들이 굳건하게 류블랴나를 지켜주는 느낌이 드는 곳이다.

류블랴나 시청사 Ljubljanska Mestna hiša / Ljubljana Town Hall

프레셰렌 광장에서 3개의 다리를 건너 쭉 직진하면, 시청 앞 광장인 메스트니 광장이 나오고, 그곳에서는 1751년 이탈리아 조각가 프란체스코 로바(Francesco Robba)가 만든 분수대를 만날 수 있다. 현재 이곳에 서 있는 분수대는 복제품이고 오리지널 분수대는 2006년에 내셔널 갤러리로 옮겨져 보관되고 있다. 분수 가운데 10m 높이의 오벨리스크가 있어 웅장함을 더해주고, 분수 아래쪽에 물병을 든 세 남성은 각각 류블랴니차강, 사바강, 크르카강을 의미한다고도 하고 혹은 카르니올라(유고슬라비아 서북부 지방)의 노트란스카, 돌렌스카, 고렌스카 지역을 의미한다고도 한다. 류블랴나 시청사는 웅장한 느낌보다는 귀엽고 아기자기한 느낌이 드는 곳인데, 1484

년 고딕 양식으로 지어졌다가 1717년과 1719년 사이에 바로크 양식으로 개축되었다. 시청사 내부에는 몇몇 전시들이 진행되고 있으니 시간이 있다면 둘러보는 것도 좋을 듯하다.

Add. Mestni trg 1, 1000 Ljubljana　**Tel.** +386 1 306 1000　**Web.** www.ljubljana.si

활기 넘치는 중앙시장 Osrednja Ljubljanska Tržnica / Ljubljana Central Market

아침부터 내 발길은 중앙시장 쪽으로 바쁘게 향한다. 첫날 오후에 도착해서 놓쳤던 중앙시장 구경을 오늘은 꼭 하고 싶기 때문이다. 보통 유럽의 재래시장들은 이른 아침부터 오전까지 활발하고 오후부터는 슬슬 문을 닫으니, 시장 구경을 좋아하는 사람은 아침 일찍부터 움직일 것을 권한다. 류블랴니차 강과 류블랴나 대성당 사이에 위치한 광장(Pogačarnev Trg)에서부터 대성당 옆쪽에 위치한 광장(Vodnikov Trg)까지 넓은 공간에서 열리는 중앙시장. 이곳에서는 꽃, 야채, 과일, 유제품, 육류, 빵 등 많은 상품을 판매한다. 류블랴나 중앙시장이 유럽의 여타 시장들과 다른 점이 있다면, 그것은 바로 '시식'이다. 가판을 운영하고 있는 상인들이 저마다 시식코너를 마련해 사람들에게 먹어보고 마셔볼 것을 권한다. 게다가 류블랴나 사람들 손이 어찌나 큰지 시식해볼 수 있는 양이 많아 시장 한 바퀴 돌고 나면 배

가 부를 것만 같다. 어떤 상인이 신선한 버터가 듬뿍 발린 큼직한 빵 한 조각을 권해서 먹어봤는데, '갓 만든 버터에 갓 구워낸 빵인가?' 싶을 정도로 신선하다. 내가 여행자가 아니라 이곳에 사는 사람이었다면 이 재래시장에 와서 쇼핑을 많이 했을 것 같다.

Add. Pogačarjev trg, 1502 Ljubljana   Tel. +386 1 300 1230   Time. 평일 7:00~16:00, 토요일 7:00~14:00, 일요일 휴무

류블랴나 캐슬 Ljubljanski Grad / Ljubljana Castle

프레셰렌 광장이나 3개의 다리, 혹은 시청사 쪽에서도 훤히 올려다보이는 류블랴나 캐슬에 올라가 보기로 한다. 지금 이 자리에 서 있는 캐슬은 15세기 중반에 지어졌는데 처음에는 성벽과 타워, 막사만 있었지만 세월이 지나면서 지금과 같은 모습을 갖추게 되었다. 최초의 용도는 적으로부터 방어를 하는 것이었지만 17, 18세기에는 군사 병원과 무기고 역할을 하기도 했고, 2차 세계대전이 끝나기 전까지는 감옥으로 역할을 하기도 했다. 1970년대에 개축작업이 시작되어 지금은 각종 전시나 콘서트가 열리고 결혼을 앞둔 커플이 웨딩촬영을 하기도 하는 문화, 이벤트 장소로 사용되고

있다. 캐슬은 걸어서 올라가도 좋고 체력이 허락하지 않으면 푸니쿨라나 관광용 꼬마기차를 타고 올라가도 좋다.

일행과 나는 "튼튼한 두 다리가 있으니 슬슬 걸어 올라가 보자!"며 중앙시장이 있는 쪽에서부터 걸어 올라가기 시작한다. 성으로 올라가는 길은 크게 두 군데서 시작되는데, 한 곳은 중앙시장 쪽의 보드닉 광장이고, 다른 한 곳은 류블랴냐 대학교 쪽의 스타리 광장이다. 좁은 골목길을 따라 걸어 들어가니 어느새 마을 뒷산의 등산로 같은 길이 나타난다. 생각보다 경사가 급하고 길이 미끄러워 입에서 저절로 '헉헉' 소리가 나온다. 한국에서는 몇 년에 한번 등산을 할까 말까인데, 여행하면서는 하루걸러 한 번은 등산을 한다. 성이란 성은 다 산꼭대기에 있고 탑이란 탑은 모조리 엘리베이터가 없으니 말이다.

10분 정도 올라갔을까, 드디어 성이 있는 꼭대기에 도착했다. 류블랴나 시

류블랴나 캐슬에서 본 풍경

내의 붉은 지붕들이 한눈에 들어온다. 황토색 지붕 가득한 그라나다의 풍경, 기와지붕이 가득한 경주의 풍경과 비교가 된다. 류블랴나 캐슬의 전시를 보거나 전망대에 오르려면 티켓을 따로 구입해야 하지만 안뜰에 들어가는 것은 무료다. 일행과 나는 안뜰에 있는 벤치에 앉아 숨을 고르며 평화로운 분위기를 만끽한다. '이 성도 수세기 동안 다양한 역할을 했지만, 문화공간으로 역할을 하는 지금이 제일 행복하지 않을까?'하는 생각이 든다.

푸니쿨라

Add. Krekov trg, Ljubljana Puppet Theatre 근처   Tel. +386 1 306 4200, +386 1 306 4201
Fee. 티켓가격 표 참고   Time. 오픈시간 표 참고

관광용 꼬마기차

Add. Stritarjeva ulica, 1000 Ljubljana   Fee. 성인 4유로, 어린이 3유로   Time. 성수기 9:00~21:00, 비성수기 날씨와 손님 수에 따라 다름

류블랴나 캐슬

Add. Grajska planota 1, 1000 Ljubljana   Tel. +386 1 306 4230
Web. www.ljubljanskigrad.si

Fee.   * 온라인으로 구입시 10% 할인

	성인	7~18세, 학생, 연금수급자, 15명 이상 그룹	가족(성인 2명, 7-18세 어린이 1명)
왕복 푸니쿨라	4유로	3유로	10유로
캐슬	7.50유로	5.20유로	19유로
왕복 푸니쿨라+캐슬	10유로	7유로	26유로
캐슬 가이드 투어	10유로	7유로	23유로
왕복 푸니쿨라+캐슬 가이드 투어	12유로	8.40유로	30유로
캐슬 오디오 가이드 투어	10유로	7유로	23유로
왕복 푸니쿨라+캐슬 오디오 가이드 투어	12유로	8.40유로	30유로
복합권(Fužne, Cekin, Tivoli and Ljubljana Castles)	11유로	5.50유로	

Time.

	캐슬, 푸니쿨라, 커피숍	인포센터, 갤러리, 기타*
1~3월&11월	10:00~20:00	10:00~18:00
4~5월&10월	9:00~21:00	9:00~20:00
6~9월	9:00~23:00	9:00~21:00
12월	10:00~22:00	10:00~19:00(전망대 ~21:00)

* 가상의 성, 슬로베니아 역사 전시, 감방, 예배당, 전망대, 인형극 박물관

류블랴나 지역 축제

류블랴나 성에서 내려와 보니 시청 앞에서부터 3개의 다리가 있는 곳까지 가판들이 늘어서 있고 축제 분위기가 한창이다. 한 가판에 있는 사람에게 물어보니 각 지역의 특산품을 가지고 나와서 홍보하는 중이란다. 영어팸플릿이 있냐고 물어보니 없다며 수줍게 슬로베니아어로 된 팸플릿을 손에 쥐여준다. 길을 중심으로 양쪽으로 일렬로 늘어선 녹색과 아이보리색 지붕의 가판들, 북적이는 사람들, 마치 공작새처럼 색색의 깃털과 화려한 꽃장식 모자를 쓴 흥이 넘치는 사람까지. 우리도 이 작은 지역 축제의 흥겨움에 서서히 젖어들기 시작한다. 지역의 특산품이 물건인 경우도 있지만, 요리나 빵, 과일인 경우도 있고, 그런 경우 또 통 큰 시식이 진행된다. 사과도 먹어 보고, 치즈도 먹어 보고. 어떤 언니가 먹어보라며 손에 쥐여준 전통 음식도 먹어본다. 콩 요리 위에 햄치즈말이가 올라간 것인데 생각보다 맛있어

류블랴나 지역 축제

서 놀랐다. 기름에 잘 튀겨내 설탕을 뿌린 빵, 노릇노릇하게 잘 구워내 각종 소스를 뿌려 먹는 옥수수까지. 여기저기서 고소하고 달달한 냄새가 풍겨 내 코를 자극한다. 역시 우연히 만나는 지역 축제는 여행의 즐거움을 배가시킨다.

한편 프레셰렌 광장에서는 경쾌한 음악 소리와 함께 사람들이 광장을 중심으로 동그랗게 늘어서 있다. 한걸음에 광장으로 달려가 보니 성 프란체스코 성당 앞 계단에는 붉은 옷을 입은 사람들이 층층마다 서서 악기를 연주하고 있고, 광장 한가운데에서는 사람들이 깃발을 던지고 받으며 공연을 펼치고 있다. 한쪽에서는 왕족 혹은 귀족 복장을 한 사람들이 흐뭇한 표정으로 공연을 지켜보고 있다. 그들을 보고 있자니 마치 내가 21세기에서 중세시대로 타임머신을 타고 이동한 듯한 느낌이 든다.

류블랴나대학교 Univerza v Ljubljani / University of Ljubljana

류블랴니차 강을 따라 류블랴나대학교가 있는 남쪽으로 걷는다. 대학 도시인 류블랴나에 왔으니 대학교는 보고 가겠다는 생각이다. 류블랴나대학교는 1919년에 세워진 슬로베니아에서 가장 크고 오래된 대학교다. 세계 대학 랭킹에도 종종 이름을 올리며, 5~6만 명의 학생이 이곳에서 공부를 하고 있다. 막상 학교 건물은 그렇게 커 보이지는 않는데, 아마 우리나라처럼 캠퍼스 부지 안에 모든 건물이 들어서 있는 것이 아니라 도시 내 여러 건물을 사용하는 것 같다. 본관처럼 웅장하게 생긴 건물 앞에서 류블랴나대학교라고 쓰인 간판을 발견하고 인증샷을 찍는다. 한국에서만 대학 생활을 해본 나로서는 외국에서 하는 대학 생활이 어떨지 궁금하기만 하다. 기회가 되었다면 외국에서 1년 정도 교환학생을 해보는 것도 좋았을 텐데, 교환학생을 가려면 기본적으로 따야 하는 토플 점수가 왜 그렇게 귀찮게 느껴졌는지. 역시 모든 일은 할 수 있을 때 해야 한다는 걸 느끼며 조용히 학교 건물 주변을 둘러본다.

Metelkova

예술가들의 핫 플레이스 Metelkova

류블랴나 관광지도에는 나와 있지 않지만, 내가 머물던 호스텔의 직원이 요새 뜨고 있는 예술가들의 핫 플레이스라고 소개해준 곳이 있어 그곳으로 가보기로 한다. 류블랴나 기차역/버스터미널에서는 약 500m 정도 떨어져 있고, 용의 다리에서는 약 950m 정도 떨어져 있다. 그곳까지 가는 길도 어찌나 독특하고 흥미로운지, 건물과 건물 사이에 가득 매달린 신발들은 지나가는 사람들의 눈길을 사로잡고, 사이좋게 늘어선 오래된 집들은 모두 다락방이 있어 내부가 어떻게 생겼을지 궁금증을 자아낸다. 호스텔 직원이 정확한 주소를 알려준 것이 아니라 지도에 대충 동그라미를 쳐준 거라 좀 헤매긴 했지만, 건물 외벽을 강렬하게 감싸고 있는 그래피터 덕분에 그곳을 찾았다.

이곳에 있는 모든 건물은 그래피터 등으로 독특하게 꾸며져 있다. 건물뿐 아니라 건물 앞의 벤치, 쓰레기통, 조형물들도 하나같이 특이하다. 누군가는 예술적이라고 할지 모르겠지만, 내가 현대 예술에 대한 이해가 부족한 건지, 개인적으로 이 공간이 참으로 기괴하고 그로테스크하게 느껴졌다. 게다가 대낮인데도 사람이 한 명도 없어서 더 소름이 돋는다. 일행과 함께 둘이 왔기에 망정이지 혼자 왔으면 살짝 무서울 뻔했다. 생각해보니 이곳은 낮에 올 것이 아니라 밤에 왔어야 하는 곳 같다. 나중에 홈페이지를 찾아보니 저녁부터 콘서트나 다양한 행사가 열린다고 한다.

Metelkova
Add. 1000, Metelkova ulica 10, 1000 Ljubljana   Web. www.metelkovamesto.org

슬로베니아 전통 음식

서유럽이나 북유럽을 여행할 때에는 여행 경비를 아끼느라 외식을 많이 못했다. 그러나 동유럽을 여행하면서 가장 행복하고 즐거운 것이 바로 외식이다. 동유럽은 서유럽이나 북유럽에 비해 아직 물가가 저렴하기 때문에 음식점에서 푸짐하게 먹어도 크게 부담이 없다. 류블랴나에서도 슬로베니아 전통 음식을 하는 곳으로 유명하다는 음식점으로 향한다. 시청사와 대성당 사이에 있는, 따봉과 윙크를 동시에 날리고 있는 쉐프 아저씨 동상이 있는 음식점, Gostilna Sokol.

야외테이블에 앉아 신중하게 메뉴를 고른다. 그림이 바로 옆에 나와 있

어서 어떤 음식인지 대충은 알 것 같다. 일행과 나는 각각 흑맥주와 함께 Country feast라고 적혀 있는 메뉴를 주문한다. 먼저 나온 맥주로 목을 축이며 이런저런 이야기를 하고 있으니 우리가 주문한 Country feast가 나온다. "와, 이거 양이 너무 많은데? 하나만 시켜서 둘이 나눠 먹어도 될 뻔했다." 동유럽 사람들이 평소에 많이 먹는 건지, 아니면 이 메뉴가 2인을 위한 메뉴였는지는 모르겠다. 커다란 접시 위에는 큰 소시지와 고깃덩어리, 빵과 떡의 중간쯤 되는 것, 양배추 절임 등이 푸짐하게 올라있다. 약간 짭짤하긴 했지만 입맛에 잘 맞아서 배가 터지기 직전까지 먹어댔다.

Gostilna Sokol
Add. Ciril-Metodov trg 18, 1000 Ljubljana   Tel. +386 1 439 6855   Web. www.gostilna-

sokol.com   **Price.** 메인메뉴 약 10~20유로   **Time.** 월~토요일 7:00~23:00, 일요일 및 공휴일 10:00~23:00

야경, 그리고 푸드마켓

어떤 도시들은 치안이 좋지 않아 야경을 보러 나가기 무섭기도 한데, 류블랴나는 그렇지 않다. 류블랴나에 4계절 모두 있어 본 것이 아니라 다른 계절은 모르겠지만, 적어도 9월 말~10월 초 류블랴나의 밤은 낮만큼 활기차다. 바로 숙소에 들어가기 아쉬워 중앙시장 쪽으로 발걸음을 옮겼다. 그런데 그때, 시각보다 후각으로 먼저 다가오는 느낌. '뭔가 진행 중이구나.' 맛있는 냄새가 솔솔 나서 얼른 달려가 보니 중앙시장이 있는 자리에서 푸드마켓이 열리고 있다. 용의 다리를 건너기 전, 류블랴니차 강 근처 레스토랑 야외테이블에도 사람들이 가득했는데, 이곳 푸드마켓도 사람들로 가득하다. 푸드마켓은 마치 대학교의 축제, 축제 중에서도 주점을 연상시킨다. 가판에서는 조명을 겨우 밝혀가며 음식을 하고 있고, 사람들은 여기저기 서서 혹은 앉아서 먹고 마시며 흥겨운 시간을 보내고 있다. 대학교 축제에서는 파전을 지지다가 파가 떨어지면 풀밭에서 풀을 뜯어다 전을 만든다는 우스갯소리도 있었는데, 파로 만들면 어떻고 풀로 만들면 어떤가. 이렇게 흥겹고 즐거운 분위기라면 뭐라도 맛있게 먹을 것 같다.

푸드마켓

류블랴나 교통 정보

류블랴나로 가는 방법

비행기 시내 북쪽에 국제공항이 있어 유럽의 여러 도시에서 항공편을 이용하여 류블랴나로 갈 수 있다.
- 류블랴나 공항 : www.lju-airport.si

버스 근처 국외/국내 도시들에서 버스를 이용해 류블랴나로 갈 수 있으며, 버스 연결이 잘 되어있는 편이다. 가까운 동유럽뿐 아니라 북유럽에서부터 오는 버스라인도 있다. 류블랴나 버스터미널 홈페이지에서 버스를 검색할 수 없다면, DRD, Flix, West, Nišekspres, Alpetour, Biuro Turystycne BIS-POL, FILS 버스 홈페이지를 검색해보자.
- ▷ 뮌헨 → 류블랴나(약 7시간), 비엔나 → 류블랴나(약 6시간), 부다페스트 → 류블랴나(약 9시간), 자그레브 → 류블랴나(약 2시간 10분), 베네치아 → 류블랴나(약 3시간)
- 류블랴나 버스터미널 : www.ap-ljubljana.si

기차 버스와 마찬가지로 주변의 국외/국내 도시들에서 기차를 이용해 류블랴나로 갈 수 있다. 루트에 따라 기차와 버스를 함께 이용해야 하는 경우도 있다. 크로아티아(비쉥겐국가) → 슬로베니아(쉥겐국가) 구간은 중간에 기차에서 출입국심사를 하기 때문에 예정보다 시간이 오래 걸리는 경우도 종종 있다.
- ▷ 뮌헨 → 류블랴나(약 6시간), 비엔나 → 류블랴나(약 6시간), 부다페스트 → 류블랴나(약 8시간), 자그레브 → 류블랴나(약 2시간 30분)
- 슬로베니아 기차 검색 : www.slo-zeleznice.si

류블랴나 중심지로 가는 방법

공항에서 공항은 시내 중심지로부터 북쪽으로 약 27km 정도 떨어져 있으며, 공항의 정식 명칭은 Jož Pučnik Airport이다. 택시를 타면 시내까지 약 30분 정도 소요되며, 요금은 약 30~40유로이다. 공항에서 Alpetour 버스를 타면 시내에 있는 버스터미널/

기차역까지 약 30~40분 정도 소요되며, 티켓은 4.10유로이다. 첫차는 5시, 막차는 20시인데 비행기 이착륙 시간 및 계절에 따라 달라질 수 있다. 여러 회사에서 미니 봉고나 택시로 공항셔틀 서비스를 제공하고 있으며, 시내까지 약 30분 소요되고 가격은 10~20유로이다.

- 류블랴나 공항버스 : www.alpetour.si
- 류블랴나 공항셔틀 : www.mnj.si

기차역에서
버스터미널에서
기차역/버스터미널에서 시내의 프레셰렌 광장까지는 약 850m로 10분 정도면 걸어갈 수 있는 거리이다.

류블랴나의 대중교통

버스
류블랴나 시내 대부분 지역과 교외 지역은 모두 버스노선으로 이어져 있다. 버스를 이용하려면 우리나라 T-money와 비슷한 개념인 Urbana card를 구입해야 하는데, 이 카드는 큰 버스 정류장의 자동판매기, LPP(류블랴나 대중교통)판매점, 관광안내소, 신문가판에서 구입할 수 있다. 카드 가격은 2유로이며, 1유로부터 50유로까지 충전이 가능하다. 한 번 탈 때 1.20유로이며, 탑승 후 90분 동안은 무제한으로 환승할 수 있다.

- 류블랴나 시내교통 : www.jhl.si

택시
류블랴나에는 여러 택시 회사가 있고 각각 기본요금 및 킬로미터 당 요금이 다르다. 특히 개인이 운영하는 택시는 바가지를 씌우는 경우가 많으니 되도록 이용을 피하자. 작은 녹색 용 로고가 있는 Taxi Drustvo Ljubljana는 류블랴나에서 가장 오래된 택시 회사이고, 킬로미터 당 1.10유로를 받는다. Intertours Taxi의 경우 길에서 탑승하면 킬로미터 당 1.29유로이지만, 미리 전화해서 예약하면 킬로미터 당 0.77유로를 받는다.

- 전화번호 : +386 31 311 311
- 류블랴나 택시 : www.taxi-intertours.si, www.taxi-ljubljana.si

류블랴나의 중심지는 모두 도보로 걸어 다닐 수 있으므로 따로 대중교통을 이용하지 않아도 된다. 프레셰렌 광장에서 시작해 류블랴니차 강 주변을 구석구석 둘러보자. 시간 여유가 된다면 류블랴나 캐슬에 올라 시내를 조망해보는 것도 좋고, 예술가들의 핫플레이스라는 Metelkova에 가보는 것도 좋다.

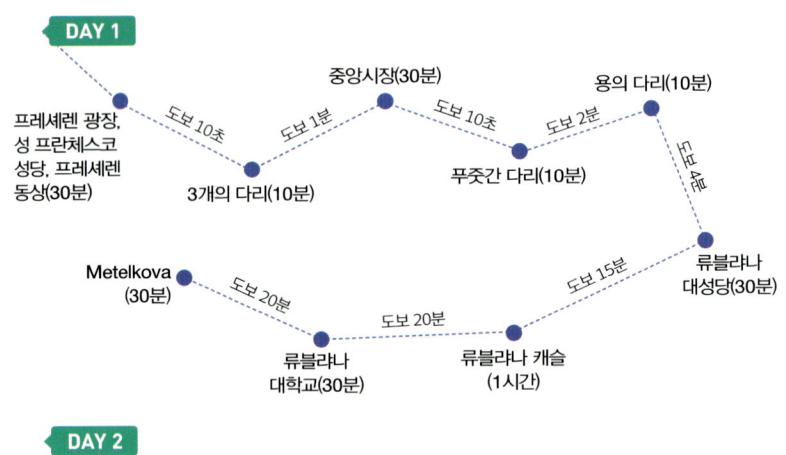

DAY 2
DAY 1에 못 간 곳이 있으면 가보기, 축제 기간이면 축제 즐기기!

✕ 이것만은 꼭! 류블랴나의 BEST 3 ✕

BEST 1. 프레셰렌 광장 한쪽에 앉아 현지 분위기 느끼기
BEST 2. 중앙시장에서 신선한 과일과 빵 등 쇼핑하기
BEST 3. 슬로베니아 전통 음식 맛보기

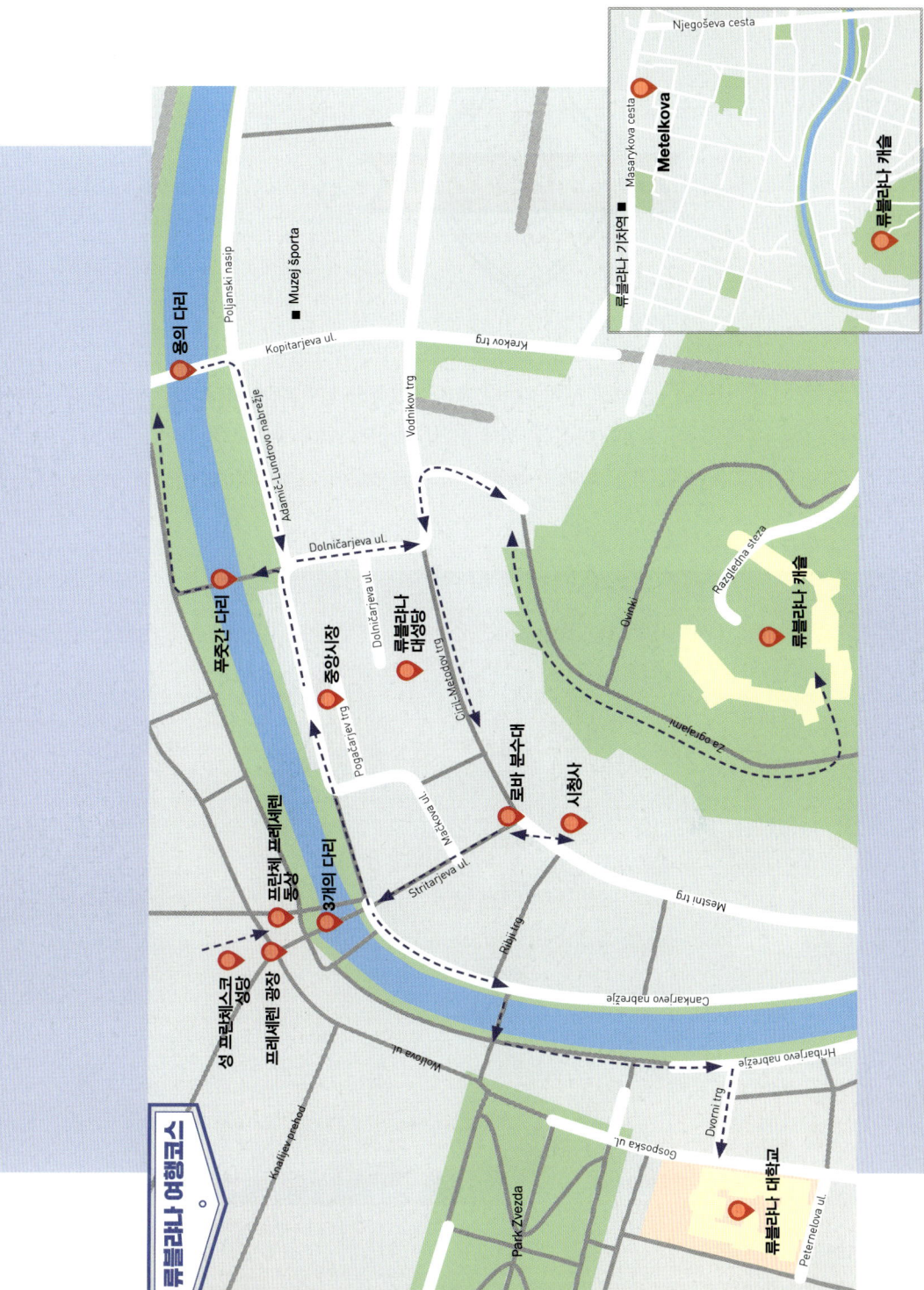

블레드 호수
LAKE BLED

슬로베니아의 대표 관광지인 블레드 호수는 '알프스의 눈동자'라는 별명을 가진, 산으로 둘러싸인 빙하호이다. 깎아지른듯한 언덕 위에 자리하고 있는 블레드 성, 호수의 작은 섬 위에 서 있는 성모마리아 승천교회, 에메랄드빛 호수, 호수 위를 떠다니는 백조들이 동화 같은 풍경을 더욱 동화같이 만든다.

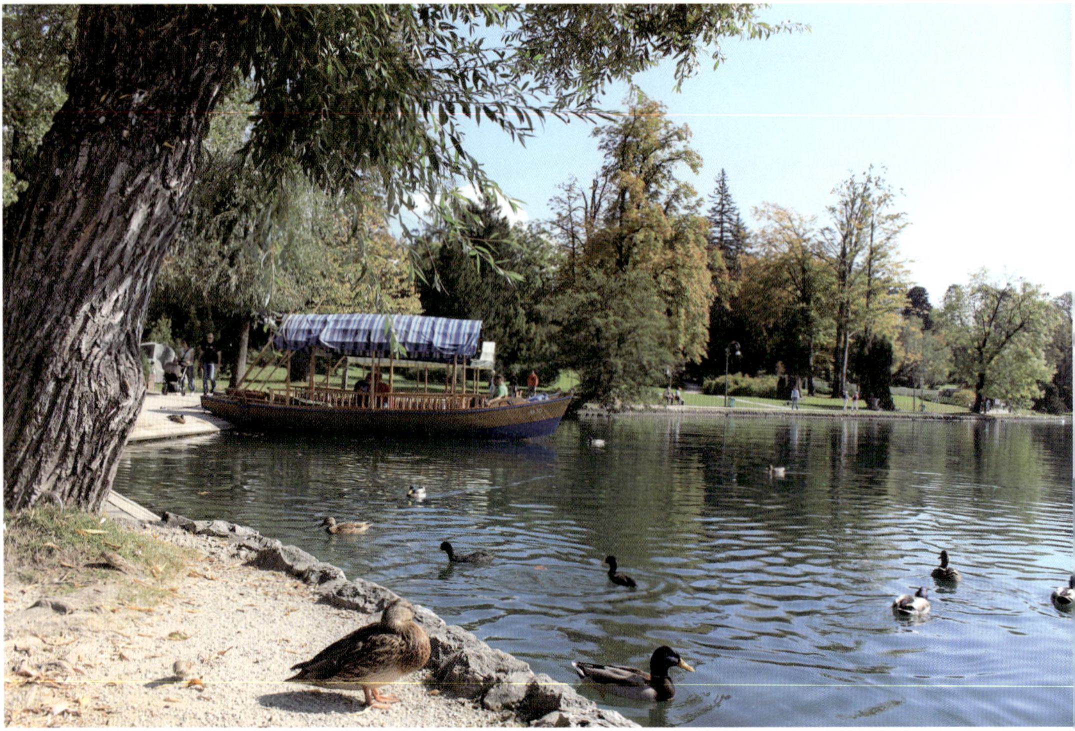

블레드 호수와 전통나룻배 플레트나

블레드 호수, 이렇게 평화로울수가! Blejsko Jezero / Lake Bled

블레드 호수는 류블랴나에서 북서쪽으로 약 54km 떨어진 곳에 있는데, 버스로 약 1시간 20분 정도 소요된다. 다만 블레드 호수가 종점이 아니라 보힌 호수가 종점이기 때문에 중간에 눈치껏 잘 내려야 한다. 버스에서 내려 건물 뒤쪽 길로 내려가다 보면 오른쪽에 호수가 보인다. 눈 앞에 펼쳐진 블레드 호수는 정말이지 평온하다. 트립 어드바이저에서 뽑은 '동화 같은 여행지 Top 10'에도 이름을 올린 이곳은 알프스 빙하와 만년설이 녹아 만들어진 호수로 햇빛이 쨍한 날에는 에메랄드색으로 빛난다. 특히 호수 한가운데 작고 신비로운 섬에는 성모마리아 승천 교회가 있어 동화 같은 느낌을 더욱 강하게 만들어준다.

블레드 호수에 오면 전통나룻배인 플레트나를 꼭 타야 한다기에 뱃사공에게 다가가 출발시각을 물었더니 10명 이상 모이면 출발한단다. 모객을 위해 배 위에 앉아 있으라던데, 그랬다간 출발하기도 전에 멀미가 날까 봐 주변에 있겠다고 한다. 호숫가에는 내가 좋아하는 백조와 오리도 많다. 마침 조식으로 먹다 남은 빵을 싸왔는데, 물 위의 친구들이 배고파 보이기에 조금 나눠 먹기로 한다. 빵을 꺼내 드니 어떻게 알고 내 주변으로 다 모이는 녀석들. 빵을 작은 조각으로 잘라 주변에 뿌리니 오리들이 눈치를 보며 머뭇머뭇 다가와 잽싸게 빵 조각 하나를 물고 줄행랑을 친다. 그에 반해 간이 큰 백조는 내 손바닥 위에 있는 빵을 야금야금 잘도 집어 먹는다.

Add. Cesta svobode, 4260 Bled, Slovenia   **Web.** www.bled.si

나룻배 플레트나를 타고 블레드섬으로 <small>Blejski Otok / Bled Island</small>

플레트나에 어느 정도 인원이 차서 나도 서둘러 플레트나에 오른다. 뱃사공 아저씨가 양손으로 노를 저으니 신기하게도 나룻배가 앞으로 쑥쑥 나아간다. 10명에서 20명 정도의 사람을 태우고 가는데, 이 무게를 다 견디면서도 배를 앞으로 나아가게 하려면 팔 힘이 꽤나 좋아야겠다. 지금은 어떤지 모르겠지만 옛날에는 플레트나 뱃사공들이 꽤 존중받았다고 한다. 아무나 할 수 없었던 일이랄까? 물론 지금도 아무나 하는 직업은 아닌 것 같다. 슬로베니아어는 기본이고 영어에 독일어까지 술술 구사한다. 우리 배에는 독일어권에서 온 노년층 여행객들이 타고 있었는데, 뱃사공이 그들을 위해 독일어로 이것저것 설명해준다. 기분 좋은 바람이 살랑살랑 부는데다 주변 풍광이 아름다워 마치 내가 한 폭의 그림 속에 들어와 있는 것이 아닌가 하는 착각이 들 정도다.

전통나룻배 플레트나
Add. Veslaša promenada 14, 4260 Bled   **Tel.** +386 41 948 168   **Web.** www.pletna.si   **Fee.** 왕복 14유로 (블레드섬에서 배를 타고 나올 때 지불)   **Time.** 9:00~16:00(계절에 따라 다름)   * 육지에서 섬까지 약 20분 소요

그렇게 기분 좋은 시간을 만끽하고 있을 무렵, 뱃사공이 블레드섬 선착장에 배를 대고 "구경할 시간을 30분 줄 테니, 12시 50분까지 다시 이곳으로 오세요!"라고 외친다. 30분이라니 굉장히 짧다. 물론 섬이 그만큼 작긴 하지만. 빠른 걸음으로 걷는다면 5분 만에 섬 전체를 한 바퀴 돌 수 있으니 말이다. 성모마리아 승천교회를 보기 위해 선착장 앞에서부터 위쪽으로 쭉 이어진 계단을 오른다. 원래 이 교회가 있던 자리에는 슬라브인들이 지바신을 모시던 신전이 있었는데, 8세기에 신전을 부수고 교회를 세웠다. 교회 내부에는 기원의 종이라는 것이 있어서 소원을 빌며 이 종을 쳐서 소리가 나면 소원이 이루어진다는 전설이 있다. 내가 올라온 계단 말고 반대편에 또 다른 계단이 있는데, 이 계단은 성모마리아 승천교회에서 결혼할 예

1. 성모마리아 승천교회 2. 블레드 성 오르는 길 3. 블레드 성

비신랑들을 두려움에 떨게 만드는 계단이다. 결혼식 당일 신랑은 신부를 안고 가파른 99개의 계단을 올라와야 하기 때문이다. 예비신랑들은 사고 방지를 위해 특별히 체력 단련을 해야겠다는 생각이 든다.

성모마리아 승천교회

Add. Blejski otok, d.o.o., Slovenski trg 1 4260 Bled   **Tel.** +386 4 576 7979   **Web.** www.blejskiotok.si   **Fee.** 성인 6유로, 학생 4유로, 어린이 1유로, 가족 12유로   **Time.** 11월~3월 9:00~16:00, 4월&10월 9:00~18:00, 5월~9월 9:00~19:00

블레드 성에 오르다! Blejski Grad / Bled Castle

플레트나를 타고 다시 육지로 돌아왔다. 이제는 높은 언덕 위에 있는 블레드 성에 오를 차례. 성으로 향하는 등산로 입구에는 두 사람이 등산 스틱을 들고 걸어가는 모습이 귀엽게 그려져 있고, 15분만 올라가면 된다고 표시되어 있다. '여기서부터 15분이라… 그렇게 오래 걸리지 않는군.' 하며 올라가기 시작했는데, 15분은 가파르고 끝도 없는 계단을 쉬지 않고 같은 속도로 올라갔을 때의 이야기였다. 힘들어서 자주 멈춰 쉬는 바람에 30분 정도는 걸린 듯하다.

이곳에 오기 전 검색을 해봤더니 성 뒤쪽에 무료 전망대가 있단다. 그곳으로 가기 위해 성과 주차장 사이에 난 좁은 오솔길을 따라 걷는데, 어째 사람이 잘 다니지 않는 등산로 아닌 등산로 같은 것이 느낌이 이상하다. 그래도 끝까지 가보자 싶어 계속 길을 따라 걷는데 성 바로 뒤쪽으로 연결이 돼 있다. 길의 마지막 즈음은 가파른 돌계단에 안전장치라고는 전혀 없어서 조금이라도 발을 헛디디면 영원히 이곳에서 잠들 수 있을 것 같다. 없는 용기를 내서 성 바로 뒤쪽 계단 끝까지 올라가 경치를 내려다본다. 블레드 호수도 눈에 들어오고 블레드 섬도 보인다.

100m 높이의 언덕 위에 있는 이 성은 1004년 독일의 황제 하인리히 2세가 브릭센 대주교에게 블레드 영토를 주며 만든 성이다. 처음에는 성벽과 로마네스크 양식의 탑만 있었고 그 이후 점차 증축되었다. 하지만 브릭센 대주교는 이곳에서 전혀 생활하지 않았고 다른 사람에게 성을 임대하였기 때문에 성이 화려하게 증축되지는 않았다. 테라스 쪽으로 가보니 블레드 호수와 마을이 한눈에 들어온다. 날씨가 좋으면 에메랄드빛 호수를 볼 수 있을텐데, 오늘은 구름이 많이 껴서 그런지 색이 환상적인 정도는 아니다. 성은 크지 않지만 오밀조밀 구성이 잘 되어있다. 이 지역에서 발굴된 유물들이 전시된 박물관, 가족들이 모여 예배드렸을 것 같은 작은 예배당, 아름다운 경치를 내려다보며 식사를 할 수 있는 레스토랑, 카페, 기념품점, 와인을 구입할 수 있는 와이너리와 금속활자 인쇄 경험을 해볼 수 있는 인쇄소까지 천천히 성의 구석구석을 돌아본다. 한 가지 팁이 있다면 성 내부의 레스토랑에 식사 예약을 하면 블레드 성 무료입장권을 받을 수 있다. 만약 성도 구경하고 블레드 호수 경치를 보며 식사도 하고 싶다면 미리 런치나 디너를 예약해서 무료입장권을 받도록 하자.

Add. Grajska cesta, 4260 Bled **Tel.** 성 +386 4 572 9782, 레스토랑 +386 4 620 3444 **Web.** www.blejski-grad.si **Fee.** 성인 10유로, 학생 7유로, 14세 이하 5유로 **Time.** 11월~3월 8:00~18:00, 4월~6월 14일 8:00~20:00, 6월 15일~9월 15일 8:00~21:00, 9월 16일~10월 31일 8:00~20:00

와이너리

금속활자 인쇄소

블레드 호수 교통 정보

블레드 호수로 가는 방법

버스 류블랴나 버스터미널에서 블레드까지 버스를 타고 갈 수 있다. 류블랴나 버스터미널에서는 매시 정각에, 블레드 호수에서는 매시 30분에 버스가 출발한다. 하지만, 시즌에 따라 시간표가 변경되기도 하고 간혹 버스가 없는 시간대도 있으니 류블랴나에 도착해 확인하는 것이 좋다. 소요시간은 약 1시간 20분이며, 티켓은 편도에 6.30유로이다. 참고로 창구에서 구입하면 수수료가 붙으니, 자동판매기나 기사에게 구입하자.

▷ 류블랴나 → 블레드 호수(약 1시간 20분)
- 류블랴나 버스터미널 : www.ap-ljubljana.si

기차 블레드 호수를 기준으로 서쪽과 동쪽에 각각 Bled Jezero 역과 Lesce Bled 역이 있다. 하지만 Lesce Bled 역은 호수와 약 4.6km 떨어져 있고, Bled Jezero도 블레드 성과는 약 2.5km 떨어져 있어 접근성이 좋지 않다. 류블랴나 기차역에서 Lesce Bled 역까지 가는 기차는 한 시간에 한 대 정도 있으며, 소요시간은 약 1시간, 티켓은 편도에 5.08~6.08유로이다. 류블랴나 기차역에서 Bled Jezero 역까지 가는 기차는 두세 시간에 한 대 정도 있으며, Jesenice라는 곳에서 1회 환승해야 한다. 소요시간은 약 1시간 반에서 2시간, 티켓은 편도에 6.59유로이다.

- 슬로베니아 기차 검색 : www.slo-zeleznice.si

블레드 호수 중심지로 가는 방법

기차역에서 Lesce Bled 역에서 내릴 경우 역 바로 건너편에 있는 버스 정류장에서 버스를 타거나 택시를 이용한다. Bled Jezero 역에서 내릴 경우 택시를 타거나 관광용 꼬마기차를 이용할 수 있다. 꼬마기차는 여름 성수기에는 9시부터 21시까지 매 45분마다 운행되지만, 비수기에는 따로 운행 스케줄을 확인해야 한다. 편하게 이동하려면 택시를 이용하는 것이 좋고, 블레드의 풍경을 즐기고 싶은 체력 좋은 여행자들은 호수까지 걸어가도 좋다. 역에서 블레드 호수까지의 택시비는 약 10~15유로다.
- Bled Tours : +386 31 205 611
- Taxi sms : +386 70 999 699
- Mirja Orel : +386 41 710 747

버스터미널에서 블레드 버스터미널에서 호수까지는 약 200m로 걸어서 2~3분이면 갈 수 있다. 버스터미널 건물 뒤쪽 Cesta svobode길을 따라 걷다 보면 금방 호수가 보인다.

일정이 여유로운 여행자라면 블레드 섬, 블레드 성을 포함해 블레드 호수 주변을 따라 산책해보자. 빠르게 걸으면 약 2시간 정도에 호수를 한 바퀴 돌 수 있다. 하지만 아름다운 풍경에 자꾸 멈춰 서서 카메라 셔터를 누르다 보면 2시간이 3시간, 4시간이 될 수도 있다. 일정이 빡빡한 여행자라도 최소한 블레드 섬과 블레드 성에는 다녀오자.

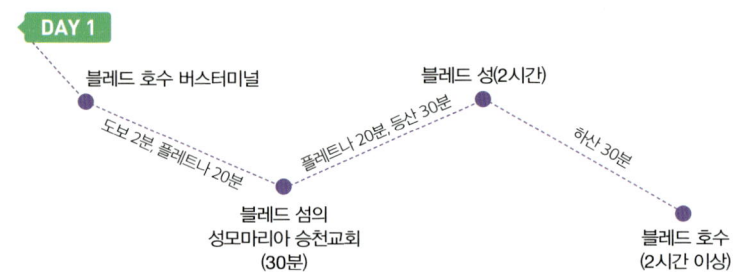

× 이것만은 꼭! 블레드 호수의 BEST 3 ×

BEST 1. 블레드 성에 올라 블레드 호수 전체를 내려다보기
BEST 2. 전통나룻배 플레트나를 타고 블레드 섬에 다녀오기
BEST 3. 블레드 호수 주변을 산책하며 아름다운 자연 느끼기+크렘나 레지나 먹기

* 크렘나 레지나(Kremna Rezina/Cremeschnitte)
슬로베니아식 바닐라 크림 케이크. 블레드가 특히 크렘나 레지나로 유명하다.

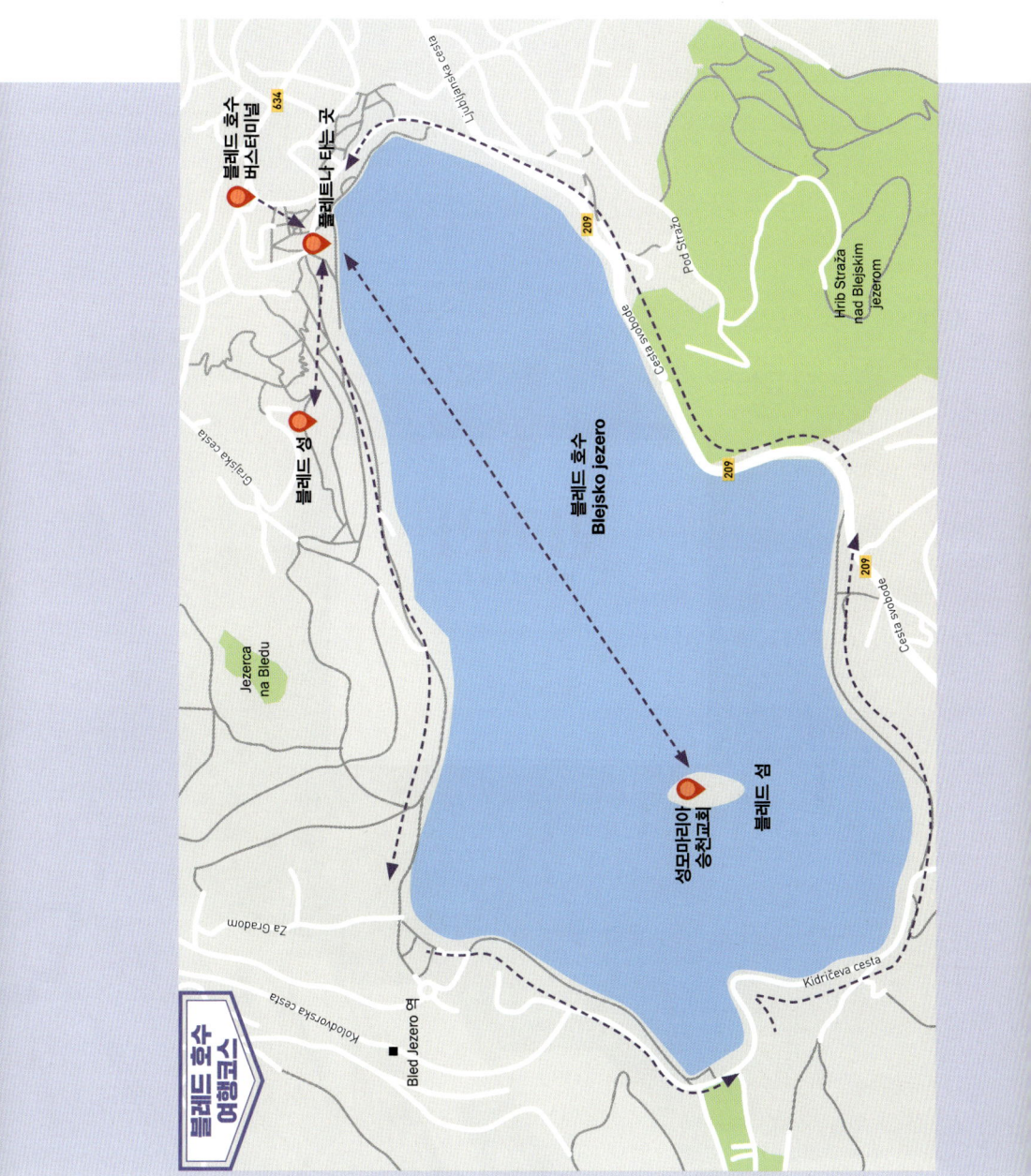

Basic Information

❶ **국가명** 헝가리(Hungary)
❷ **수도** 부다페스트(Budapest)
❸ **언어** 헝가리어
❹ **면적** 93,028km²
❺ **국가번호** +36
❻ **기후** 국토의 대부분이 저평원 지대와 구릉지대이며 대륙성 기후의 특징을 가지고 있다. 우리나라 기후와 비슷하게 여름에 많이 덥고 겨울은 추운 편이다. 우기인 5, 6, 11월에는 스콜 형태의 비가 내리면서 우박이 떨어지기도 한다.

도시	평균	1월	2월	3월	4월	5월	6월	7월	8월	9월	10월	11월	12월
부다페스트	최고	2	4	10	15	21	23	26	26	21	15	7	3
	최저	-3	-2	1	5	10	13	15	15	11	6	1	-2

❼ **시차** 한국보다 8시간 느리다. 서머타임(3월 마지막 일요일~10월 마지막 일요일) 기간에는 7시간 느리다. 예를 들어 한국이 오전 10시라면 헝가리는 새벽 3시.
❽ **전압** 220V로 한국과 동일하며 한국 전자제품을 가져가 그대로 사용할 수 있다.
❾ **비자** 무비자로 90일 체류 가능하다. (헝가리는 쉥겐국가)
❿ **응급 시 연락처** 경찰 107, 구급차 104
⓫ **주 헝가리 대한민국 대사관**
　Add. 1062 Andrassy ut. 109. Budapest　Tel. +36 1 462 3080

✕ 헝가리의 화폐와 환전

화폐 단위는 포린트(Ft/HUF/Forint)이다. 센트 개념으로 필러(filler)가 쓰였으나 1999년 이후로 사용되지 않고 있다. 지폐로 20,000, 10,000, 5,000, 2,000, 1,000, 500포린트가 있고, 동전으로 200, 100, 50, 20, 10, 5 포린트가 있다.

국내에서 한화를 포린트로 직접 환전할 수 있지만, 취급하는 은행과 지점이 매우 한정적이다. 외환은행 본점과 인천국제공항점에서 포린트를 취급한다고 알려져 있으나, 만약의 상황을 대비해 미리 해당 은행에 전화하여 포린트가 있는지 여부를 확인하고 환전하러 가는 것이 좋다. 은행의 특정 지점까지 가는 것이 힘들다면, 한화를 유로나 달러로 환전한 뒤, 헝가리에 가서 유로나 달러를 다시 포린트로 환전해도 된다. 만약 환전을 못했다면 해외에서도 사용 가능한 국내 체크/신용카드로 현지 ATM에서 포린트를 출금하여 사용할 수 있다. 여행 후 포린트가 많이 남았을 경우 현지에서 다시 유로나 달러로 환전하는 것이 좋다. 만약 남은 포린트를 환전하지 못하고 한국으로 돌아왔을 경우 국내 여행 커뮤니티 등에서 헝가리 여행 계획이 있는 사람에게 판매하는 것도 하나의 방법이다.

헝가리의 공휴일과 축제

공휴일

날짜	공휴일	날짜	공휴일
1월 1일	새해 첫날	10월 23일	1956년 혁명기념일
3월 15일	독립혁명기념일	11월 1일	모든 성인의 날
3월 25일~28일	부활절	12월 24일~25일	크리스마스 이브 & 크리스마스
5월 1일	근로자의 날		
5월 15일~16일	오순절, 성령강림절	12월 26일	박싱데이
8월 20일	성 이슈트반의 날	12월 31일	새해 전날

축제

시기	장소	축제명
4월	부다페스트	Budapest Spring Festival (Opera, Ballet, Classical Music)
6월	부다페스트	Danube Carnival
6월~8월	페치	Outdoor Festival (Outdoor Evening Performances)
	부다페스트	Summer on The Chain Bridge
	센텐드레	Szentendre Summer Festival (Art Festival with Theater, Concerts, Film, Activities)
6월~7월	쇼프론	Early Music Days
7월	자마르디	Balaton Sound (Lakeside Electronic Music Festival)
	에게르	Bull's Blood Festival (Wine and Traditional Food)
8월	부다페스트	Formula 1 Races
	부다페스트	Sziget Festival (Rock and Pop Music)
	부다페스트	Jewish Summer Festival
10월	부다페스트	Café Budapest Contemporary Arts Festival
12월	부다페스트	Budapest Christmas Market

✕ 헝가리로 가는 방법

❶ 한국에서 헝가리로

한국에서 헝가리까지 가는 직항편은 없고 유럽의 다른 도시를 1회 경유하여 가는 것이 일반적이다. 대기시간과 비행시간을 포함한 소요시간은 최소 13~14시간이며, 대기시간이 길면 소요시간이 30시간 이상 되는 경우도 있다. 특히 스케줄이 좋은 항공권은 마감이 빨리 되므로, 여행계획이 있다면 항공권은 빨리 예매하는 편이 좋다. 항공권 가격의 경우 프로모션 특가를 이용하면 100만 원 미만으로 구매할 수도 있고, 일반적으로는 100만 원 초~중반대로 구매할 수 있다.

가격이 저렴하면서도 대기시간이 짧은 항공사로는 터키항공과 러시아항공이 있다. 대한항공, 루프트한자 독일항공, 체코항공도 대기시간이 1~2시간으로 짧은 편이다.

❷ 유럽국가에서 헝가리로(소요시간)

- 크라쿠프 → 부다페스트   버스 7시간, 기차 10~11시간
- 프라하 → 부다페스트   버스 7~9시간, 기차 7~8시간, 비행기 1시간 30분
- 뮌헨 → 부다페스트   버스 10~11시간, 기차 7~9시간, 비행기 1시간 15분
- 비엔나 → 부다페스트   버스 3~4시간, 기차 2~3시간, 비행기 6시간

- 브라티슬라바 → 부다페스트   버스 3시간, 기차 3시간
- 류블랴나 → 부다페스트   버스 9시간, 기차 9시간
- 자그레브 → 부다페스트   버스 6시간, 기차 6~7시간
- 베오그라드 → 부다페스트   버스 5~6시간, 기차 8~9시간, 비행기 40분
- 부카레스트 → 부다페스트   버스 16~17시간, 기차 14~16시간, 비행기 1시간 50분

✕ 헝가리 여행비용

❶ 4박 5일 일정 여행비용(기준환율 4.50원)

왕복항공료	100만 원 초~중반대
숙박비(4박)	호스텔 도미토리 기준 약 12만원
교통	공항 ↔ 시내 왕복 버스비 약 900포린트(약 4,050원) 지하철 2회 약 900포린트(약 4,050원)
관광지 입장료	부다 캐슬 푸니쿨라 약 1,800포린트(약 8,100원) 부다 캐슬 3개 입장 약 6,800포린트(약 30,600원) 이슈트반 대성당 약 2유로(약 2,800원) 국회의사당 투어 약 5,400포린트(약 24,300원) 세체니 온천 약 5,200포린트(약 23,400원) 버이더후녀드 성 약 1,200포린트(약 5,400원)
음식	약 50,000포린트(약 220,000원)
쇼핑	개인에 따라 다름
총 금액	약 1,442,700원+@

❷ 2박 3일 일정 여행비용(기준환율 4.50원)

왕복항공료	100만 원 초~중반대
숙박비(2박)	호스텔 도미토리 기준 약 6만원
교통	공항 ↔ 시내 왕복 버스비 약 900포린트(약 4,050원) 지하철 2회 약 900포린트(약 4,050원)
관광지 입장료	부다 캐슬 푸니쿨라 약 1,800포린트(약 8,100원) 부다 캐슬 3개 입장 약 6,800포린트(약 30,600원) 이슈트반 대성당 약 2유로(약 2,800원) 국회의사당 투어 약 5,400포린트(약 24,300원) 세체니 온천 약 5,200포린트(약 23,400원) 버이더후녀드 성 약 1,200포린트(약 5,400원)

음식	약 30,000포린트(약 130,000원)
쇼핑	개인에 따라 다름
총 금액	약 1,292,700원+@

❸ 헝가리 4박 5일 실제 여행비용(2015년 6월 기준)

도시	사용일	구분	사용내역	금액(1인)	원화환산(1인)
부다페스트	6/7	숙박	Central Passage Budapest Apartments 4박	78,500.00 Ft	₩ 344,615
부다페스트	6/7	숙박	숙박-주차 4박 5일	16,000.00 Ft	₩ 70,240
부다페스트	6/7	음식	저녁(케밥플레이트, 맥주)	1,700.00 Ft	₩ 7,463
부다페스트	6/8	음식	슈퍼마켓(물, 음료, 하리보)	633.00 Ft	₩ 2,779
부다페스트	6/8	관광	교회 도네이션	310.00 Ft	₩ 1,361
부다페스트	6/8	음식	점심(굴라쉬, 헝가리 전통음식, 맥주)	7,560.00 Ft	₩ 33,188
부다페스트	6/8	음식	슈퍼마켓(오렌지쥬스, 레드불)	858.00 Ft	₩ 3,767
부다페스트	6/8	음식	슈퍼마켓(조식, 맥주 등)	3,359.00 Ft	₩ 14,746
부다페스트	6/9	음식	점심(굴라쉬, 헝가리 전통음식, 맥주, 커피)	6,500.00 Ft	₩ 28,535
부다페스트	6/9	음식	슈퍼마켓(조식, 맥주 등)	3,275.00 Ft	₩ 14,377
부다페스트	6/10	쇼핑	운동화 쇼핑	27,990.00 Ft	₩ 122,876
부다페스트	6/10	음식	버거킹	800.00 Ft	₩ 3,512
부다페스트	6/10	관광	쥬니쿨라 성인 왕복	1,800.00 Ft	₩ 7,902
부다페스트	6/10	교통	메트로 싱글티켓 총 2장 (1회: 350Ft)	700.00 Ft	₩ 3,073
부다페스트	6/10	음식	슈퍼마켓(빵, 물 등)	322.00 Ft	₩ 1,414

엘리자베스 광장 대관람차

부다 캐슬

헝가리의 수도 부다페스트는 환상적인 야경과 다양한 볼거리, 즐길 거리로 여행자들의 발길이 끊이지 않는 도시이다. 온천과 스파로 유명해 도시 곳곳에 온천, 스파, 야외수영장 시설이 있으며, 봄에 열리는 스프링 페스티벌과 여름에 열리는 시게트 페스티벌은 많은 이의 사랑을 받고 있다.

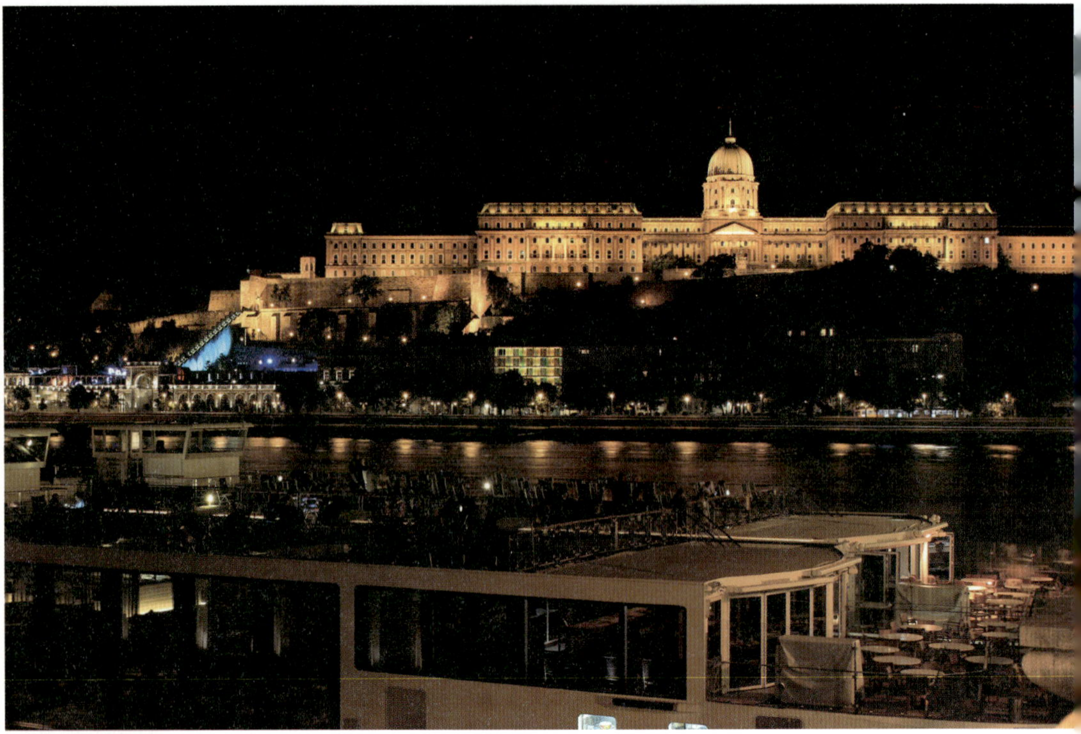

부다캐슬의 야경

위치도 시설도 최고였던 숙소

동유럽을 여행하면서 내가 머물렀던 숙소 중 가장 좋았던 숙소를 꼽으라고 한다면 주저하지 않고 부다페스트 숙소라고 대답할 것이다. 다른 나라를 여행할 때는 늘 4명 이상이 함께 묵거나 호스텔 도미토리에서 머물었던 내가 부다페스트에서는 작은 아파트 한 채를 친구와 둘이서만 썼으니 얼마나 편했으랴! 위치도 세체니다리 근처여서 중앙시장, 부다 캐슬, 국회의사당, 성 이슈트반 성당 등 모든 유명 관광지를 다 도보로 걸어 다닐 수 있고 시설 또한 나쁘지 않다. 편하게 쉴 수 있는 침대, 간단하게 음식을 해 먹을 수 있는 작은 주방, 그리고 작업을 할 수 있는 테이블과 의자도 갖춰져 있다. 다만 6월에 부다페스트를 방문했을 때는 이미 한여름처럼 날씨가 뜨거웠는데, 방 안에 에어컨 없이 선풍기만 있다는 점과 세탁기가 작동하지 않았다는 점은 조금 불편했다.

Central Passage Budapest Apartments
Add. Király u. 8-10, 1061, Budapest   **Tel.** +36 20 555 6525   **Price.** 수페리어 스튜디오 약 31,000포린트

다뉴브 강 Danube River / Donau River & 세체니 다리 Széchenyi Lánchíd / Széchenyi Chain Bridge

다뉴브 강을 가로지르는 첫 번째 영구적인 다리이자, '부다' 지역과 '페스트' 지역을 연결해주는 현수교 세체니 브릿지(체인 브릿지). 영국 엔지니어인 William Tierney Clark에 의해 디자인되었고, 그 당시에는 굉장한 기술 혁신으로 경제적, 사회문화적으로 의미가 있었다. 세체니 다리의 양 끝에는 용맹스러운 사자 네 마리가 다리를 지키고 있고, 다리 위는 바삐 지나가는 자동차들, 풍경을 감상하며 사진 찍기에 여념이 없는 관광객들, 조깅을 하는 현지인들로 가득하다. 내게는 도나우 강으로 더 익숙한 다뉴브 강은 유럽에서 두 번째로 긴 강으로 독일, 오스트리아, 슬로바키아, 헝가리, 세르비아, 루마니아, 불가리아 등을 거쳐 흑해로 빠지는 강이다. 이렇게 많은 나라에 걸쳐 있는 강이라니, 실제로 한 나라에서 다른 나라로 보트나 크루즈를 타고 이동할 수 있다고 하니 흥미롭지 않을 수 없다. 다뉴브 강을 중심으로 왼쪽은 '부다' 오른쪽은 '페스트'인데, 실제로 이 둘은 각각 독립적인

도시였다가 1873년에 하나의 도시로 합쳐졌다. 언덕 위의 '부다' 지역은 이전 헝가리 왕국의 수도 역할을 했고, 그 때문에 부다 캐슬과 요새, 대통령궁 등이 있다. 반면 평지의 '페스트' 지역은 경제의 중심지 역할을 했고, 지금도 공항, 기차역, 중앙시장과 국회의사당 등이 자리하고 있다. 세체니 다리는 걸어서 5분 정도면 건널 수 있지만 아름다운 풍경들과 시원한 강바람이 자꾸만 발걸음을 멈추게 한다.

Add. Széchenyi Lánchíd, Budapest

국회의사당 Országház / Hungarian Parliament Building

부다페스트를 대표하는 사진을 한 장 찍어오라고 한다면 열에 아홉은 아마 헝가리 국회의사당의 야경을 찍어오지 않을까? 그 정도로 유명하고 부다페스트를 대표하며, 사진으로만 보다가 실제로 봐도 전혀 실망감이 없는 곳이다. 헝가리의 경제가 고속 성장을 하던 19세기 후반, 영웅광장과 기차역, 다뉴브 강을 가로지르는 많은 다리가 건설되면서 이 국회의사당도 건설되었다. 길이 268m, 최대 너비 123m, 입구만 27개에 다양한 크기의 정원이 10개나 있는 엄청난 규모를 자랑한다. 한번 잘 지어놓은 건물로 지금까

지 엄청난 수의 관광객들을 끌어들이고 부를 창출하고 있으니 부러울 따름이다. 헝가리 국회의사당 내부는 가이드 투어로 둘러볼 수 있는데, 이때까지만 하더라도 나는 '정치에 관심 없으니까 내부는 안 봐도 그만이야.'라는 생각으로 들어가 보지 않았다. 하지만 나중에 사진을 보고 뒤늦은 후회를 했다. 외부만 화려하고 멋진 줄 알았더니 내부는 더 화려하고 멋졌다.

Add. Kossuth Lajos tér 1-3, 1055, Budapest   **Tel.** +36 1 441 4000   **Web.** http://hungarianparliament.com 또는 http://latogatokozpont.parliament.hu   **Fee.** 성인 5,400포린트, 18세 이하 학생 2,800포린트, 6세 이하 무료   **Time.** 영어 투어 9:45, 10:00, 12:00, 13:00, 14:00, 15:00

중앙시장 Nagyvásárcsarnok / Central Market Hall

어느 국가 어느 도시를 여행하든 눈과 입이 가장 즐거운 곳은 바로 시장. 숙소 관리인에게 물어보니 세체니 다리에서 남쪽으로 20~30분가량 걸어 내려가면 있는 중앙시장을 추천해준다. 중앙시장까지는 다뉴브 강변을 따라 걸어도 좋지만, 보행자 거리이면서 쇼핑거리인 바치 거리(Váci utca)를 따라 걸으면 지루할 틈이 없다. 길 양옆으로 이어지는 다양한 상점들과 레스토랑, 분위기 좋은 카페들이 눈길을 사로잡는다. 부다페스트에서 가장 크고 오래된 실내 마켓이라는 중앙시장은 부다페스트의 식재료 공급 수준을 향상하기 위해 만들어졌다. 중앙시장 건물은 Samu Pecz에 의해 건축되었고, 1887년 2월 15일 공식 오픈했다. 하지만 2차 세계대전 당시 많은 부분이 파괴되었고, 그 이후 복원을 거쳐 지금의 모습을 갖추게 되었다. 실제로 본 중앙시장의 외관은 참으로 귀엽고 앙증맞다. 지그재그 모양으로 가득한 지붕, 창문 주변을 심심하지 않게 가득 채운 장식들. 겉모습만 보자면 시장보다 잘 꾸며진 기차역에 가까운 느낌이다. 내부로 들어가니 입이 떡 벌어질 정도로 넓은 홀이 눈앞에 펼쳐진다. 1층은 주로 빵, 고기, 야채와 과일, 향신료와 같은 식품들을 판매하고, 헝가리 특산품인 토카이 와인, 인기 만점 초콜릿바인 Túró Rudi, 캐비어 등도 판매한다. 세계적으로 유명한 토카이 와인은 부다페스트의 서북 지역에서 나는 포도로 만든 와인인데,

귀부병에 걸린 포도를 사용하여 당도가 높다. 2층에서는 다양한 기념품과 간식거리 등을 판매하고 있는데, 그중 헝가리 간식 랑고쉬(Lángos)를 판매하는 곳 앞에 사람들이 가득하다. 기름에 튀긴 빵 위에 다양한 토핑을 얹어서 먹는 간식으로 양파, 토마토, 오이 등 각종 야채와 살라미 등을 올린 랑고쉬부터 누텔라와 바나나, 월넛, 시나몬, 크랜베리 등 달달한 토핑을 올린 랑고쉬까지 종류가 다양하다. 간식을 판매하는 곳 앞에는 간이 테이블과 의자도 마련되어 있어 시장 구경을 하다가 허기진 배를 채우기에 좋다.

중앙시장 구경을 마치고 다시 바치 거리를 거쳐 세체니 다리로 향하던 중 당혹스러운 일이 발생했다. 조금 전까지만 해도 햇빛이 쨍쨍했는데 갑자기 하늘이 흐려지더니 비가 내리기 시작한 것이다. 조금 지나니 비와 함께 굵은 우박들이 떨어지기 시작한다. 이렇게 날씨가 좋다가 갑자기 비가 내리면서, 그리고 기온이 급격하게 떨어지면서 비와 함께 우박이 떨어지는 경우가 많다고 하니, 특히 우기인 5, 6, 11월에는 일기예보를 잘 확인하는 게 좋겠다.

Add. Vámház krt. 1-3, 1093, Budapest　**Tel.** +36 1 366 3300　**Web.** piaconline.hu　**Time.** 월요일 6:00~17:00, 화요일~금요일 6:00~18:00, 토요일 6:00~15:00, 일요일 휴무

부다 캐슬 Budavári Palota / Buda Castle

세체니 다리를 건너면 바로 앞에 푸니쿨라가 보인다. 이 푸니쿨라는 언덕 위의 부다 캐슬까지 사람들을 실어 나르는 역할을 하는데, 특이하게도 하나의 푸니쿨라가 3층 구조로 되어 있다. 물론 걸어 올라갈 수도 있지만, 날씨가 더워 푸니쿨라를 타고 올라가기로 한다. 점점 지상에 있는 모든 것들이 작아지면서 세체니 다리도 국회의사당도 한눈에 들어오기 시작한다. 높은 곳에서 내려다보는 다뉴브 강과 부다페스트의 중심지는 말로 표현할 수

중앙시장

부다 캐슬

없을 정도로 아름답다. 그걸 사진에 담아내겠다고 열심히 셔터를 눌러댔지만 실제로 보는 것만큼 표현되지 않아 아쉽기만 하다.

친구와 함께 인증샷도 남기며 시간을 보내고 있는데 어디선가 음악 소리가 들려온다. 알고 보니 근위병 교대식이 열리고 있던 것. 영국 런던의 근위병 교대식과 비교하면 꽤 단출하다. 고작 4~5명 정도의 근위병이 와서 기존에 서 있던 2명의 근위병과 교대를 해주니 말이다. 영국의 근위병들이 붉은색 제복에 하늘을 찌를 듯한 검은 털모자를 쓰고 있는 것에 반해, 헝가리의 근위병들은 흙색 군복에 선글라스를 끼고 있다. 영국 근위병 교대식이 전통적이고 각이 잡혀 있다면, 헝가리 근위병 교대식은 비교적 현대적이고 춤을 추듯 스텝을 밟는 특징이 있다.

캐슬힐(Castle Hill)의 남쪽, 그러니까 푸니쿨라를 타고 올라왔을 때 왼쪽에는 부다 캐슬이 자리하고 있고, 캐슬힐의 북쪽에는 캐슬지구(Castle District)가 자리하고 있다. Royal Palace 혹은 Royal Castle이라고도 불리는 부다 캐슬은 제2차 세계대전 때 대부분 망가져서 당시의 화려한 실내 인테리어 등은 거의 남아있지 않고, 현재는 내셔널 갤러리, 역사박물관, 국립도서관으로 사용 중이다. 갤러리나 박물관에는 큰 관심이 없어서 캐슬의 안뜰만 구경했는데, 여기서 내려다보는 경치가 상당히 좋을뿐더러 이곳에서 각종 행사와 축제도 많이 열린다고 한다.

캐슬지구에서 가장 유명한 것은 바로 마차슈 성당(Mátyás-Templom/Matthias Church)과 어부의 요새(Halászbástya/Fisherman's Bastion)이다. 하늘을 향해 높게 치솟아 있는 탑이 인상적인 마차슈 성당은 건축된 지 얼마 되지 않아서부터 시련을 겪었는데, 오스만 제국의 침공으로 한동안 모스크가 되기도 했었고, 제2차 세계대전 때는 심각하게 파손되어 복구에만

20여 년이 걸리기도 했다. 성당 바로 옆에는 1895년부터 1902년 사이에 지어진 어부의 요새가 있는데, 생김새가 마치 디즈니 영화에 나올 것만 같아서 동화적이라든지 낭만적이라는 평이 많다. 어부의 요새에는 총 7개의 탑이 있는데, 이는 896년 카르파티아 분지에 정착한 일곱 헝가리 부족을 의미하며, '어부의 요새'라는 이름 자체는 중세시대 어부조합에 의해 지켜졌기 때문에 붙은 이름이다. 부다 캐슬과 캐슬지구는 세계문화유산에도 등록되어 있고, 생각보다 넓고 볼 것이 많기 때문에 최소 3시간 정도의 시간을 가지고 방문하여 천천히 둘러보는 것을 추천한다.

부다 캐슬
Add. Szent György tér 2, 1014, Budapest **Web.** http://budacastlebudapest.com
Fee. 내셔널 갤러리 성인 1,800포린트, 학생 900포린트, 역사박물관 성인 2,000포린트, 학생 1,000포린트 **Time.** 내셔널 갤러리 화요일~일요일 10:00~18:00, 역사박물관 화요일~금요일 10:00~16:00(겨울), 10:00~18:00(여름), 토요일~일요일 10:00~18:00, 국립도서관 화요일~토요일 9:00~20:00

부다 캐슬 푸니쿨라
Add. Clark Ádám tér, 1013, Budapest **Tel.** +36 1 201 9128 **Web.** bkv.hu
Fee. 성인 편도 1,200포린트, 왕복 1,800포린트, 3세~14세 편도 700포린트, 왕복 1,100포린트, 3세 이하 무료 **Time.** 매일 7:30~22:00(매표소 21시 50분에 마감)

마차슈 성당
Add. Szentháromság tér 2, 1014, Budapest **Tel.** +36 1 355 5657 **Web.** matyas-templom.hu **Fee.** <성당 입장> 성인 1,500포린트, 학생 및 60세 이상 1,000포린트, 가족권 3,500포린트 <종탑 입장> 성인 1,500포린트, 학생 및 60세 이상 1,000포린트, 가족권 3,500포린트 **Time.** 월요일~토요일 9:00~17:00, 일요일 13:00~17:00

어부의 요새
Add. 1-3 Hess Andras Square, District I (1st district), 1014, Budapest **Tel.** +36 1 458 3030 **Web.** fishermansbastion.com **Fee.** 일부 구역 무료, 일부 구역 유료(성인 800포린트, 학생 400포린트), 매일 저녁 8시부터 다음날 아침 9시까지는 모든 구역 무료, 10월 15일~3월 15일과 8월 20일(국가기념일)에는 모든 구역 무료 **Time.** 1년 365일, 24시간

성 이슈트반 성당 Szent István-Bazilika / St. Stephen's Basilica

성 이슈트반 성당은 헝가리의 첫 번째 왕이자 헝가리에 기독교를 전파한 성 이슈트반 1세에게 바쳐진 성당으로, 역사적인 의미와 더불어 건축물의 예술적인 가치 때문에 많은 사람의 발길이 끊이지 않는 곳이다. 국회의사당과 함께 부다페스트에서 가장 높은 건물 중 하나이며, 규정상 이보다 더 높은 건물을 지을 수 없도록 되어 있다. 건축을 시작한 이후로 전쟁과 자연재해 때문에 공사가 중단되거나 지연되었고, 그래서 완공하는 데까지 무려

54년이 걸렸다. 성당 앞에는 넓은 광장이 있는데, 성당의 전면을 카메라에 모두 담고자 하니 자꾸만 뒷걸음질 쳐야 할 만큼 규모가 크다. 대리석과 금빛으로 꾸며진 내부는 함부로 밟거나 만져도 안 될 것 같은, 한마디로 고급스러움의 극치였다. 특히 돔에 그려진 작품이 인상적이었는데, 그것을 바라보느라 얼마나 고개를 뒤로 젖히고 있었는지 모른다. 티켓을 따로 구입하면 엘리베이터를 타고 종탑에 올라가 볼 수도 있고 귀중품이 보관되어 있는 보물관도 볼 수 있다.

Add. Szent István tér 1, 1051, Budapest **Tel.** +36 1 311 0839 **Web.** bazilika.biz **Fee.** 성당 입장 도네이션 1~2유로, 귀중품 보관실 성인 400포린트, 학생 300포린트, 파노라마 타워 성인 500포린트, 학생 400포린트, 가이드 투어 1,100~2,000포린트(언어 및 룩아웃 옵션에 따라 가격이 달라지며, 가이드 투어는 월~금요일 10:00~15:00 사이에 가능) **Time.** 매일 9:00~19:00(성수기)

세체니 온천 Széchenyi Gyógyfürdő és Uszoda / Széchenyi Thermal Bath

부다페스트는 곳곳에서 온천수가 솟아나기 때문에 로마시대 때부터 지금까지 목욕탕 문화가 발달했다. 부다페스트 내 많은 온천과 스파 중 제일 유명한 곳으로는 세체니(Széchenyi) 온천, 겔레르트(Gellért) 온천, 루카치(Lukács) 온천이 있다. 세체니 온천이 규모도 크고 대중적인 느낌이라면, 겔레르트 온천은 약간 고급스러운 느낌이고, 루카치 온천은 거의 매주 토요일마다 풀 파티가 열리기 때문에 젊고 활기찬 느낌이다. 계획대로라면 나도 세체니 온천에서 여유로운 한때를 보내야 했는데, 풀라에서 생겨버린 햇빛 알레르기 때문에 온천을 즐기지 못했다. 아쉬운 마음에 세체니 온천 야외 풀장을 하염없이 바라본다. '다들 하나같이 즐겁고 여유로워 보여. 다음번 헝가리 방문 때는 무조건 온천부터 해야지.'라고 다짐하며 그곳을 빠져나온다.

세체니 온천

Add. Állatkerti krt. 9-11, 1146, Budapest　**Tel.** +36 1 363 3210　**Web.** szechenyifurdo.hu　**Fee.** 성인 티켓+락커 4,700포린트, 성인 티켓+캐빈 5,200포린트(주중 가격 기준), 기타 서비스는 홈페이지에 가격 명시　**Time.** 매일 6:00~22:00

겔레르트 온천

Add. Kelenhegyi út 4, 1118, Budapest　**Tel.** +36 1 466 6166　**Web.** gellertfurdo.hu　**Fee.** 성인 티켓+락커 5,100포린트, 성인 티켓+캐빈 5,500포린트(주중 가격 기준), 기타 서비스는 홈페이지에 가격 명시　**Time.** 매일 6:00~20:00

루카치 온천

Add. Frankel Leó utca 29, 1023, Budapest　**Tel.** +36 1 326 1695　**Web.** lukacsbaths.com　**Fee.** 성인 티켓+락커 3,100포린트, 성인 티켓+캐빈 3,500포린트(주중 가격 기준), 기타 서비스는 홈페이지에 가격 명시　**Time.** 매일 6:00~21:00, 토요일 밤 파티가 있을 경우 22:30~3:00, 매표소는 20시에 마감

1. 영웅광장 2. 예술사 박물관 3. 세체니 온천

영웅광장 Hősök Tere / Heroes' Square

세체니 온천과 버이더후녀드 성, 그리고 부다페스트 동물원과 보태니컬 가든을 모두 품고 있는 넓은 시민공원(Városliget/City Park)의 입구에 영웅광장이 있다. 메트로 M1라인 Hősök tere 역에서 내리면 금방이다. 헝가리 건국 1,000년을 기념하기 위해, 그리고 19세기 후반 역동적인 경제 성장에 힘입어 만들어졌다. 중앙의 높은 기둥 끝에는 가브리엘 천사의 조각이 있고, 기둥 아래에는 896년 카르파티아 분지에 정착한 일곱 명의 헝가리 부족장들이 있다. 영웅광장의 양쪽으로는 웅장한 건물 두 채가 서 있는데, 각각 예술사 박물관과 미술사 박물관이다.

Add. Hősök tere, 1146, Budapest **Tel.** +36 1 322 4098

버이더후녀드 성 Vajdahunyad Vára / Vajdahunyad Castle

시민공원 안에 있는 버이더후녀드 성은 마치 '숲 속의 작은 성' 같은 느낌을 준다. 이 성 역시 헝가리 건국 1,000년을 기념하기 위해 세웠고, 처음에는 임시 용도로 목조와 판지를 이용해 건설했다. 하지만 사람들에게 사랑을 많이 받자 1904년과 1908년 사이에 석재를 이용하여 영구적인 성으로 재건하였다. 성 바로 옆쪽에 있는 호수에서는 여름이면 보트를 타고 겨울이면 스케이트를 탄다고 하는데, 그 때문인지 유원지 느낌이 난다. 버이더후녀드 성은 현재 농업박물관으로 사용되고 있지만, 건물 내부에 들어가는 것이 아니라면 정원은 언제든지 무료입장이다. 이미 해가 질 때쯤이어서

우리도 정원을 산책하며 가볍게 성의 외관을 둘러보기로 한다.

들어가자마자 왼쪽에 있는 예배당 정면에는 예수와 12사도 조각이 있는데, 특히 입구 부분이 어찌나 정교하게 조각되어 있는지, 감탄을 자아낸다. 예배당이 로마네스크 양식으로 지어졌다면 예배당 맞은편의 건물은 고딕 양식으로 지어졌고, 조금 더 안쪽에 있는 건물은 르네상스 양식으로 지어졌다. 이렇게 한데 모여있으니 각 건축 양식의 특징이 더 도드라지는 것 같다.

Add. Vajdahunyad vár, 1146, Budapest **Tel.** +36 1 422 0765
Web. www.vajdahunyadcastle.com **Fee.** 농업박물관 성인 1,200포린트, 어린이 600포린트, 정원 입장은 무료 **Time.** 11월~3월 화요일~금요일 10:00~16:00, 4월~10월 화요일~금요일 10:00~17:00, 올 시즌 토요일~일요일 10:00~17:00, 월요일은 휴관, 정원은 항상 개방

헝가리 대표음식, 굴라쉬

'헝가리' 하면 떠오르는 음식, 바로 굴라쉬다. 개인적으로 러시아의 보르쉬와 함께 제일 좋아하는 수프 중 하나인데, 헝가리뿐만 아니라 오스트리아 등 동유럽에서 많이 먹는 음식이다. 파프리카와 소고기가 주재료이며, 그 외에 각종 야채가 들어간 요리인데 매콤해서 한국인의 입맛에도 잘 맞는 편이다. 이번 헝가리 여행에서도 식사를 할 때면 무조건 굴라쉬를 함께 주문했다. 요리하는 사람에 따라 굴라쉬의 맛은 조금씩 다르지만 맛있는 건 변하지 않는다. 오페라하우스 바로 옆에 있는 Callas Café & Restaurant은 위치 때문인지 가격이 조금 비싼 편이지만 음식 맛은 괜찮다. 바치 거리의 수많은 레스토랑 중 입구에 있던 녹색 소가 인상적이라 들어간 Rustico Étterem 역시 음식 맛이 나쁘지 않다.

Callas Café & Restaurant

Add. Andrássy út 20, 1061, Budapest **Tel.** +36 1 354 0954 **Web.** callascafe.hu
Price. 메인메뉴 약 4,200포린트~ **Time.** 매일 10:00~00:00

Rustico Étterem

Add. Váci u. 71, 1056, Budapest **Tel.** +36 1 327 0075 **Web.** rustico.hu
Price. 메인메뉴 약 3,000포린트~ **Time.** 매일 11:00~23:30

부다페스트 교통 정보

부다페스트로 가는 방법

비행기 시내 동남쪽에 국제공항이 있어 유럽의 여러 도시에서 항공편을 이용하여 부다페스트로 갈 수 있다. 나날이 높아지는 부다페스트의 인기 덕분에 많은 유럽 저가항공사들이 자국 → 부다페스트 노선에 취항하고 있다.
- 부다페스트 공항 : www.bud.hu/english

버스 근처 국외/국내 도시들에서 버스를 이용해 부다페스트로 갈 수 있으며, 버스 연결이 잘 되어있는 편이다. 다만 부다페스트 내에 버스터미널이 4개 있으니 어느 터미널에서 출발하고 어느 터미널로 도착하는지 잘 확인해야 한다.
  ▷ 크라쿠프 → 부다페스트(약 7시간), 프라하 → 부다페스트(약 7~9시간), 뮌헨 → 부다페스트(약 10~11시간), 비엔나 → 부다페스트(약 3~4시간), 브라티슬라바 → 부다페스트(약 3시간), 류블랴나 → 부다페스트(약 9시간), 자그레브 → 부다페스트(약 6시간), 베오그라드 → 부다페스트(약 5~6시간), 부카레스트 → 부다페스트(약 16~17시간)
- 유로라인 헝가리 : www.eurolines.hu
- VOLÁNBUSZ 버스 : www.volanbusz.hu
- Orangeways 버스 : www.orangeways.com

기차 버스와 마찬가지로 주변의 국외/국내 도시들에서 기차를 이용해 부다페스트로 갈 수 있으며 기차역 역시 부다페스트 내에 3개가 있으니 어느 기차역에서 출발하고 어느 기차역으로 도착하는지 잘 확인하자. 루트에 따라 기차와 버스를 함께 이용해야 하는 경우도 있다.
  ▷ 크라쿠프 → 부다페스트(약 10~11시간), 프라하 → 부다페스트(약 7~8시간), 뮌헨 → 부다페스트(약 7~9시간), 비엔나 → 부다페스트(약 2~3시간), 브라티슬라바 → 부다페스트(약 3시간), 류블랴나 → 부다페스트(약 9시간), 자그레브 → 부다페스트(약 6~7시간), 베오그라드 → 부다페스트(약 8~9시간), 부카레스트 → 부다페스트(약 14~16시간)
- 헝가리 기차 검색 : www.mavcsoport.hu

부다페스트 중심지로 가는 방법

공항에서   공항은 시내 중심지로부터 동남쪽으로 약 20km 정도 떨어져 있으며 공항의 정식 명칭은 Budapest Ferenc Liszt International Airport이다. 택시를 타면 시내까지 약 30분 정도 소요되며, 요금은 약 6,500포린트이다. 또한 미니버스를 이용하거나 대중교통을 이용할 수도 있다. 새벽 4시부터 밤 11시 사이에는 공항에서 200E 버스를 타고 Kőbánya-Kispest 메트로 역까지 간 다음, 그곳에서 메트로 M3라인 Újpest Központ행을 타고 시내 쪽으로 이동할 수 있다. 밤 11시부터 새벽 1시까지는 200E 버스, 새벽 1시부터 4시까지는 900 나이트 버스를 이용해 South Pest Bus Garage까지 이동한 다음, 거기서 950, 950A 나이트 버스로 갈아타고 시내로 이동할 수 있다. 티켓은 공항의 고객서비스 창구, 우체국, 신문가판대, 버스정류장의 자동판매기에서 350포린트에 구입할 수 있고, 버스기사에게 직접 구입하면 450포린트이다. 기차를 이용하여 이동을 원하는 여행자는 공항에서 가장 가까운 기차역인 Ferihegy 역에서 출발해 Nyugati 역까지 이동할 수 있다. 역에서 역까지 소요시간은 약 25분이며 편도 370포린트이다.
- 미니버스 : www.minibud.hu
- 부다페스트 시내교통 : http://bkk.hu, http://bkv.hu

기차역에서   부다페스트 내에는 3개의 기차역이 있다. 대부분의 국제선 기차가 도착하는 메인 기차역이자 동쪽에 위치한 Keleti Pályaudvar. 그리고 남쪽에 위치한 Déli Pályaudvar, 서쪽에 위치한 Nyugati Pályaudvar. 세 역 모두 메트로와 연결이 잘 되어 있으니 원하는 목적지까지 메트로를 이용하면 된다.

버스터미널에서   부다페스트 내에는 4개의 버스터미널이 있다. 대부분의 국제선 버스가 도착하는 버스터미널은 Népliget Bus Station이다.
- Népliget Bus Station (Népliget Autóbuszállomás) : 국제선 버스, 헝가리 서부행 버스가 출 · 도착한다. 근처 Népliget 역에서 메트로 M3 라인을 이용하여 시내중심지로 이동할 수 있다.

부다페스트 교통 정보

- Stadion Bus Station (Stadion Autóbuszállomás) : 헝가리 동부행 버스가 출·도착한다. 근처 Puskás Ferenc 역에서 메트로 M2 라인을 이용하여 시내중심지로 이동할 수 있다.
- Árpád Bridge Bus Station (Árpád Híd Autóbuszállomás) : 헝가리 북부행 버스 및 교외행 버스가 출·도착하는 작은 터미널이다. 근처 Árpád híd 역에서 메트로 M3라인을 이용하여 시내중심지로 이동할 수 있다.
- Etele tér Bus Station (Etele téri Autóbuszállomás) : 비교적 최근에 새로 지어진 터미널이다. 근처 Kelenföld Vasútállomás 역에서 메트로 M4 라인을 이용하여 시내 중심지로 이동할 수 있다.

부다페스트의 대중교통

메트로
트램
버스
트롤리버스

부다페스트 시내와 교외 지역은 메트로, 트램, 버스, 트롤리버스 등으로 촘촘하게 연결되어 있다. 티켓의 종류는 다음과 같은 것들이 있다.

❶ **싱글티켓(Single Ticket)**
1회권. 버스와 트램은 환승 불가하며, 메트로는 1회 환승 가능하다. 티켓 자동판매기나 신문가판대 등에서 구입하면 350포린트, 기사에게 직접 구입하면 450포린트이다. 교외 기차는 시내 구간에서만 이용 가능하고, MÁV 기차와 교외 Volán 버스에서는 사용할 수 없다. 펀칭 후 80분(나이트버스는 펀칭 후 120분) 유효하다.
- 싱글티켓 10장(Block of 10 tickets) : 싱글티켓 10장 묶음으로, 3,000포린트이다.

❷ **환승티켓(Transfer Ticket)**
1회 환승이 가능한 1회권. 2개의 티켓으로 되어 있어 각각의 티켓을 첫 번째와 두 번째 교통수단 탑승 전 펀칭해야 한다. 펀칭 후 80분(두 번째 교통수단이 메트로

거나 나이트버스라면 펀칭 후 120분) 유효하다. 목적지에 도착할 때까지 2개의 티켓을 모두 소지하고 있어야 하며 가격은 530포린트이다.

❸ **메트로 단구간 티켓(Short Section Metro Ticket for up to 3 Stops)**
메트로로 3정거장 이하를 30분 안에 이동할 때 사용 가능하며 환승도 가능하다. 가격은 300포린트이다.

❹ **보트 싱글티켓(Single Ticket for Public Transport Boat)**
D11, D12, D13 보트라인에 이용 가능하다. 티켓은 보트 크루에게서 구입가능하며 750포린트이다.

❺ **24시간/72시간 트래블카드(24-hour/72-hour Travelcard)**
구입 후부터 24시간/72시간 사용이 가능하다. 가격은 각각 1,650포린트, 4,150포린트이다.

- 부다페스트 시내교통(지도) : www.bkk.hu/en/maps
- 부다페스트 시내교통(티켓) : www.bkk.hu/en/tickets-and-passes/prices

택시
부다페스트에는 여러 택시 회사가 있지만 그 중에서도 Főtaxi가 가장 오랜 전통을 자랑한다. 택시 기사들은 대부분 적어도 1개 이상의 외국어를 구사할 수 있으며, 택시에서 신용카드로 요금을 지불할 수 있다. 기본요금은 450포린트이며 킬로미터 당 280포린트를 받는다.
- Főtaxi 전화번호 : +36 1 222 2 222
- Főtaxi 홈페이지 : www.fotaxi.hu

부다페스트 중심지에 숙소를 잡는다면 대부분의 관광지는 도보로 걸어갈 수 있다. 동쪽의 세체니 온천, 버이더후녀드 성, 영웅광장의 경우 걸어갈 수도 있지만, 메트로 M1라인을 이용하면 빠르다. 일정이 여유롭다면 유명 관광지 외에 온천이나 공연(혹은 축제 기간이라면 축제) 등도 즐기는 것을 추천한다.

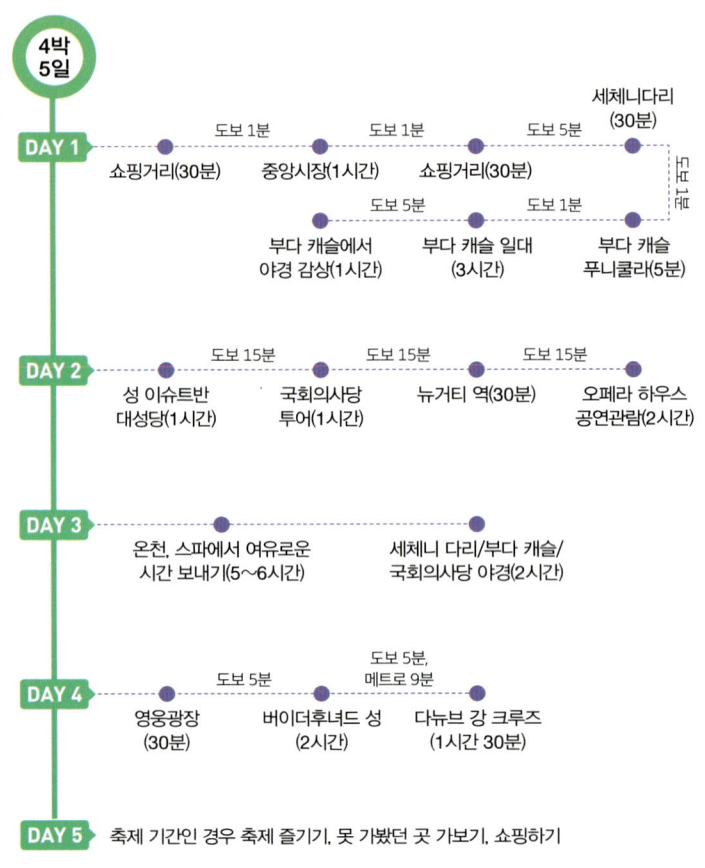

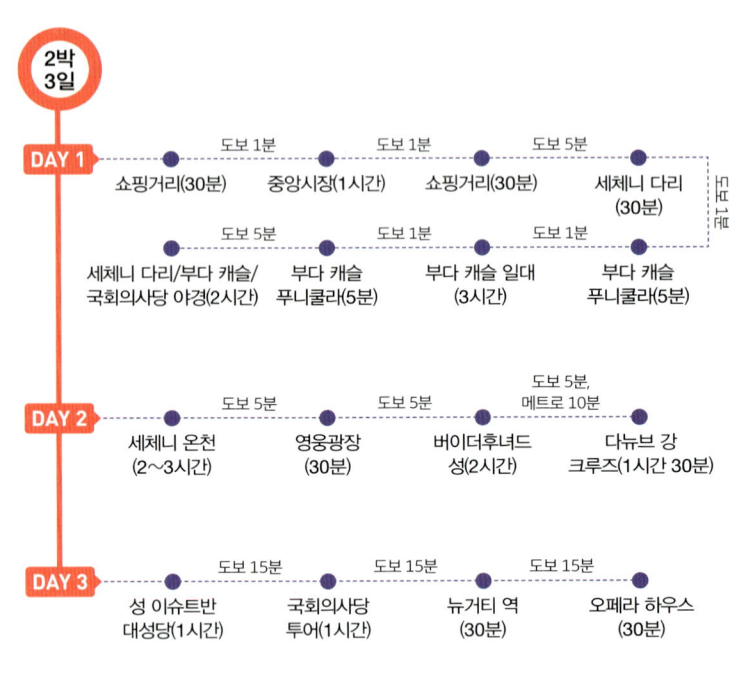

× 이것만은 꼭! 부다페스트의 BEST 3 ×

BEST 1. 국회의사당과 부다 캐슬, 세체니 다리의 야경 감상하기
BEST 2. 헝가리 전통 음식 굴라쉬 맛보기
BEST 3. 온천과 스파 즐기기

폴란드
POLAND

1. 바르샤바
2. 포즈난
3. 브로츠와프
4. 크라쿠프

- ❶ **국가명** 폴란드공화국(The Republic of Poland)
- ❷ **수도** 바르샤바(Warszawa)
- ❸ **언어** 폴란드어(서슬라브어)
- ❹ **면적** 312,685km²
- ❺ **국가번호** +48
- ❻ **기후** 국토의 대부분이 저평원 지대이며 서부는 해양성 기후, 동부는 대륙성 기후를 띠고 있다. 대체적으로 한국과 비슷한데 겨울이 조금 더 길고 추운 편이다.

도시	평균	1월	2월	3월	4월	5월	6월	7월	8월	9월	10월	11월	12월
바르샤바	최고	1	1	6	12	18	21	22	22	17	12	5	2
	최저	-4	-4	-1	2	8	11	12	12	8	4	0	-2
크라쿠프	최고	1	1	7	12	17	20	21	21	17	12	5	2
	최저	-5	-4	0	3	7	11	12	12	8	4	0	-3

- ❼ **시차** 한국보다 8시간 느리다. 서머타임(3월 마지막 일요일~10월 마지막 일요일) 기간에는 7시간 느리다. 예를 들어 한국이 오전 10시라면 폴란드는 새벽 3시.
- ❽ **전압** 220V로 한국과 동일하며 한국 전자제품을 가져가 그대로 사용할 수 있다.
- ❾ **비자** 무비자로 90일 체류 가능하다. (폴란드는 쉥겐국가)
- ❿ **응급 시 연락처** 경찰 997, 구급차 999, 화재 998
- ⓫ **주 폴란드 대한민국 대사관**
  Add. ul. Szwolezerow 6, 00~464 Warssaw   Tel. +48 22 559 2900

✕ 폴란드의 화폐와 환전

화폐 단위는 즈워티(zł/PLN/Złoty)이다. 센트 개념으로 그로쉬(gr/groszy)가 있다. 1즈워티는 100그로쉬이며, 지폐로 200, 100, 50, 20, 10즈워티가 있고, 동전으로 5, 2, 1즈워티와 50, 20, 10, 5, 2, 1그로쉬가 있다. 1990년대 초에 화폐개혁이 있었고, 구 화폐 10,000즈워티가 새 화폐 1즈워티가 되었다.

국내에서 한화를 즈워티로 직접 환전할 수 있지만 취급하는 은행과 지점이 매우 한정적이므로 미리 은행에 전화하여 즈워티가 있는지 여부를 확인하고 환전하러 가는 것이 좋다. 은행의 특정 지점까지 가는 것이 힘들다면 한화를 유로나 달러로 환전한 뒤 폴란드에 가서 유로나 달러를 다시 즈워티로 환전해도 된다. 만약 환전을 못했다면 해외에서도 사용 가능한 국내 체크/신용카드로 현지 ATM에서 즈워티를 출금하여 사용할 수 있다. 참고로 폴란드에서는 유로를 받는 곳도 많이 있다. 여행 후 즈워티가 많이 남았을 경우 현지에서 다시 유로나 달러로 환전하는 것이 좋다.

✕ 폴란드의 공휴일과 축제

공휴일

1월 1일	새해 첫날	11월 1일	모든 성인의 날
1월 6일	예수 공현 대축일	11월 11일	독립기념일
3월 27일~28일	부활절 주	11월 29일	수호 성인의 날
5월 1일	근로자의 날	12월 24일~25일	크리스마스 이브 & 크리스마스
5월 3일	제헌절		
5월 15일	오순절, 성령강림절	12월 26일	박싱데이
5월 26일	성체 축일	12월 31일	새해 전날
8월 15일	성모 승천 축일		

축제

5월	크라쿠프	크라쿠프 마라톤
5월~6월	크라쿠프	Kraków Film Festival
6월	크라쿠프	Lajkonik Festival(Colorful Traditional Parade)
	바르샤바	Sztuka Ulicy(Street Performers Festival)
	크라쿠프	Wianki Festival(Wreaths on Rafts in Vistula River, Fireworks, Music)
6월~7월	크라쿠프	Jewish Culture Festival
	그단스크	Open'er Festival(Alternative Rock/Pop Festival)
7월~8월	바르샤바	Jazz na Starówce(Free Saturday Concerts on Old Town Square)
7월	크라쿠프	Crossroads Festival(World Music)
8월	그단스크	Gdańsk Shakespeare Festival

축제	7월~8월	그단스크	St. Dominic's Fair(Market Stalls, Music, General Revelry)
	8월	폴란드 남부	International Chopin Festival(World's Main Chopin Festival, Held in The Composer's House)
		크라쿠프	Live Music Festival(Hip-Hop, Rock)
	9월	크라쿠프	Sacrum Profanum Festival(Contemporary and Experimental Music)
		바르샤바	Warsaw Autumn International Festival of Contemporary Music
	10월	바르샤바	Warsaw Film Festival
		크라쿠프	Unsound Festival(Avant-Garde Music)
	12월	크라쿠프	크리스마스 마켓
		바르샤바	Watch Docs(Human Rights Film Festival)

✕ 폴란드로 가는 방법

❶ 한국에서 폴란드로

한국에서 폴란드까지 가는 직항편은 없고 유럽의 다른 도시를 1회 경유하여 가는 것이 일반적이다. 대기시간과 비행시간을 포함한 소요시간은 최소 11~12시간이며, 보통 13~14시간 정도 걸린다. 대기시간이 길면 소요시간이 30시간 이상 되는 경우도 있다. 항공권 가격의 경우 프로모션 특가를 이용하면 100만 원 미만으로 구매할 수도 있고, 일반적으로는 100만 원 초~중반대로 구매할 수 있다.

가격이 저렴하면서도 대기시간이 짧은 항공사로는 러시아항공, 핀에어, KLM네덜란드 항공, 루프트한자 독일항공이 있다. 대한항공과 아시아나항공도 유럽의 도시 1회를 경유하여 바르샤바로 향한다.

바르샤바에서 시작해 크라쿠프까지 폴란드 일주를 하거나 혹은 반대 루트로 일주할 경우 in/out이 다른 항공편을 예약하는 것도 좋은 방법이다. 예를 들어 한국에서 바르샤바로 항공 이동을 한 다음, 바르샤바 → 포즈난 → 브로츠와프 → 크라쿠프까지 기차 혹은 버스를 이용하여 폴란드 일주를 하고, 크라쿠프에서 한국으로 항공 이동을 하는 것이다.

폴란드 국영항공사인 Polish Airlines LOT가 2016년 10월 서울 ↔ 바르샤바 직항 노선을 개설할 예정이라 해당 노선이 개설되면 폴란드 여행이 조금 더 편하고 쉬울 것이다.

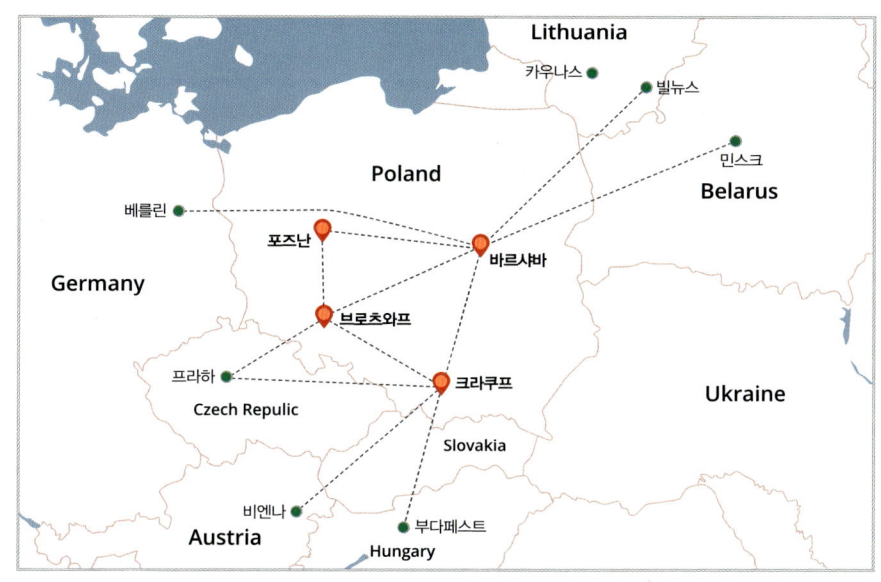

❷ 유럽국가에서 폴란드로(소요시간)

- 바르샤바 → 그단스크   버스 5시간, 기차 3시간
- 바르샤바 → 포즈난   버스 5시간 30분, 기차 2시간 30분
- 바르샤바 → 브로츠와프   버스 5시간 30분, 기차 3시간 30분
- 바르샤바 → 크라쿠프   버스 5시간, 기차 2~3시간
- 그단스크 → 포즈난   버스 5시간 15분, 기차 3시간 15분
- 포즈난 → 브로츠와프   버스 3시간 30분, 기차 2시간
- 브로츠와프 → 크라쿠프   버스 3시간 10분, 기차 3시간
- 베를린 → 포즈난   버스 4시간, 기차 3시간
- 베를린 → 바르샤바   버스 5시간 30분, 기차 6시간
- 프라하 → 브로츠와프   버스 5시간, 기차 9시간
- 프라하 → 크라쿠프   버스 10시간, 기차 8~10시간
- 비엔나 → 크라쿠프   버스 7~8시간, 기차 8시간
- 부다페스트 → 크라쿠프   버스 7시간, 기차 10~11시간
- 민스크 → 바르샤바   버스 10시간, 기차 8시간
- 빌뉴스 → 바르샤바   버스 6시간

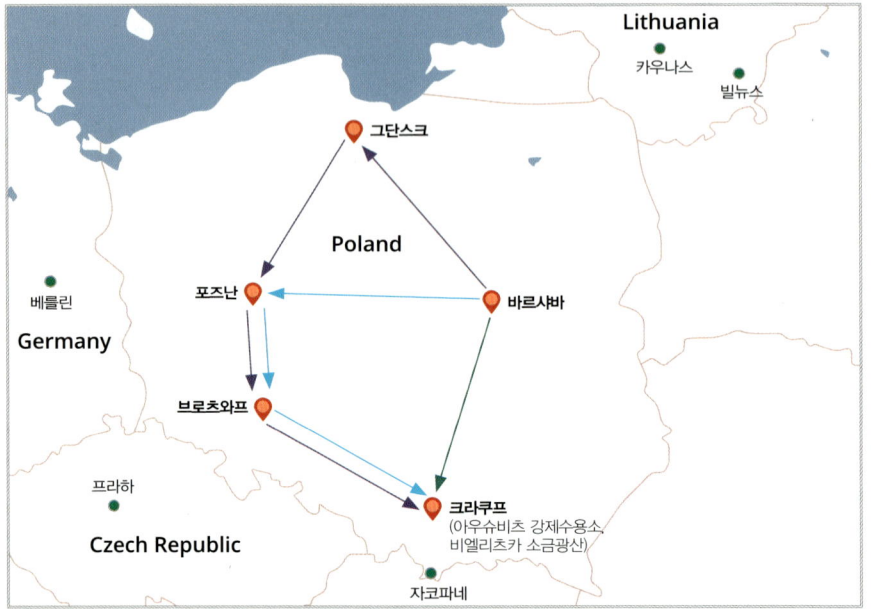

✕ 폴란드 추천 일정

❶ 여유롭게, 완벽하게! 폴란드 일주 2주 일정(12박 13일)

> 바르샤바(2박) → 그단스크(2박) → 포즈난(2박) → 브로츠와프(2박)
> → 크라쿠프(4박)

폴란드 전역의 주요 도시들을 여행하는 일정이다. 기본적으로 크라쿠프는 최소 3박 이상, 나머지 도시들은 최소 1박 이상은 할 것을 추천한다. 여행할 수 있는 시간이 제한적이라면 북쪽에 있는 그단스크를 제외해도 좋다.

❷ 핵심만 즐겁게! 폴란드 주요도시 1주 일정(6박 7일)

> 바르샤바(2박) → 크라쿠프(4박)

폴란드에서 가장 중요하고 흥미로운 두 도시, 바르샤바와 크라쿠프를 여행하는 일정이다. 조금 더 보고 싶다면 바르샤바와 크라쿠프에서의 1박씩을 줄여 브로츠와프나 포즈난을 추가해도 괜찮다. 크라쿠프는 도시 자체도 볼 것이 많지만, 주변에 아우슈비츠 강제수용소, 비엘리츠카 소금광산, 자코파네 등 돌아볼 곳이 많으므로 일정을 여유롭게 잡을 것을 추천한다.

✕ 폴란드 여행비용

❶ 12박 13일 일정 여행비용(기준환율 300원)

왕복항공료	100만 원 초~중반대
숙박비(12박)	호스텔 도미토리 기준 약 24만 원 * 1박에 약 20,000원 정도
교통	바르샤바 공항 → 바르샤바 시내 대중교통 약 5즈워티(약 1,500원) 바르샤바 → 그단스크 버스 약 25즈워티(약 7,500원) 그단스크 → 포즈난 버스 약 35즈워티(약 10,500원) 포즈난 → 브로츠와프 버스 약 26즈워티(약 7,800원) 브로츠와프 → 크라쿠프 버스 약 29즈워티(약 8,700원) 크라쿠프 → 아우슈비츠 왕복 버스 약 24즈워티(약 7,200원) 크라쿠프 → 비엘리츠카 소금광산 왕복 버스 약 8즈워티(약 2,400원) 크라쿠프 시내 → 크라쿠프 공항 대중교통 약 8즈워티(약 2,400원) 기타 대중교통 이용, 약 4회 이용 시 약 20즈워티(약 6,000원)
관광지 입장료	바르샤바 로얄캐슬 약 23즈워티(약 6,900원) 포즈난 꼬마기차 왕복 약 12즈워티(약 3,600원) 아우슈비츠 가이드 투어 약 45즈워티(약 13,500원) 비엘리츠카 소금광산 입장료+포토퍼미션 약 94즈워티(약 28,200원) 크라쿠프 바벨성 State Room 약 18즈워티(약 5,400원)
음식	약 1,100즈워티(약 330,000원) *한 끼에 약 10,000~15,000원 정도
쇼핑	개인에 따라 다름
총 금액	약 1,681,600원+@

❷ 6박 7일 일정 여행비용(기준환율 300원)

왕복항공료	100만 원 초~중반대
숙박비(6박)	호스텔 도미토리 기준 약 12만 원 * 1박에 약 20,000원 정도
교통	바르샤바 공항 → 바르샤바 시내 대중교통 약 5즈워티(약 1,500원) 바르샤바 → 크라쿠프 버스 약 35즈워티(약 10,500원) 크라쿠프 → 아우슈비츠 왕복 버스 약 24즈워티(약 7,200원)

교통	크라쿠프 → 비엘리츠카 소금광산 왕복 버스 약 8즈워티(약 2,400원)
	크라쿠프 시내 → 크라쿠프 공항 대중교통 약 8즈워티(약 2,400원)
	기타 대중교통 이용, 약 4회 이용 시 약 20즈워티(약 6,000원)
관광지 입장료	바르샤바 로얄캐슬 약 23즈워티(약 6,900원)
	포즈난 꼬마기차 왕복 약 12즈워티(약 3,600원)
	아우슈비츠 가이드 투어 약 45즈워티(약 13,500원)
	비엘리츠카 소금광산 입장료+포토퍼미션 약 94즈워티(약 28,200원)
	크라쿠프 바벨성 State Room 약 18즈워티(약 5,400원)
음식	약 540즈워티(약 162,000원) * 한 끼에 약 10,000~15,000원 정도
쇼핑	개인에 따라 다름
총 금액	약 1,369,600원+@

❸ 폴란드 13박 14일 실제 여행비용(2015년 5월 기준)

도시	사용일	구분	사용내역	현지금액	원화환산
바르샤바	5/17	교통	빌니우스-바르샤바 버스(Simple Express)	73.18 zł	₩ 21,954
바르샤바	5/17	교통	버스터미널-호스텔 택시	26.00 zł	₩ 7,800
바르샤바	5/17	숙박	Warsaw Downtown Hostel 4박	188.00 zł	₩ 56,400
바르샤바	5/18	음식	올드타운 핫도그	5.50 zł	₩ 1,650
바르샤바	5/18	음식	저녁(타이요리)	39.00 zł	₩ 11,700
바르샤바	5/18	음식	물	2.75 zł	₩ 825
바르샤바	5/20	음식	점심(파스타, 브루게스타) 2인	76.60 zł	₩ 22,980
바르샤바	5/20	음식	슈퍼마켓(물, 맥주, 음료수, 칩)	10.26 zł	₩ 3,078
바르샤바	5/21	교통	메트로 1회권	4.40 zł	₩ 1,320
바르샤바	5/21	교통	바르샤바-포즈난 버스(폴스키버스)	22.30 zł	₩ 6,690
포즈난	5/21	숙박	Blooms Boutique Hostel 2박	56.00 zł	₩ 16,800
포즈난	5/21	음식	점심(폴란드 전통음식, 맥주)	45.00 zł	₩ 13,500
포즈난	5/21	음식	슈퍼마켓(물, 초콜릿)	3.39 zł	₩ 1,017
포즈난	5/22	음식	아침(프렌치브렉퍼스트, 차)	21.00 zł	₩ 6,300
포즈난	5/22	관광	꼬마기차	12.00 zł	₩ 3,600
포즈난	5/22	교통	트램 1회권	3.00 zł	₩ 900
포즈난	5/22	음식	체리 1kg	30.00 zł	₩ 9,000
포즈난	5/22	음식	맥주축제(맥주, 안주 등)	54.00 zł	₩ 16,200
포즈난	5/23	음식	아침(샌드위치, 커피)	12.80 zł	₩ 3,840
포즈난	5/23	교통	포즈난-브로츠와프 버스(폴스키버스)	26.00 zł	₩ 7,800
브로츠와프	5/23	숙박	Hostel Kombinat 2박	95.00 zł	₩ 28,500
브로츠와프	5/23	음식	점심(KFC 햄버거 세트)	17.95 zł	₩ 5,385
브로츠와프	5/23	음식	슈퍼마켓(물, 초콜릿)	6.57 zł	₩ 1,971
브로츠와프	5/24	음식	길거리 간식	3.00 zł	₩ 900
브로츠와프	5/24	음식	점심(치킨, 맥주)	49.00 zł	₩ 14,700
브로츠와프	5/24	음식	저녁(라면, 맥주, 칩)	7.51 zł	₩ 2,253
포즈난	5/25	교통	브로츠와프-크라쿠프 버스(폴스키버스)	29.00 zł	₩ 8,700
크라쿠프	5/25	숙박	One World Hostel 5박	280.00 zł	₩ 84,000
크라쿠프	5/25	음식	저녁(전통음식, 맥주)	55.00 zł	₩ 16,500

크라쿠프	5/26	음식	점심(빵)	2.60 zł	₩	780
크라쿠프	5/26	교통	크라쿠프-아우슈비츠 왕복 버스	24.00 zł	₩	7,200
크라쿠프	5/26	기타	아우슈비츠 가이드북	13.00 zł	₩	3,900
크라쿠프	5/26	기타	화장실	1.00 zł	₩	300
크라쿠프	5/27	교통	크라쿠프-비엘리츠카 왕복 버스	7.60 zł	₩	2,280
크라쿠프	5/27	관광	비엘리츠카 소금광산 입장료+포토퍼미션	89.00 zł	₩	26,700
크라쿠프	5/27	쇼핑	비엘리츠카 바스솔트 6개	37.00 zł	₩	11,100
크라쿠프	5/27	음식	점심(빵)	1.40 zł	₩	420
크라쿠프	5/28	음식	점심(슈니첼, 맥주, 커피)	43.00 zł	₩	12,900
크라쿠프	5/28	음식	슈퍼마켓(요거트, 블루베리, 포테이토퓌레)	9.43 zł	₩	2,829
크라쿠프	5/29	관광	바벨성 State Room	18.00 zł	₩	5,400
크라쿠프	5/29	음식	점심(스테이크, 샐러드 세트, 맥주)	52.00 zł	₩	15,600
크라쿠프	5/29	쇼핑	수영복	69.90 zł	₩	20,970
크라쿠프	5/29	쇼핑	청반바지	59.90 zł	₩	17,970
크라쿠프	5/29	음식	스타벅스 아이스라떼	10.95 zł	₩	3,285
크라쿠프	5/29	음식	스시	17.00 zł	₩	5,100
크라쿠프	5/30	교통	크라쿠프-빈 버스(에코라인)	220.37 zł	₩	66,111

동유럽에 반하다

Poland #1
바르샤바
WARSZAWA

폴란드의 수도인 바르샤바는 사연이 많은 도시이다. 외세의 침략이 잦았고 봉기도 많이 일어났다. 특히 2차 세계대전을 겪으면서 도시는 완전히 폐허가 되었고 이후 바르샤바 시민들은 철저한 고증을 통해 바르샤바를 이전의 아름다운 도시로 재건해냈다. 현재는 폴란드의 문화, 경제의 중심지로 역할을 하고 있다.

올드타운 마켓광장

바르샤바로 가는 길

발트 3국 여행을 마치고 폴란드로 향하는 길. 나는 심플익스프레스 (Simple Express) 버스를 타고 이동하기로 했다. 오후 2시 45분에 빌뉴스를 출발해서 바르샤바에 거의 밤 10시쯤 도착하는 일정이니, 도착하면 숙소까지 택시를 타야 할 것 같아서 빌뉴스 버스터미널에서 환전을 했다. 아직 유로를 쓰지 않는 폴란드, 헝가리, 크로아티아도 유로를 쓰면 여행이 조금 더 편해질 텐데.

짐칸에 짐을 싣고 버스에 올라선다. 역시나 최고급 시설로 나를 실망시키지 않는 발트 3국의 버스. 유럽이나 북미 등 여러 곳에서 버스를 이용해봤지만, 발트 3국과 터키의 버스 시설이 최고가 아닌가 하는 생각이 든다. 깔끔한 좌석은 물론 화장실도 딸려 있고, 좌석마다 개인 모니터 및 콘센트가 있으며 와이파이도 팡팡 잘 터지니 말이다. 일부 구간에 한하지만, 뒷문 쪽 커피 자판기에서 무제한으로 커피를 뽑아 마실 수 있는 버스도 있다.

한참을 달리고 달려 드디어 바르샤바 센트럴에 도착했다. 버스는 바르샤바의 서부역(Dworzec PKS Warszawa Zachodnia)까지 가는 거였는데 센트럴에서도 한번 세워준다. 간단하고 명료한 기사님의 외침. "바르샤바 센트럴! 스탑 텐 미닛!" 짐을 찾고 바로 옆에 서 있던 택시에 오른다. 합법적 택시인지 아닌지, 목적지까지 얼마나 나오는지 묻지도 않고 승차해버린 나. 무식하면 용감한 게 아니고 피곤하면 용감해진다. 장시간 버스에 앉아 있었더니 허리도 아프고 머릿속에는 오직 '빨리 숙소에 가서 자고 싶다.'라는 생각뿐이었다. 아니나 다를까 숙소까지는 약 2.6km 정도였는데, 요금은 33.50

즈워티가 나왔다. 대기시간, 짐 들어준 값, 야간 할증까지 다 합해봐도 이건 좀 너무 많이 나온 게 아닌가 싶다. 울며 겨자 먹기로 20즈워티 짜리를 두 장 내밀었는데, 택시기사가 거슬러줄 잔돈이 없다며 내게서 20즈워티 짜리 한 장과 동전으로 6즈워티를 받아간다. 날강도 당하는 와중에 본의 아니게 할인을 받았으니, 이걸 불행 중 다행이라 해야 할지!

바르샤바 숙소

바르샤바에서 나의 4박을 책임져 줄 호스텔은 바르샤바 다운타운 호스텔. 중앙역이나 메트로 역까지는 그렇게 멀지 않았으나, 올드타운이나 와지엔키 공원은 걸어 다니기에 조금 힘들다. 숙소는 지하에 리셉션 및 공용공간과 부엌 등이 있고, 1층과 2층에는 도미토리 객실이 있다. 공용공간과 식사공간을 어찌나 아기자기하게 꾸며놨던지 눈이 즐거울 뿐만 아니라 마음까지 편해진다. 공용공간에서는 다양한 이벤트도 열리는데, 나는 늘 SNS 관

리 등으로 바빠 이벤트에 참여하지 못했다. 지금 생각해보면 내가 너무 온라인 세계에 빠져 오프라인에서만 즐길 수 있는 여행의 즐거움을 놓쳐버린 것이 아닌가 싶기도 하다. 내가 머문 4인 여성 도미토리 방은 꽤나 좁았지만, 장기 여행으로 호스텔 생활에 익숙해진 나에게는 큰 문제가 되지 않았다. 게다가 화장실과 샤워실도 딸려 있어 편했다. 식빵과 각종 소스, 치즈와 햄, 토마토와 오이, 시리얼과 과일, 차와 커피가 제공되는 조식도 나에게는 진수성찬으로 느껴졌다.

Warsaw Downtown Hostel
Add. Wilcza 33, 00-544 Warsaw **Tel.** +48 22 629 3576 **Price.** 4인 여성 도미토리 약 47즈워티

문화과학궁전 Pałac Kultury i Nauki / Palace of Culture and Science

바르샤바에 도착한 날, 택시를 타고 이동하는 중 창문 너머로 내 눈길을 사로잡은 건물이 있다. 형형색색의 조명으로 반짝반짝 빛나던 문화과학궁전. 마치 3단 케이크처럼 생긴 이 건물은 1950년대에 구소련에 의해 지어진 건물로, 스탈린이 러시아에는 물론이고 동유럽과 중앙유럽 국가들에 세우고 싶어했고, 실제로 세웠던 건물이다. 모스크바 국립대학교와 리가의 과학아카데미, 그리고 바르샤바의 문화과학궁전까지. 지금까지 봐온 스탈린 식 건물들이 떠오른다. 사회주의 시대를 대표하는 건축물이고 구소련의 영향을 받았던 것을 증명하는 건축물이라 바르샤바 시민들에게는 사랑받지 못하지만, 일개 여행자가 보기에는 스타일이나 스케일 면에서 흥미롭다. 내부에는 박물관, 영화관, 극장, 전망대, 레스토랑과 카페, 쇼핑몰 등이 있으니 시간 여유가 된다면 둘러봐도 좋다.

Add. Plac Defilad 1, 00-901 Warszawa **Tel.** +48 22 656 7600 **Web.** pkin.pl
Fee. 전망대 성인 20즈워티, 학생/어린이/10명 이상 그룹 15즈워티, 바르샤바 티켓 소지자 17즈워

1. 문화과학궁전 2, 3. 노비 쉬비아트 4. 코페르니쿠스 동상

티, 야간 22즈워티 **Time.** 전망대 매일 10:00~20:00, 5월 1일~9월 30일(30층 전망대) 일~목요일 10:00~20:00, 금~토요일 20:00~23:30

신세계 거리 노비 쉬비아트 Ulica Nowy Świat / Nowy Świat Street

바르샤바대학교, 대통령궁, 쇼팽의 심장이 묻힌 성십자가교회까지 주요 건물들이 모여 있는 거리, 파스텔톤의 귀여운 건물들이 길 양쪽으로 쪼르르 서 있는 거리, 다양한 음식점과 카페들이 있어 나를 환호하게 만든 거리. 그 거리가 바로 신세계 거리인 노비 쉬비아트이다. 중앙역에서 동쪽으로 1.3km 정도 가면 대로 한가운데 엉뚱하게도 키가 큰 야자수 나무가 서 있는데, 그곳에서부터 노비 쉬비아트가 시작된다. 그리고 노비 쉬비아트를 따라 북쪽으로 올라가다 보면 로얄 캐슬과 올드타운 마켓 플레이스에 다다른다. 한 마디로 바르샤바 관광의 핵심이 되는 곳이다. 야자수는 진짜 야자수가 아니라 폴란드 현대미술가인 요안나 라이코프스카(Joanna Rajkowska)의 설치 작품이다. 예상치 못한 곳에 예상치 못한 것을 놓아두니 신기해서 자꾸만 눈길이 간다.

Add. Nowy Świat 15, Warszawa

코페르니쿠스 동상 Pomnik Mikotaja Kopernika / Nicolaus Copernicus Monument

지금은 과학 아카데미로 사용되고 있는 스타스지크 궁전(Pałac Staszica/ Staszic Palace) 앞에 코페르니쿠스 동상이 있다. 1473년 폴란드에서 태어난 코페르니쿠스는 크라쿠프와 비엔나의 대학교에서 공부했으며, 지구가 태양의 주위를 돌고 있다는 지동설을 주장한 천문학자이다. 쇼팽, 퀴리부인과 함께 폴란드를 대표하는 인물이어서 그런지 바르샤바에서도 크라쿠프에서도 그의 동상을 찾아볼 수 있다.

Add. Nowy Świat 72, Warszawa

성십자가교회 Bazylika Świętego Krzyża / Holy Cross Church

코페르니쿠스 동상을 지나쳐 조금만 더 북쪽으로 올라가면 왼쪽에는 성십자가교회가, 오른쪽에는 바르샤바대학교가 나온다. 교회 앞에는 커다란 십자가를 메고 손가락은 하늘을 가리키고 있는 예수의 조각상이 있다. 조각상 아래에는 SVRSVM CORDA라는 글귀가 적혀 있는데, 이는 SURSUM CORDA로 '마음을 드높이'라는 뜻이다. 미사에서 사제가 이 문구를 외치면 교우들은 '주님께 올립니다.'라고 대답한다. 성십자가교회 역시 2차 세계대전 이후 폐허가 된 것을 다시 지은 것인데, 이 교회가 특별한 이유는 바로 '쇼팽의 심장'이 있는 곳이기 때문이다. 폴란드가 낳은 세계적인 작곡가이자 피아니스트인 쇼팽(Frédéric François Chopin/Fryderyk Franciszek Chopin)은 1810년 바르샤바 근교에서 태어났고, 1830년 그가 유럽 연주여행 중일 때 바르샤바에서는 혁명이 일어난다. 그는 바르샤바로 돌아오려 했으나 러시아에 의해 입국을 저지당하고, 이후 파리에서 생활하며 조국으로 돌아올 시도를 했으나 죽을 때까지 조국으로 돌아오지는 못한다. 죽기 전 누나에게 심장만이라도 폴란드에 묻히고 싶다고 말해서 그의 육체는 파리에 묻혔지만, 심장은 누나에 의해 폴란드로 돌아와 성십자가교회에 묻히게 된다. 일각에서는 성십자가교회가 보관하고 있는 쇼팽의 심장이 진짜가 아닐 수도 있다는 의혹을 제기하기도 했다. 나치가 폴란드를 점령했을 때 심장이 나치의 손에 들어갔고, 나중에 돌려받긴 했지만 그게 진짜인지 아닌지는 확실하지 않다는 것이다. 진실은 알고 있는 사람만이 알고 있겠지. 돌아오고 싶었으나 평생 돌아오지 못한 조국, 그는 얼마나 폴란드가 그립고 또 그리웠을까.

Add. Krakowskie Przedmieście 3, 00-047 Warszawa **Tel.** +48 22 826 8910 **Web.** swkrzyz.pl **Time.** 매일 6:00~20:00

바르샤바대학교 Uniwersytet Warszawski / University of Warsaw

1816년에 세워진 바르샤바대학교는 폴란드에서 가장 큰 대학교다. 자유의 시대 때에는 급성장했지만 러시아에 점령당했을 때는 소위 '러시아화'를 위해 러시아어로 수업이 진행되기도 했고, 독일에 점령당했을 때는 아예 학교가 폐쇄되기도 했다. 제2차 세계대전 중에는 독일의 눈을 피해 일명 '비밀 바르샤바대학교'가 성행했다. 개인의 집 등에 소규모로 모여 학업을 계속한 것인데, 마음 졸여가며 열심히 공부했을 학생들이며, 어려운 상황에서도 학생들을 가르치려 했던 의지의 교수들을 생각하니 마음이 참 짠하다.

Add. Krakowskie Przedmieście 26/28, 00-927 Warszawa　**Tel.** +48 22 552 0000
Web. uw.edu.pl

대통령궁 Pałac Prezydencki / Presidential Palace

번화가 한 가운데 자리를 잡고 있는 우리나라 청와대 격인 대통령궁. 음식점과 카페도 많고 대학도 있는 곳에 대통령궁이 있다니. 우리나라로 치자면 신촌 같은 곳에 청와대가 있는 것이다. 현재 대통령궁으로 쓰이고 있는 이 건물은 1643년에 지어져 몇몇 귀족 가문의 소유로 이어지다가 1818년부터 정부 건물로 쓰이기 시작했다. 건물 앞에는 칼을 들고 말에 올라탄 용

맹한 장군의 동상이 있는데, 그는 바로 폴란드 마지막 국왕의 조카인 유제프 안토니 포니아토프스키(Józef Antoni Poniatowski)이다. 폴란드가 러시아, 프로이센, 오스트리아에 침략당하고 분할당할 때 조국의 독립을 위해 최선을 다해 싸웠던 용감한 인물이다. 나폴레옹이 폴란드 내 프로이센 점령지를 해방시킨 이후 포니아토프스키는 총사령관이 되어 오스트리아가 차지했던 폴란드 남부도 해방시켰다. 나폴레옹에 대한 충성심이 깊었던 그는 나폴레옹의 러시아 원정과 라이프치히 전투에도 함께했지만, 안타깝게도 라이프치히 전투에서 퇴각하던 도중 전사했다. 왕족이었으므로 본인만 원했다면 러시아 등과 손잡고 편하게 지낼 수도 있었을 텐데 평생을 조국의 독립을 위해 싸웠다는 점에서 그는 정말 구국의 영웅이라고 불릴만하다.

Add. Krakowskie Przedmieście 48/50, 00-071 Warszawa **Tel.** +48 22 695 2900
Web. prezydent.pl

왕궁광장과 왕궁 Plac Zamkowy & Zamek Królewski w Warszawie / Castle Square & Royal Castle in Warsaw

넓은 왕궁광장에서 제일 먼저 눈에 들어오는 것은 높다란 기둥 위에 서 있는 지그문트 3세 바자(Zygmunt III Waza/Sigismund III Vasa) 왕의 동상. 한 손에는 십자가를, 다른 한 손에는 칼을 들고 갑옷을 입은 채 늠름하게 서 있다. 동상에서 표현된 성격 그대로 그는 호전적이면서도 욕심이 많은 왕이었다. 그의 아버지가 스웨덴의 왕이었고 어머니는 폴란드 왕비의 동생이었기 때문에, 그는 스웨덴과 폴란드의 국왕을 겸임할 수 있었다. 비록 얼마 지나지 않아 스웨덴 왕위를 박탈당하긴 했지만 말이다. 러시아 국왕의 자리가 탐났던 지그문트 3세는 모스크바를 점령하지만 결국 국왕의 자리에 앉지는 못했다. 그 외에도 주변 국가와 많은 전쟁을 했고 수도를 크라쿠프에서 바르샤바로 옮기는 등의 일을 했다.

광장의 한쪽을 지키고 서 있는 왕궁을 바라보니 러시아 모스크바의 붉은광

1. 왕궁 2. 시장 3. 싸이사탕

장과 크렘린의 성벽이 떠오른다. 지그문트 3세 바자 왕이 크라쿠프에서 바르샤바로 천도한 뒤 크게 개축되었다는 이 왕궁은 현재 여러 전시가 열리는 박물관, 미술관이자 때때로 콘서트가 열리는 장소로 역할을 하고 있다. 왕궁의 맞은편에서는 시장이 열리고 있다. 이런저런 먹거리며 꽃, 옷, 기념품 등 다양한 것들을 팔고 있는데, 제일 눈에 띈 것은 말춤을 추고 있는 '싸이' 사탕. 그의 영향력이 폴란드에까지 퍼졌다면 물론 기뻐해야 할 일이겠지만, 정작 당사자인 싸이는 자신을 쏙 빼닮은 사탕이 여기서 판매되고 있다는 걸 알기나 할까? 그 생각을 하니 갑자기 웃음이 나온다.

Warszawa

왕궁
Add. Plac Zamkowy 4, 00-277 Warszawa   **Tel.** +48 22 355 5170
Web. zamek-krolewski.pl
Time. 겨울 시즌(10월~4월) 화~토요일 10:00~16:00, 일요일 11:00~16:00, 월요일 휴무 여름 시즌(5월~9월) 월~수요일 10:00~18:00, 목요일 10:00~20:00, 금~토요일 10:00~18:00, 일요일 11:00~18:00 * 공휴일 등에는 오픈시간이 달라질 수 있으며, 매주 일요일은 무료입장
Fee. 캐슬투어 성인 23즈워티, 할인가 15즈워티, 가족티켓 14즈워티(인당), 16세 이하 1즈워티

바르샤바 올드타운 마켓광장 Rynek Starego Miasta / Old Town Market Place

폴란드의 네 도시를 여행하며 도시마다 내가 제일 사랑한 곳은 바로 올드타운의 마켓광장이다. 사면이 알록달록하고 고만고만한 귀여운 건물들로 둘러싸여 있는데, 각각의 건물들이 다들 비슷한 듯하면서도 다르다. 보통 유럽의 구시가지 광장 한가운데에는 시청사가 자리하기 마련인데, 어째 이

1. 올드타운 마켓광장 2, 3. 올드타운 4. 성 요한 주교좌 성당

곳에는 시청사 대신 칼과 방패를 든 인어공주상만이 자리하고 있다. 인어는 바르샤바를 대표하는 상징으로 바르샤바의 문장에도 칼과 방패를 든 인어가 있다. 이 도시의 이름이 어떻게 바르샤바가 되었는지, 그리고 인어가 그것과 무슨 관계가 있는지 관련된 전설은 참 많다. 너무나 다양해서 어느 것이 제일 그럴싸한 전설인지, 제일 흔히 알려진 전설인지도 모른다고 한다. 내가 제일 마음에 드는 전설을 꼽자면, 옛날 옛적 비스와 강가에 바르스와 사바라는 어부 부부가 살고 있었는데, 어느 날 우연히 인어를 잡게 되었고 애원하는 인어를 풀어주었다고 한다. 이후 그 부부는 부자가 되었고 도시가 번성해 그 부부의 이름을 따 '바르(스)+샤(사)바'가 되었다는 설이다.

햇볕도 따뜻하게 내리쬐고, 잠시 벤치에 앉아 올드타운의 풍경을 감상해보기로 한다. 전설의 인어공주는 수많은 관광객과 사진을 찍어주느라 한 시도 쉴 틈이 없다. 왕궁과 마켓광장 사이의 좁은 골목길에는 성 요한 주교좌 성당(Archikatedra św. Jana w Warszawie/St. John's Archcathedral in Warsaw)과 성 마틴 교회(Kościół św. Marcina/St. Martin's Church)가 있다. 특히 성 요한 주교좌 성당은 외관이 상당히 독특한데, 마치 지붕 양옆에 계단을 달고 있는듯한 모습이다. 바르샤바에서 가장 오래되고 역대 폴란드 국왕들의 대관식이나 결혼식이 치러지기도 한 중요한 성당이다. 이 성당 뒤쪽으로 가보면 도보 위에 동으로 만들어진 종이 하나 있는데, 이 종 주변을 세 번 돌면 좋은 일이 생긴다고 한다.

올드타운 마켓광장
Add. Rynek Starego Miasta 15, Warszawa

와지엔키 공원 Łazienki Królewskie / Łazienki Park

뉴욕에 센트럴파크가 있다면, 바르샤바에는 와지엔키 공원이 있다. '와지엔키'는 '목욕탕'이라는 뜻으로 과거 이곳의 소유주가 이곳에 호화로운 목욕탕 시설을 지어서 와지엔키란 이름이 붙었다고 한다. 후에 폴란드의 마지막 국왕 포니아토프스키가 이 공원을 사들여 목욕탕 시설이 있던 곳에 자신의 여름 궁전을 지었다. 여름 궁전은 '와지엔키 궁전', '물 위의 궁전', '섬 위의 궁전' 등으로 불리며, 지금도 공원 내에서 제일 인기가 많은 장소이다. 포니아토프스키는 중국에도 관심이 많아 공원 내에 중국정원도 따로 만들었다. 이 먼 유럽 땅에서 동양의 정취를 풍기는 중국정원을 보니 신기하다. 사실 인공적으로 꾸며놓은 건물이나 정원보다 이곳의 푸르름이 마음에 든다. 도시 한가운데 있는 곳이라고는 믿기지 않는 곳. 각종 새들이 지저귀고, 청설모가 뛰어다니며 견과류를 찾아 먹는 곳. 바쁘게 돌아가는 일상 속에서 마음의 여유를 찾고 심호흡을 할 수 있는 그런 곳이다.

Add. Ujazdów, 01-999 Warszawa **Web.** www.lazienki-krolewskie.pl/en?langset=true
Time. 24시간

여름궁전

바르샤바에서 먹는 태국음식과 파스타

동유럽 여행 중에는 되도록 현지의 전통 음식을 먹으려고 노력했는데 이상하게도 바르샤바에서는 그러지 못했다. 번화가에 너무 많은 선택권이 있어서인지 한 번은 태국음식을, 다른 한 번은 파스타를 주메뉴로 선택했다. 베를린에서 잠시 거주할 때 프리드리히 거리 근처에 있는 태국음식점에서 그린커리를 먹고 그 맛에 반해 그때 이후로 종종 그린커리가 먹고 싶은데, 이날이 바로 그날이었다. '오리지널 타이 레스토랑', '타이 하우스'라고 적혀 있길래 주저 없이 들어갔는데 태국 사람은 한 명도 보이지 않고 잘생기고 예쁜 폴란드 직원들이 반겨준다. 내부도 태국 레스토랑보다는 모던 바에 가까운 느낌이다. 그래도 메뉴에 그린커리 소스를 이용한 치킨 요리가 있길래 그걸 먹어보기로 한다. 맥주를 음미하고 있으니 곧 음식이 나온다. 그린커리 소스에 각종 야채와 치킨을 볶은 음식. 걱정을 싹 물리쳐주는 맛이다. 얼마 만에 먹어보는 매콤한 맛인지 마지막 한 점까지 순식간에 다 해치웠다.

Thai House
Add. Nowy Świat 34, 00-362 Warszawa
Price. 메인메뉴 약 30즈워티, 음료 약 11즈워티

폴란드 일부를 같이 여행하기로 한 일행이 도착한 날, 점심으로 뭘 먹을까 고민하다가 제일 무난한 파스타, 피자의 친척 브루스게타를 먹기로 한다. 카페인 듯 바인 듯 레스토랑인 듯 알쏭달쏭한 Cava라는 곳. 서버들의 유니폼이 심상치 않다. 다들 한 몸매, 한 얼굴 하는데, 유니폼마저 짧고 타이트

한 블랙 미니스커트다. 여자인 내가 봐도 자꾸 눈이 간다. 큼지막한 새우와 다량의 마늘이 들어가 있어 내 입맛에 딱인 알리오 올리오. 거기에 로컬맥주까지 곁들여 오늘도 맛있는 점심식사를 한다.

Kawiarnia Cava
Add. Nowy Świat 30, Warszawa
Tel. +48 22 826 6427
Web. cava.pl
Time. 9:00~24:00(주말은 10:00부터)

바르샤바 교통 정보

바르샤바로 가는 방법

비행기 시내 북쪽과 남쪽에 국제공항이 있어 유럽의 여러 도시에서 항공편을 이용하여 바르샤바로 갈 수 있다. 대부분의 항공사는 시내 남쪽의 Warsaw Frederic Chopin 공항에서 이착륙하며, 일부 저가항공사가 시내 북쪽의 Warsaw Modlin 공항에서 이착륙한다.
- Warsaw Frederic Chopin : www.warsaw-airport.com
- Warsaw Modlin : http://en.modlinairport.pl

버스 근처 국외/국내 도시들에서 버스를 이용해 바르샤바로 갈 수 있다. 바르샤바 내에 버스터미널이 4개 있으니 어느 터미널에서 출발하고 어느 터미널로 도착하는지 잘 확인해야 한다.
  ▷ 그단스크 → 바르샤바(5시간), 포즈난 → 바르샤바(5시간 30분), 브로츠와프 → 바르샤바(5시간 30분), 크라쿠프 → 바르샤바(5시간), 베를린 → 바르샤바(5시간 30분), 민스크 → 바르샤바(10시간), 빌뉴스 → 바르샤바(6시간)
- 폴스키 버스 : www.polskibus.com
- 유로라인 버스 : www.eurolines.com
- 에코라인 버스 : www.ecolines.net
- LUX/Simple 익스프레스 버스 : www.luxexpress.eu

기차 버스와 마찬가지로 주변의 국외/국내 도시들에서 기차를 이용해 바르샤바로 갈 수 있다. 기차역 역시 바르샤바 내에 3개가 있으니 어느 기차역에서 출발하고 어느 기차역으로 도착하는지 잘 확인하자.
  ▷ 그단스크 → 바르샤바(3시간), 포즈난 → 바르샤바(2시간 30분), 브로츠와프 → 바르샤바(3시간 30분), 크라쿠프 → 바르샤바(2~3시간), 베를린 → 바르샤바(6시간), 민스크 → 바르샤바(8시간)
- 폴란드 기차 검색 : http://intercity.pl
- 폴란드 지역 기차 검색 : http://przewozyregionalne.pl

바르샤바 중심지로 가는 방법

공항에서   Warsaw Frederic Chopin 공항은 시내 중심지로부터 남서쪽으로 약 10km 정도 떨어져 있다. 택시를 타면 시내까지 약 15~20분 정도 소요되며, 요금은 약 40즈워티이다. 안전을 위해 정식으로 등록된, 미터기 요금이 정확히 표시되는 택시를 이용하는 것이 좋다. 공항 터미널에 바로 연결된 기차역에서 기차를 이용할 수도 있다. Szybka Kolej Miejska(SKM)에서 공항 ↔ 시티 간 S2, S3라인을 운영하며, Koleje Mazowieckie(KML)에서도 공항 ↔ 시티 간 라인을 운영한다. 기차로 이동 시 시내 중심부까지는 약 20~25분 소요된다. SKM 라인을 이용할 경우, 1존에서 사용 가능한 대중교통 1회권을 구입하면 되고, KML 라인을 이용할 경우, 전용 티켓을 따로 구입해야 한다. 대중교통 티켓은 터미널 내 자동판매기, ZTM 카운터 등에서 구입할 수 있다. 티켓 가격은 4.40즈워티 정도이다. 공항 터미널 앞쪽에 있는 버스정류장에서 175번과 188번 버스에 오르면 시티센터로 이동할 수 있고, 밤 늦게 도착할 경우 N32번 버스를 이용하면 된다. 티켓 가격은 4.40즈워티이다.

- 공항 → 시내 기차(Szybka Kolej Miejska) : www.ztm.waw.pl
- 공항 → 시내 기차(Koleje Mazowieckie) : www.mazowieckie.com.pl

Warsaw Modlin 공항에 내릴 경우 셔틀버스를 타고 기차역으로 이동하여 KML 기차를 타고 시내 중심지까지 이동하거나(셔틀+기차 17즈워티), 직행버스를 타고 시내 중심지까지 이동할 수 있다. 직행버스는 현지에서 구입하면 33즈워티이나 온라인으로 미리 구입하면 9즈워티이다.

- Modlin 버스 : modlinbus.pl

기차역에서   바르샤바 내에는 동쪽, 중앙, 서쪽에 각각 하나씩 3개의 기차역이 있다. 동부 역은 Dworzec Wschodni(Warszawa Wschodnia), 중앙역은 Dworzec Centralny(Warszawa Centralna), 서부역은 Dworzec Zachodni(Warszawa Zachodnia)이다. 숙소의 위치에 따라 다르겠지만, 보통 중앙역이 시내 중심부에서 제일 가깝다. 중앙역에서 내렸다면

바르샤바 교통 정보

숙소 위치에 따라 도보나 대중교통으로 이동하면 된다.
- 바르샤바 시내교통 : www.ztm.waw.pl

버스터미널에서

바르샤바 내에는 도시를 중심으로 동서남북에 4개의 버스터미널이 있다. 서쪽의 Dworzec PKS Warszawa Zachodnia 버스터미널로 대부분의 국제선 버스가 도착한다. 버스가 북쪽이나 동쪽에서 올 경우 문화과학궁전이 있는 Dworzec Centralny(Warszawa Centralna)에서 한번 세워주기도 하니 참고하자. Dworzec PKS Warszawa Zachodnia에서 내렸을 경우 버스 127번, 130번, 517번, 기차 S2 라인 등을 이용해 시내 중심지로 이동할 수 있다. 동쪽의 Dworzec PKS Warszawa Wschodnia 버스터미널로는 동쪽으로 향하는 국내선 버스가 출발·도착한다. 남쪽의 Dworzec Autobusowy Metro Wilanowska 버스터미널과 북쪽의 Dworzec Autobusowy Metro Młociny 버스터미널로는 몇몇 폴스키버스가 출발·도착하며, 전철을 이용하여 쉽게 시내 중심지로 이동할 수 있다.

바르샤바의 대중교통

**메트로
트램
버스
광역 급행열차**

바르샤바 시내와 교외 지역은 버스, 트램, 메트로, 광역 급행열차 등으로 촘촘하게 연결되어 있다. 메트로는 남북, 동서로 뻗어 있는데, 남쪽이나 북쪽에 있는 버스터미널에 갈 때 유용하다. 버스는 낮에도 운행되지만 밤 버스도 따로 운행되기 때문에 어딜 가든 편하게 이용할 수 있다. 트램은 시내 가까운 곳을 이동할 때, 광역 급행열차는 공항이나 교외 등 먼 곳을 빨리 가고 싶을 때 유용하다. 대중교통 티켓은 모두 ZTM(Zarząd Transportu Miejskiego)이라고 하는 바르샤바 대중교통국에서 발행하고 관리한다. 티켓은 신문가판대, 자동판매기, ZTM 사인이 붙은 상점 등에서 구입할 수 있으며, 트램이나 버스는 기사에게 직접 1회권을 구매할 수도 있다.

❶ 타임 티켓(Time Ticket)
티켓이 활성화된 이후 1, 2존에서 20분간 자유롭게 대중교통을 이용할 수 있다. 대중교통에 오르자마자 펀칭을 해야 하고, 메트로의 경우 메트로에 타기 전에 펀칭을 해서 티켓 활성화를 시켜야 한다. 가격은 3.40즈워티이다.

❷ 1회권(Single-fare transfer Ticket)
티켓이 활성화된 이후 1존에서 75분간 자유롭게 대중교통을 이용할 수 있다. 타임티켓과 마찬가지로 이용할 때 펀칭을 해야 한다. 가격은 4.40즈워티. 같은 1회권이지만 1, 2존에서 90분간 유효한 티켓은 7즈워티이다.

❸ 24시간권(One-day Ticket)
24시간 동안 자유롭게 대중교통을 이용할 수 있다. 1존에서 사용 가능한 티켓은 15즈워티. 1존과 2존 모두에서 사용 가능한 티켓은 26즈워티이다.

❹ 주말 티켓(Weekend Ticket)
금요일 저녁 7시부터 월요일 아침 8시까지, 1존과 2존 내에서 무제한으로 사용 가능하다. 가격은 24즈워티이다.

❺ 그룹 주말 티켓(Group Weekend Ticket)
기본적으로 주말 티켓과 같지만 한 장의 티켓으로 최대 5명까지 사용할 수 있다는 것이 특징이다. 가격은 40즈워티이다.

택시
바르샤바 택시의 킬로미터 당 기본 요금은 3즈워티 정도이다. 하지만 밤이나 주말, 공휴일 같은 때는 택시기사가 기본 요금에 150%를 요구할 수 있고, 교외 지역으로 나가는 경우 기본 요금에 200%를 요구할 수 있다. 불법으로 택시를 운영하는 사람들이 바가지 요금을 씌울 수도 있으니 꼭 합법적으로 운영되는 택시를 타도록 하자. 합법적 택시의 기사들은 호객 행위를 하지 않으며, 지정된 장소에서 손님을 기다린다. 또한 앞문에 고유번호가 붙어 있다. 되도록 택시보다는 버

바르샤바 교통 정보

스, 지하철, 트램 등 대중교통을 이용하되, 택시를 꼭 이용해야 할 경우 타기 전에 목적지까지 대략 얼마 정도가 나올지 확인하고 타는 것이 좋다.

- ELE 택시   Tel. +48 22 811 11 11   Web. www.eletaxi.pl
- SUPER 택시 Tel. +48 22 196 22   Web. www.supertaxi.pl
- SAWA 택시   Tel. +48 22 644 44 44   Web. www.sawataxi.com.pl

폴스키 버스

바르샤바 메트로

바르샤바 추천일정

바르샤바 중심지에 숙소를 잡는다면 대부분의 관광지는 도보로 걸어 다닐 수 있다. 다만 남쪽의 빌라노프 궁전을 갈 때는 대중교통을 이용해야 한다. 번화가와 올드타운, 와지엔키 공원과 빌라노프 궁전 중심으로 둘러볼 것을 추천하고, 역사에 관심이 많다면 바르샤바 봉기 박물관 등을 방문하는 것도 좋다.

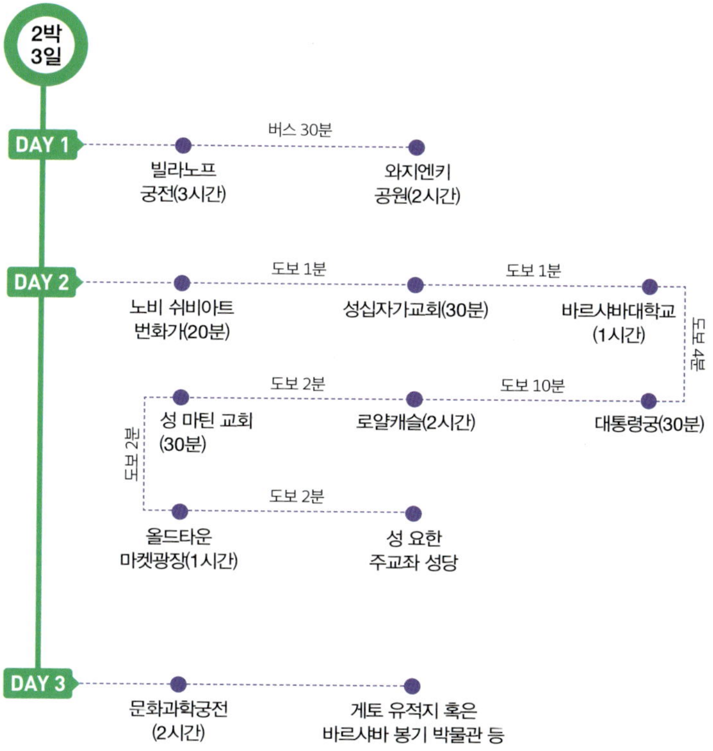

2박 3일

DAY 1
- 빌라노프 궁전(3시간) — 버스 30분 — 와지엔키 공원(2시간)

DAY 2
- 노비 쉬비아트 번화가(20분) — 도보 1분 — 성십자가교회(30분) — 도보 1분 — 바르샤바대학교(1시간) — 도보 4분 — 대통령궁(30분) — 도보 10분 — 로얄캐슬(2시간) — 도보 2분 — 성 마틴 교회(30분) — 도보 2분 — 올드타운 마켓광장(1시간) — 도보 2분 — 성 요한 주교좌 성당

DAY 3
- 문화과학궁전(2시간) — 게토 유적지 혹은 바르샤바 봉기 박물관 등

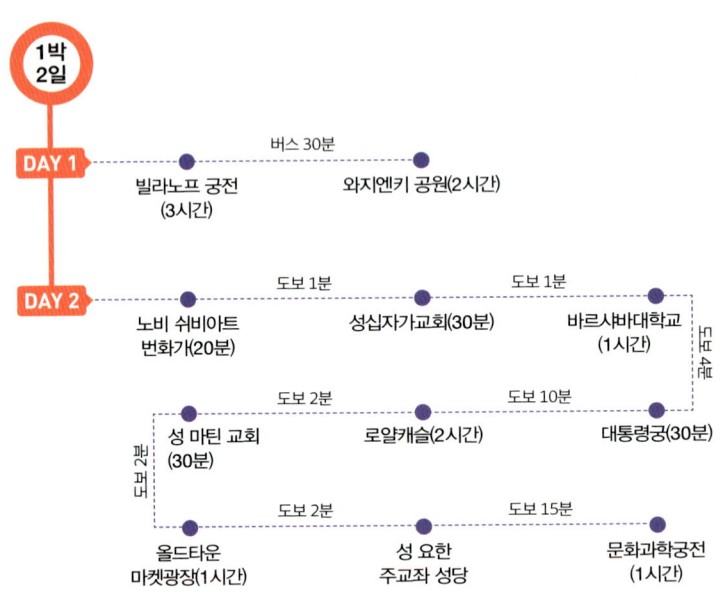

× 이것만은 꼭! 바르샤바의 BEST 3 ×

BEST 1. 세계문화유산으로 지정된 올드타운 둘러보기
BEST 2. 바르샤바 대표 공원, 와지엔키 공원 산책하기
BEST 3. 바르샤바 봉기 박물관 등 역사적 장소 둘러보기

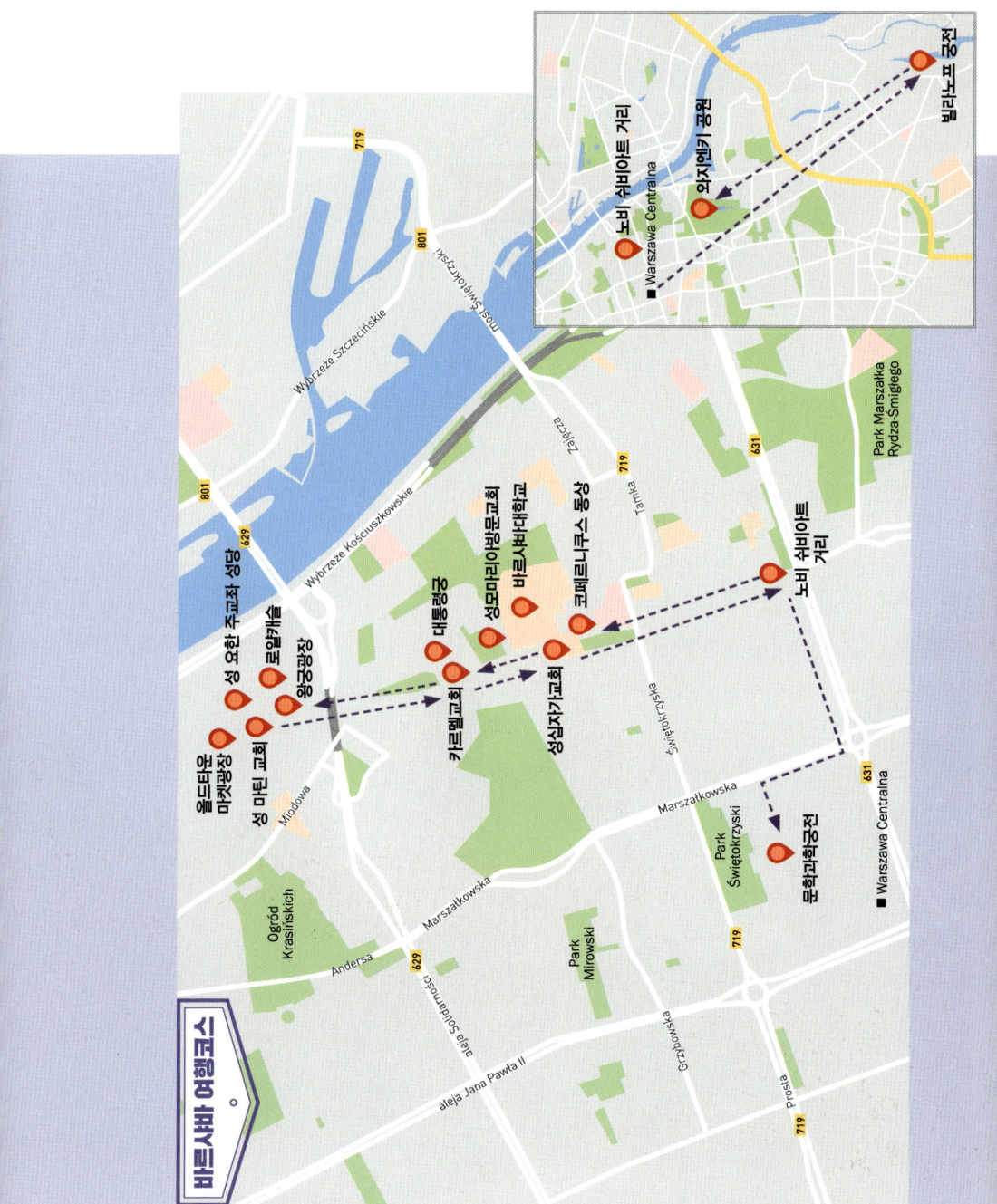

폴란드의 역사가 시작된 곳, 포즈난. 이곳에서 폴란드 최초의 국가인 피아스트 왕가가 생겨났고 폴란드 최초의 대성당도 세워졌다. 폴란드의 신/구 수도인 바르샤바와 크라쿠프에 비하면 그냥 작은 도시 같지만 역사적으로 봤을 때 큰 의미를 가진 곳이 바로 포즈난이다.

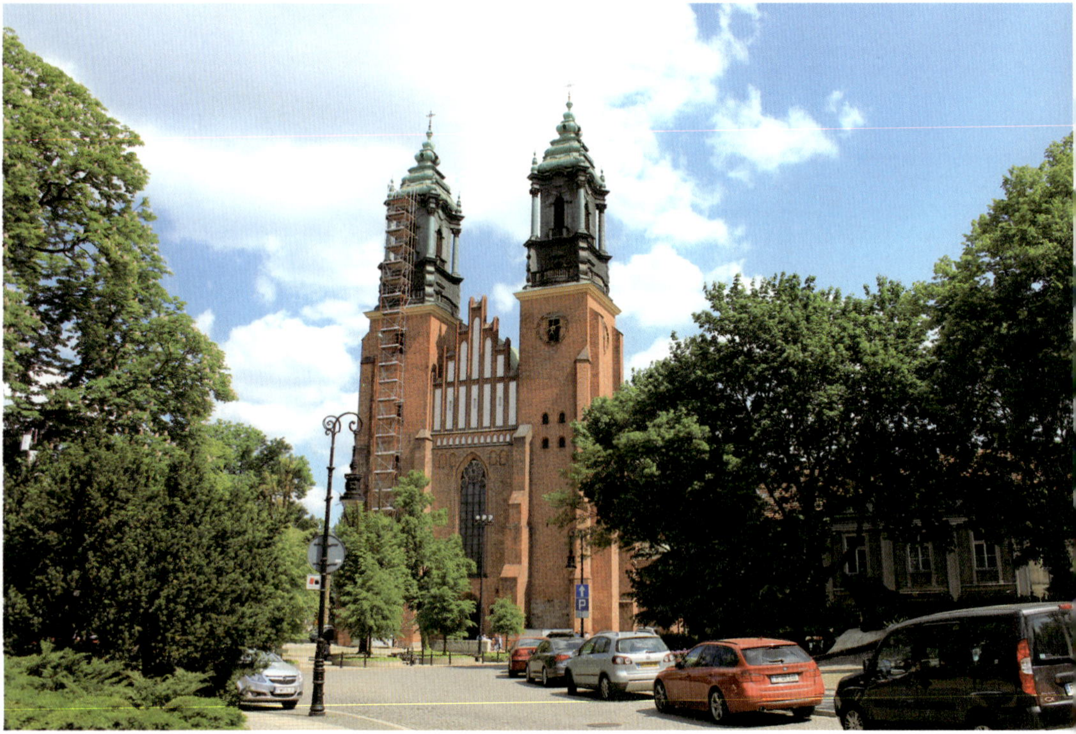

포즈난 대성당

포즈난 숙소, 엘리베이터의 소중함

포즈난에서의 2박은 버스터미널과 올드타운 구 마켓광장의 중간쯤에 위치한 Blooms Boutique Hostel Inn & Apartments에서 하기로 했다. 가격은 참 저렴했지만 시설은 조금 실망이었다. 리셉션이 3층, 배정받은 객실이 4층인데 엘리베이터 없이 계단뿐이라 무거운 짐을 들고 올라가기가 힘들었고, 특히 4층 객실에서는 와이파이가 거의 잡히지 않았다. 그래서 저녁마다 노트북을 들고 3층 공용공간에 내려갔다. 공용공간에 무료로 마실 수 있는 차가 있는데, 종류가 다양해서 골라 마시는 재미가 있다. 하루 저녁에 2잔은 기본으로 마셨다. 그 외에 8인실을 예약했는데 방이 없었는지 같은 가격에 3인실로 업그레이드해준 점은 좋았다.

Blooms Boutique Hostel Inn & Apartments
Add. Kwiatowa 2, 61-881 Poznań   Tel. +48 61 221 4448   Price. 8인 도미토리 약 30즈워티

포즈난, 폴란드의 시작점이 된 곳

바르샤바나 크라쿠프에 비하면 그저 작고 귀여운 도시 같은 느낌을 주는 포즈난이지만 역사적으로 봤을 때 그 중요성은 다른 도시에 뒤지지 않는다. 포즈난은 폴란드가 생겨난 발상지와 같다고 할 수 있는데, 이곳에서 동

쪽으로 약 50km 정도 떨어진 그니에즈노라는 곳에서 폴란드 최초의 국가인 피아스트 왕가(Dynatia Piastów/Piast Dynasty)가 생겨났기 때문이다. 피아스트 왕가의 첫 왕은 미에슈코 1세(Mieszko I)로, 966년 가톨릭을 국교로 수용하여 주변 국가들이 종교를 이유로 쳐들어오지 못하도록 막았다. 폴란드는 960년부터 1370년까지 가장 오래 통치한 피아스트 왕가를 시작으로 1386년부터 1572년까지 통치한 야기에워 왕가 때 황금기를 맞이했다. 1573년부터 1795년까지는 선거로 왕을 뽑았는데, 이 시기의 후반기인 1772년, 1793년, 1795년에 러시아, 프로이센, 오스트리아 3국에 의해 영토가 분할되면서 암흑기가 시작되고, 1795년부터 123년간 폴란드는 지도상에서 사라지게 된다. 이후 나폴레옹의 도움으로 1807년 바르샤바 공국을 세웠으나 러시아와의 전쟁에서 패배하는 등 힘을 잃어 결국 바르샤바 공국 시대도 1815년 막을 내리게 된다. 이후 폴란드 독립을 위한 수차례의 봉기가 있었고, 제1차 세계대전(1914년~1918년)과 제2차 세계대전(1939년~1945년)을 겪으며 폐허가 되었으며, 전쟁 후에는 공산주의 국가가 되었다가 1980년대부터 민주화 운동이 일어 1989~1990년부터 본격적으로 민주주의 국가를 수립하였다. 주변 강대국들의 끊임없는 침략, 민족의 문화와 정신을 잃지 않기 위한 노력과 나라를 되찾기 위한 봉기, 그리고 독립 후 엄청난 성장까지, 우리나라 역사와 닮은 점이 많은 것 같아 더 특별하게 느껴지는 곳이 바로 폴란드다.

포즈난 올드타운 마켓광장 Stary Rynek / Old Market Square

포즈난에서도 어김없이 제일 먼저 찾은 곳은 바로 구 마켓광장. 바르샤바의 올드타운 마켓광장보다 더 아기자기하고 예쁜 느낌이다. 특히 세로로만 뾰족해서 다닥다닥 붙어 있는 건물들이 신기하고, 건물의 벽면 장식도 예

쁘고 색깔 역시 조화롭다. 포즈난의 구 마켓광장은 1253년에 처음 만들어졌고 1550년에 르네상스 스타일로 재건축되었다. 그러나 제2차 세계대전 이후 광장의 반 이상이 파괴되었고 지금 우리가 보고 있는 광장의 모습은 전후에 복원된 것이다.

광장 중심에는 구 시청사가 있는데, 현재는 시청으로 사용되지 않고 역사박물관으로 사용되고 있다. 이 건물에서 가장 인기가 많은 것은 매일 정오에만 모습을 드러내 열두 번 박치기를 하고 사라지는 염소 두 마리이다. 여기에는 전설이 하나 있다. 중요한 연회를 준비하던 요리사가 실수로 요리하던 사슴고기를 태워버려서 근처 목초지에서 염소 두 마리를 훔쳐 대체하

Poland

구 마켓광장

포즈난 역사박물관(구 시청사)

려 했으나, 이 염소들이 도망쳐 시청사 꼭대기에 올라가 서로 박치기를 함으로써 사람들의 이목을 끌었다는 것이다. 시간을 맞추지 못해 시청사에 등장하는 염소들은 보지 못했지만, 광장에서 견학 중인 아이들과 사진을 찍어주는 두 마리 염소는 만날 수 있었다.

현재 광장을 둘러싼 건물들은 레스토랑, 카페, 펍, 기념품점, 박물관 등으로 쓰이지만 예전에는 주택 및 다양한 물품을 팔던 상가로 쓰였다. 광장에는 총 다섯 개의 분수대가 있는데, 네 개는 그리스 신화에 나오는 아폴로, 넵튠, 마스 같은 신들의 조각이 있는 분수대이고, 나머지 하나는 물지게를 지고 있는 여인이 조각된 분수대이다. 1915년에 만들어진 이 분수대는 독일 밤베르크에서 이곳으로 이주해 온 사람들을 기념하기 위해 만들어졌는데, 밤베르크에서 이주해 온 사람들은 이곳에 워낙 잘 정착했을 뿐만 아니라 폴란드에 대한 애국심도 무척 강했다고 한다.

포즈난 역사박물관(구 시청사)
Add. Stary Rynek 1, Poznań   **Tel.** +48 61 856 8000   **Time.** 화~목요일 9:00~15:00, 금요일 12:00~21:00, 토~일요일 11:00~18:00   **Fee.** 성인 5.50즈워티, 토요일 무료입장

우연히 참여한 맥주축제

포즈난에서의 두 번째 날, 아침을 먹기 위해 구 마켓광장을 찾는다. 그런데 아침부터 광장 분위기가 심상치 않다. 알고 보니 이날부터 3일 동안 맥주축제가 열린다고 한다. 포즈난뿐만 아니라 포즈난 다음으로 방문한 브로츠와프에서도 이와 비슷한 축제를 만나게 되는데, 긴 겨울이 지나고 날이 따뜻해지는 시점인 5월 중순~말부터 이런 축제가 활발하게 열리는 것 같다. 오후가 되니 부스와 가판들이 하나둘 문을 열고 장사를 하기 시작한다. 체코에서 처음 먹고 그 맛에 반해버린 돌돌 말린 빵 키르토쉬칼라취

(Kürtőskalács)를 파는 가판, 각종 사탕과 젤리 등을 파는 가판, 터키식 디저트를 파는 가판, 그 외에 빵이나 와플을 파는 가판도 있다. 하지만 본능적으로 좀 더 끌리는 가판이 있었으니, 그것은 바로 소시지와 족발, 고기꼬치, 구운 감자, 피자 등을 파는 가판이다. 맛있는 안주에다 맥주 한잔을 해야겠다는 생각에 고기 꼬치 하나와 소시지를 하나 주문한다. 얼마냐고 물었더니 그람 수를 재어 54즈워티라고 한다. 폴란드 물가를 감안하자면 꽤나 비싼 가격이다. 자리를 잡고 맥주 한 모금에 소시지를 한입 베어 물었는데 너무 맛있다! 그래서인지 술도 술술 들어간다. 흑맥주부터 시작해 과일 향이 많이 나는 맥주, 구수한 맛이 많이 나는 맥주까지 몇 잔을 들이켰는지 모른다. 안주가 조금 비싼 반면 맥주는 비싸지 않아 한 잔에 6즈워티부터 10즈워티 정도 했다. 대낮부터 기분 좋게 알딸딸해진 이날. 우연히 만난 여행지에서의 축제가 여행을 조금 더 활기차고 흥겹게 만들어준다는 생각이 든다.

포즈난 대성당

Bazylika Archikatedralna św. Piotra i św. Pawła w Poznaniu / Archcathedral Basilica of St Peter and St. Paul

포즈난을 가로질러 흐르는 바르타 강 위에는 작은 섬이 하나 있고, 섬 위에는 폴란드에서 가장 오래된 대성당이 있다. 그래서인지 섬 이름도 오스트루프 툼스키(Ostrów Tumski/Cathedral Island)이다. 흔히 포즈난 대성당이라고 부르지만, 성 베드로바울 대주교구 성당이라는 또 다른 이름도 가지고 있다. 폴란드와 폴란드 가톨릭의 시초가 된 곳이기에 의미가 있고, 미에슈코 1세를 포함해 볼레스와프, 카지미에슈 등 8명의 왕이 묻혀 있는 곳이라 더욱 의미 있는 곳이다. 대성당 가까이로 다가가니 입구 쪽에 왠지 어디서 뵌 것 같은 분의 동상이 서 있다. 알고 보니 교황 요한 바오로 2세(Pope John Paul II)다. 1978년 교황으로 선출될 당시 이탈리아인이 아닌 교황은 455년 만에 처음이라 화제가 되었고, 2005년 선종하기 전까지 활발한 활동을 펼친 것으로 유명하다. 워낙 존경받고 사랑받는 인물이라 그런지 동상 주변에 사람들이 가져다 놓은 꽃들과 초들이 놓여 있다. 그때 막 미사가 끝났는지 성당에서 사람들이 우르르 빠져나오고, 나는 그들과 반대로 성당 내부로 들어가 본다. 내부는 웅장하고 경건한 느낌이 드는데, 특히 온통 금

빛으로 장식된 골든 채플이 인상적이다. 한쪽의 작은 예배당에서 한 아이가 무릎을 꿇고 간곡하게 기도하는 모습이 보인다. '무엇을 위해 저렇게 기도하고 있는 걸까?' 그 아이의 모습에서 진심이 느껴져 나도 모르게 '그 아이의 기도를 꼭 들어주셨으면...'하는 생각이 들었다.

Add. Ostrów Tumski 17, Poznań **Tel.** +48 61 852 9642 **Web.** katedra.archpoznan.pl

말타호수 꼬마기차

대성당에서 빠져나와 다리를 하나 더 건너 말타호수(Jezioro Maltańskie/ Lake Malta)가 있는 쪽으로 향한다. 말타호수는 근처 시비나 강(Cybina River)에 댐을 만듦으로써 생긴 인공호수인데, 시민들의 휴식처일 뿐만 아니라 조정, 카누 대회 등이 열리는 곳이기도 하다. 지도상으로 봤을 때 워낙 넓어서 다 돌아볼 수 있을지 걱정했지만, 다행히 호수 주변을 왔다 갔다 하는 꼬마기차가 있길래 타보기로 한다. 호수 입구 쪽에서 티켓을 구입하

고 꼬마기차에 오르면 종점까지는 약 15분 정도 소요되고 중간에 다른 두 정거장에도 정차한다. 종점에 동물원이 있어서 그런지 소풍 가는 아이들로 기차가 붐빈다. 비록 나무로 된 의자는 엉덩이가 아플 정도로 딱딱하고, 덜컹거리며 달리는 기차는 엄청난 소음을 내지만 그래도 낭만적이다. 시원한 바람이 창문을 통과해 불어오는 것도 좋고, 창밖으로 보이는 호수 풍경도 좋다. 종착역에 도착해 꼬마기차 사진을 찍고 있으니 기관사 할아버지가 이리 오라는 손짓과 함께 운전석에 타고 사진을 찍으라는 바디랭귀지를 선보이신다. 하지만 왠지 운전석에는 오르면 안 될 것 같아 근처에만 가서 사진을 찍는다.

Add. Rondo Śródka, Poznań **Tel.** +48 61 877 2612 **Web.** mpk.poznan.pl **Time.** Maltanka 역 첫차 10:00, 막차 18:30(주말 및 공휴일은 18:30), Zwierzyniec 역 첫차 10:30, 막차 19:00 **Fee.** 편도 6즈워티, 왕복 12즈워티

포즈난의 풍경들

말타호수에서 트램을 타고 구시가지로 돌아오는데 트램 정류장에 내리자마자 재래시장이 보인다. 자그레브의 돌라츠시장, 류블랴나의 중앙시장, 리가의 중앙시장만큼 매력적이지는 않지만, 신선한 과일과 야채들을 보니 그냥 지나칠 수가 없다. 다른 과일들도 좋아하지만 특히 딸기, 블루베리, 체리는 무조건 사고 보는 편이다. 이날도 30즈워티를 주고 체리를 1kg이나 샀는데 실수였다. 다음 날이 브로츠와프로 이동하는 날이었는데 그건 생각도 안 하고 짐을 늘린 셈이니 말이다!

마켓광장의 서쪽으로 발걸음을 옮기니 또 다른 광장이 나온다. 바로 특이한 모양의 분수대가 있는 자유광장(Plac Wolności)이다. 이날 마침 아마추어 비치발리볼 게임이 열리고 있었는데, 행사장 바깥에서 기웃기웃하며 쳐

1. 재래시장 2. 자유광장 분수대 3. 라친스키 도서관 4. 포즈난 국립박물관

다 보고 있으니 누군가가 말해준다. "들어와서 봐! 공짜야!" 그렇다면 들어가서 봐야지. 자리까지 잡고 앉아 경기를 관람한다. 아마추어들이 하는 경기지만 은근히 박진감이 넘친다.

광장 옆쪽에는 라친스키 도서관과 포즈난 국립박물관이 자리하고 있는데, 특히 포즈난 국립박물관은 불에 그을린 흔적과 총탄 자국들이 선명하다. 제2차 세계대전 때의 흔적을 그대로 둔 것이다. 옆의 라친스키 도서관은 에드워드 라친스키의 재정적 지원으로 세워졌다. 그는 사회 운동가이자 예술과 과학 분야의 후원자이기도 했고, 작가이자 출판인이기도 했다. 이 도서관을 세우면서 많은 사람이 정보를 접하고 교육되기를 희망했다고 한다. 공익을 위한 활동을 많이 해서인지 현재까지 존경을 받고 있는 인물 중 하나이다.

재래시장
Add. Plac Wielkopolski, 60-995 Poznań   Tel. +48 50 402 9547   Time. 월~토요일 6:00~20:00, 일요일 휴무

자유광장
Add. Plac Wolności 18, 61-738 Poznań

라친스키 도서관
Add. Plac Wolności 19, 61-001 Poznań   Tel. +48 61 852 9868   Web. bracz.edu.pl   Time. 월~금요일 9:00~20:00, 토요일 10:00~17:00, 일요일 휴무

포즈난 국립박물관
Add. Aleje Marcinkowskiego 9, Poznań   Tel. +48 61 856 8000   Web. www.mnp.art.pl   Time. 화~목요일 9:00~15:00(6월 16일부터 9월 15일까지는 11:00~17:00), 금요일 12:00~21:00, 토~일요일 11:00~18:00, 월요일 휴무   Fee. 성인 12즈워티, 토요일 무료입장

마켓광장의 맛집들

마켓광장에는 레스토랑과 카페들이 많은데, 부담스럽지 않은 가격 덕분에 더 행복하게 식사할 수 있다. 한 번은 폴란드 전통 음식을 먹고, 또 한 번은 간단하게 브런치를 했다. Gospoda Poznańska라는 폴란드 전통음식점에서는 소고기 요리와 베이컨이 들어간 사워크림 수프를 맛보기로 한다. 약간 기름지면서도 짭짤한 맛의 수프인데, 내 입맛에 100% 딱 들어맞지는 않지만 여행하면서 고단해진 몸을 풀어주기에는 충분하다. 메인메뉴인 폴란드 전통 소고기 롤라드는 얇게 저민 소고기를 뭉쳐 익히고, 그것을 메밀, 소스

와 함께 내는 요리다. 생전 처음 먹어보는 맛이라 천천히 음미하며 먹게 된다. 일행은 독일을 포함한 동유럽 어디서나 쉽게 먹을 수 있는 족발요리를 주문했다. 무언가 새로운 맛이 아닌 익숙한 맛을 원한다면 족발요리가 최고다.

Gospoda Poznańska
Add. Stary Rynek 82, 61-772 Poznań
Tel. +48 61 851 8022
Price. 메인메뉴 약 26즈워티, 에피타이저 약 12즈워티, 음료 약 7즈워티

둘째 날 아침을 먹은 곳은 구 시청사 바로 옆에 있는 Post-office Café인데, 프렌치토스트에 쨈이 얹어 나오는 프렌치 브랙퍼스트와 얼그레이 티를 주문했다. 쨈이 생각보다 많이 달기 때문에 끼얹지 말고 옆쪽에 따로 달라고 하는 것이 좋을뻔했다. 마켓광장의 풍경과 사람들을 구경하면서 여유롭고 따뜻한 아침시간을 보내기에 제격인 곳이다.

Post-Office Café

Add. Stary Rynek 25, 61-772 Poznań
Tel. +48 51 222 7927
Price. 메인메뉴 약 15즈워티, 음료 약 6즈워티

말타호수

포즈난 교통 정보

포즈난으로 가는 방법

비행기 시내 서쪽에 국제공항이 있어 유럽의 여러 도시에서 항공편을 이용하여 포즈난으로 갈 수 있다. 공항의 정식 명칭은 Ławica Henryk Wieniawski Airport이다.
- 포즈난 공항 : www.airport-poznan.com.pl

버스 근처 국외/국내 도시들에서 버스를 이용해 포즈난으로 갈 수 있다. 포즈난 버스터미널은 기차역과 붙어 있고 시내 중심가와도 가까워 편리하다.
  ▷ 바르샤바 → 포즈난(5시간 30분), 그단스크 → 포즈난(5시간 15분),
     브로츠와프 → 포즈난(3시간 30분), 베를린 → 포즈난(4시간)
- 폴스키 버스 : www.polskibus.com
- 유로라인 버스 : www.eurolines.com
- 에코라인 버스 : www.ecolines.net
- LUX/Simple 익스프레스 버스 : www.luxexpress.eu

기차 버스와 마찬가지로 국외/국내 도시들에서 기차를 이용해 포즈난으로 갈 수 있다. 특히 포즈난은 서유럽과 동유럽, 러시아를 연결하는 역할을 해 많은 기차들이 오간다.
  ▷ 바르샤바 → 포즈난(2시간 30분), 그단스크 → 포즈난(3시간 15분),
     브로츠와프 → 포즈난(2시간), 베를린 → 포즈난(3시간)
- 폴란드 기차 검색 : http://intercity.pl
- 폴란드 지역 기차 검색 : http://przewozyregionalne.pl

포즈난 중심지로 가는 방법

공항에서 공항은 시내 중심지로부터 서쪽으로 약 7km 정도 떨어져 있다. 택시를 타면 시내까지 약 20분 정도 소요되며, 요금은 약 20~50즈워티이다. 공항터미널 앞에 있는 버스터미널에서 익스프레스 라인 L을 이용하거나 59, 48번 버스를 이용하면 시내 중심부까지는 약 20~25분 소요된다. 티켓은 신문가판대, 버스정류장 근처 매표소, 자동판매기 등에서 구입 가능하며, 티켓가격은 4.60즈워티이다.

기차역에서 버스터미널에서	기차역/버스터미널에서 시내 중심지까지는 약 1.5km 정도로 걸어갈 수도 있는 거리이나, 짐이 많다면 트램 29번을 이용하자. 올드타운 마켓광장 근처 자유광장까지 갈 수 있다.

- 포즈난 시내교통 : www.ztm.poznan.pl, www.mpk.poznan.pl

포즈난의 대중교통

트램	포즈난 시내 중심부 지역은 트램 노선으로 이어져 있고, 외곽지역은 주로 버스노선으로 이어져 있다. 티켓은 ZTM 고객서비스센터, ZTM과 제휴된 신문가판대나 샵, 슈퍼마켓, 자동판매기 등에서 구입할 수 있으며, 1회권은 40분간 유효하다. 티켓 가격은 1회권이 4.60즈워티, 10분권 3즈워티이다. 그 외에 24시간권(13.60즈워티), 48시간권(21즈워티), 72시간권(27즈워티), 교통카드 PEKA 등이 있지만, 여행자로 포즈난을 방문한다면 대중교통을 이용할 일은 거의 없다.
택시	기본요금은 평균 5즈워티에서부터 시작하며, 킬로미터 당 2즈워티이다. 야간이나 주말, 공휴일에는 추가요금이 붙는다. 택시를 이용할 경우 타기 전에 목적지까지 대략 얼마 정도 나올지 확인한 후 타는 것이 좋다.

포즈난 추천 일정

포즈난의 중심지는 모두 도보로 걸어 다닐 수 있을 정도로 작다. 올드타운 마켓광장을 시작으로 자유광장 등 그 주변을 둘러보고, 폴란드 최초의 대성당인 포즈난 대성당에도 꼭 가보자. 일정이 여유로운 여행자라면 말타호수 주변에서 피크닉을 즐기거나 동물원을 방문하는 것도 좋다.

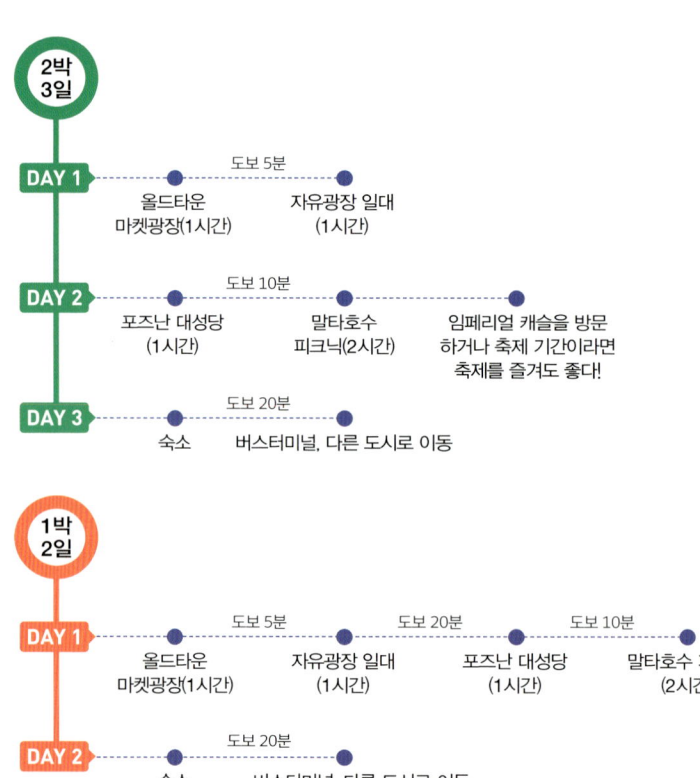

2박 3일

- **DAY 1**: 올드타운 마켓광장(1시간) — 도보 5분 — 자유광장 일대(1시간)
- **DAY 2**: 포즈난 대성당(1시간) — 도보 10분 — 말타호수 피크닉(2시간) — 임페리얼 캐슬을 방문하거나 축제 기간이라면 축제를 즐겨도 좋다!
- **DAY 3**: 숙소 — 도보 20분 — 버스터미널, 다른 도시로 이동

1박 2일

- **DAY 1**: 올드타운 마켓광장(1시간) — 도보 5분 — 자유광장 일대(1시간) — 도보 20분 — 포즈난 대성당(1시간) — 도보 10분 — 말타호수 피크닉(2시간)
- **DAY 2**: 숙소 — 도보 20분 — 버스터미널, 다른 도시로 이동

✕ 이것만은 꼭! 포즈난의 BEST 3 ✕

BEST 1. 알록달록 귀여운 올드타운 마켓광장 둘러보기
BEST 2. 폴란드에서 가장 오래된 포즈난 대성당 방문하기
BEST 3. 말타호수 산책하기

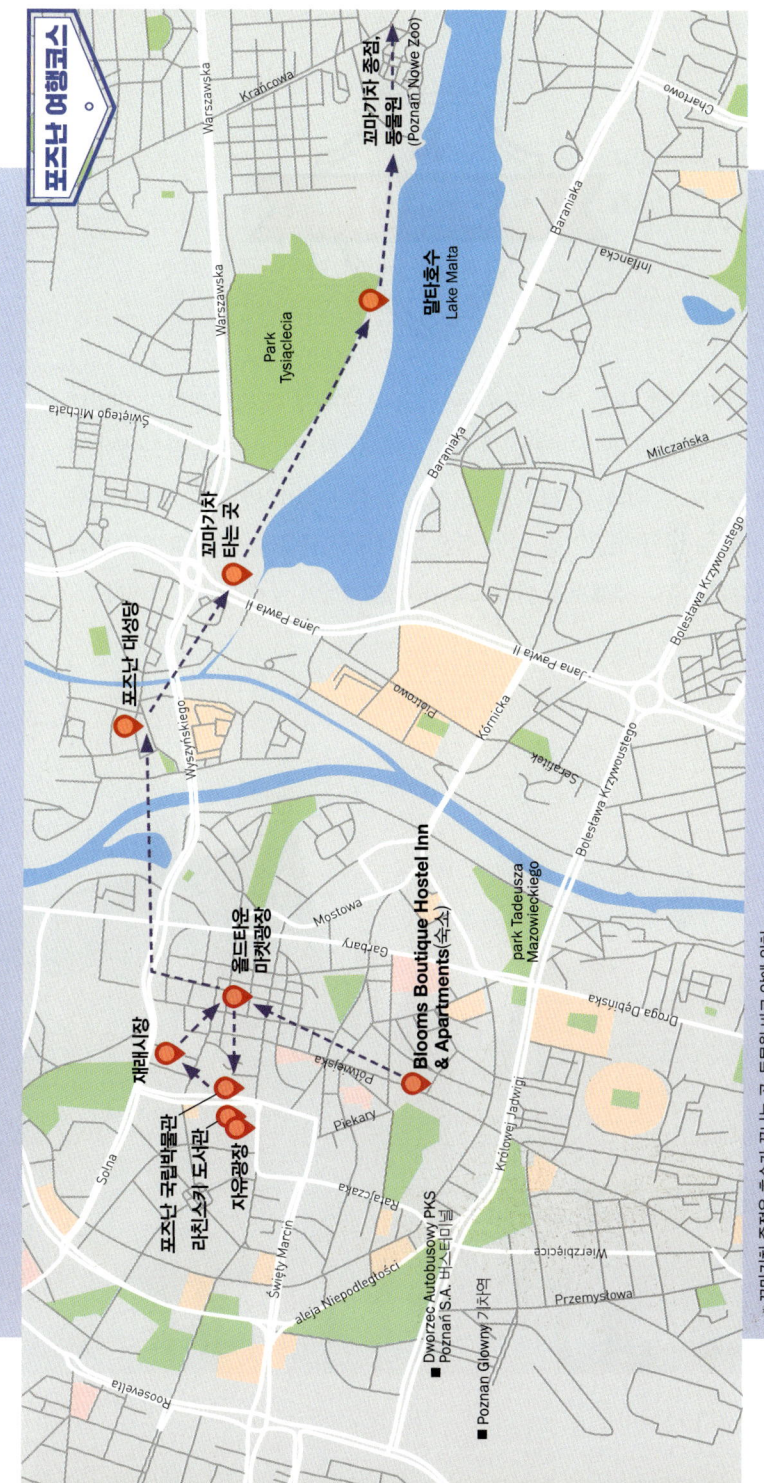

10세기경 처음 건설된 후 폴란드, 보헤미아, 프로이센령이 되었다가 1945년에 다시 폴란드령이 된 브로츠와프. 현재는 서부 폴란드에서 가장 큰 도시로 산업과 관광의 중심도시로 불린다. 2012년 유로 챔피언십을 개최하고 2015년에는 가장 살기 좋은 도시에 이름을 올렸으며, 2016년과 2017년에도 많은 세계적인 이벤트를 개최할 예정인 국제적인 도시이다.

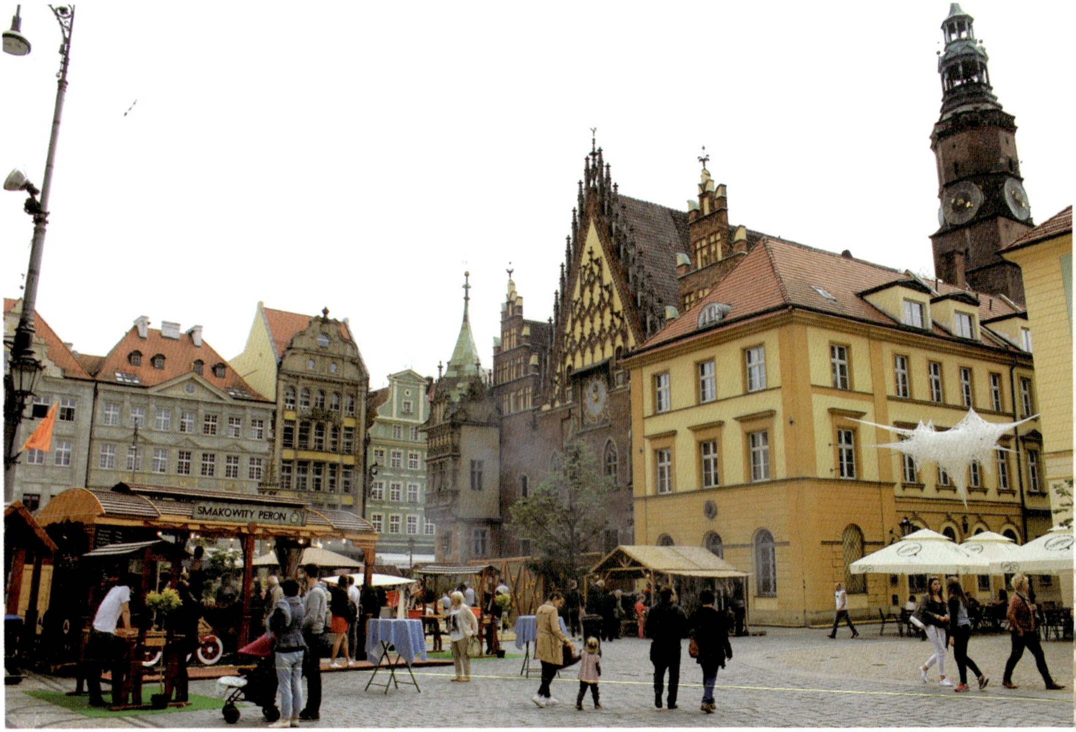

올드타운 마켓광장

포근했던 브로츠와프 숙소

시설이 좋은 것도 아니고 엘리베이터도 없이 계단을 이용해야 하는 4층에 위치하지만, 그럼에도 불구하고 내 마음을 빼앗아 간 숙소. 호스텔 문을 열고 들어가자마자 작은 거실이 나오는데 정말 따뜻하고 편안한 느낌으로 꾸며져 있다. 붉은 계열로 칠해진 벽, 한쪽 면을 모두 차지하고 있는 책장과 책들, 작은 전자피아노까지. 조명까지 은은해서 저녁마다 거실에 앉아 차 한잔 마시면서 글도 쓰고 사진도 정리하면 기분이 좋다. 비록 그렇게 큰 호스텔은 아니지만 있을 건 거의 다 있고 제공할 건 거의 다 제공한다. 위치도 올드타운과 가깝다.

Hostel Kombinat
Add. Świdnicka 24, 50-068 Wrocław   Tel. +48 71 344 6677   Price. 5인 여성 도미토리 약 50 즈워티

브로츠와프 올드타운 마켓광장 Rynek we Wrocławiu / Market Square, Wrocław

브로츠와프에서도 여행의 시작은 올드타운 마켓광장에서부터 한다. 바르샤바나 포즈난 마켓광장보다 훨씬 크게 느껴지는데, 역시나 폴란드에서 가장 큰 마켓광장 중 하나란다. 광장의 가운데 구 시청사와 신 시청사가 함께 있는데, 건축물로만 봤을 때는 확실히 구 시청사에 눈길이 간다. 뾰족하고

1

2

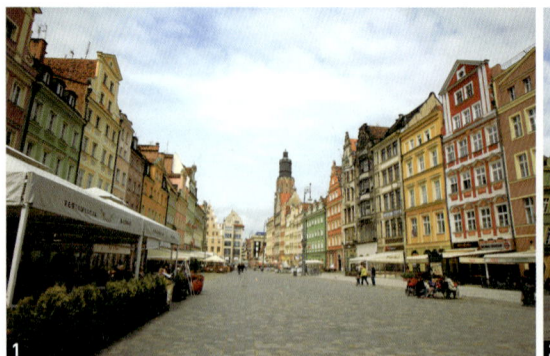

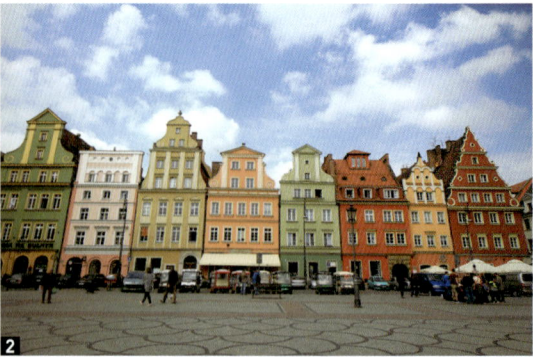

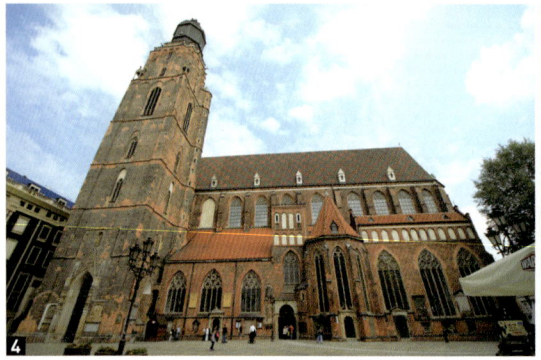

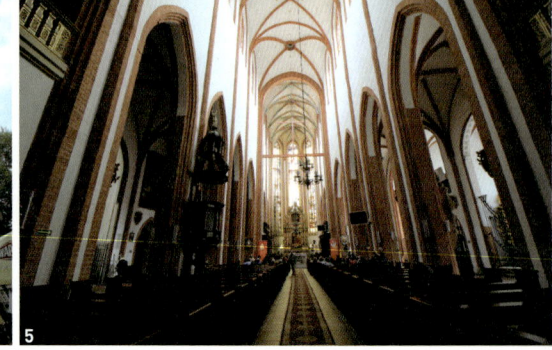

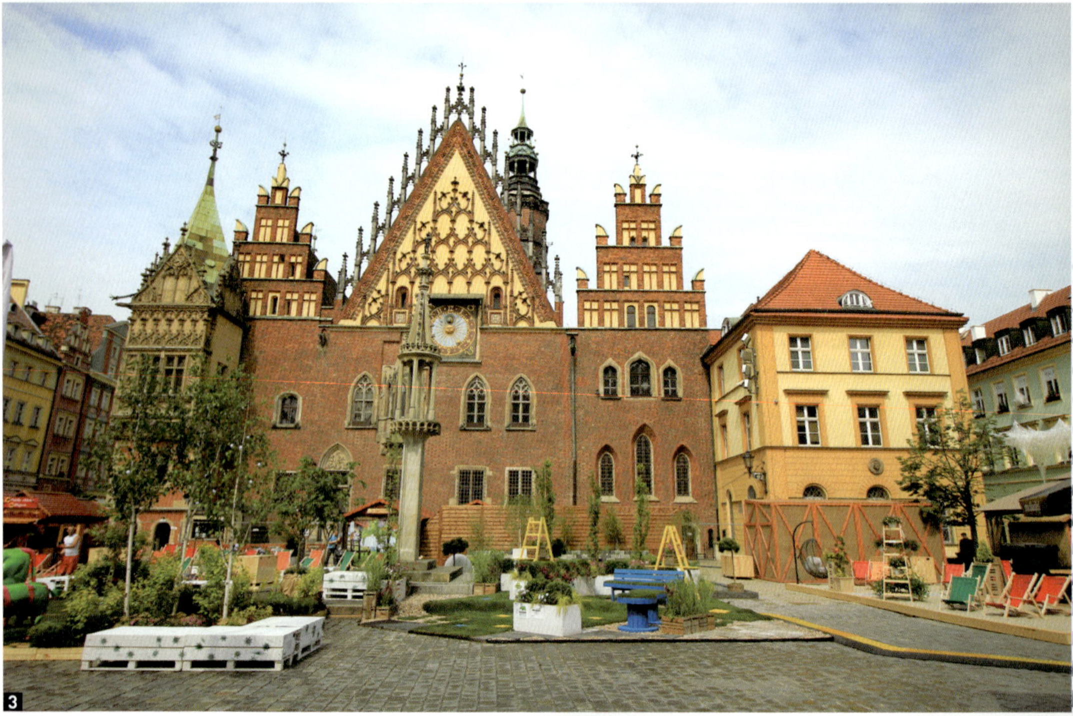

3

4

5

1, 2. 브로츠와프 올드타운 마켓광장 3. 브로츠와프 구 시청사 (박물관) 4, 5. 성 엘리자베스 교회

화려하게 생긴 고딕 스타일의 구 시청사는 1299년~1301년 사이에 지어지기 시작했고 이후 여러 차례의 개축이 있었다. 현재는 박물관이 들어서 있고 문화 이벤트가 열리는 장소로도 쓰이며, 지하에는 레스토랑이 있다.

브로츠와프 구 시청사 (박물관)
Add. Rynek, 50-996 Wrocław Tel. +48 71 347 1693 Web. muzeum.miejskie.wroclaw.pl
Time. 수~토요일 10:00~17:00, 일요일 10:00~18:00 Fee. 상시전 무료입장, 특별전 10즈워티, 영어 가이드 투어 250즈워티

성 엘리자베스 교회 Bazylika św. Elżbiety Węgierskiej we Wrocławiu / St. Elizabeth's Church

마켓광장 한쪽 구석에는 햇빛이 비칠 때 반짝반짝 빛나는 지붕을 가진 성 엘리자베스 교회가 있다. 녹색과 붉은색의 체크무늬로 되어 있는데, '수도사와 수녀'라 불리는 종류의 타일을 사용했다고 한다. 지붕과 함께 눈에 띈 것은 높다란 종탑. 처음 지었을 때는 130m 높이였는데, 1529년에 발생한 강풍과 1975년과 1976년에 일어난 화재 때문에 종탑도 오르간도 모두 파괴되었고, 이후 재건한 종탑의 높이는 91.5m로 현재는 일반인들에게 전망대로 열려있다. 종탑 앞 매표소 직원에게 물어보니 계단으로 올라가야 한다기에 올라가는 것을 포기했는데 나중에 풍경 사진을 보고 후회했다. 종탑에 올라가면 브로츠와프의 멋진 마켓광장을 한눈에 다 내려다볼 수 있다. 교회 내부를 둘러보는 것은 무료이며, 내부는 깔끔하고 심플하다.

Add. Świętej Elżbiety 1, 50-111 Wrocław Tel. +48 71 343 7204 Web. elzbieta.archidiecezja.wroc.pl Time. 매일 8:00~18:00, 토요일 13:00~18:00, 미사 시간 중에는 방문 불가 Fee. 종탑 5즈워티

브로츠와프대학교 Uniwersytet Wrocławski / University of Wrocław

합스부르크 왕가의 레오폴트 1세에 의해 세워진 브로츠와프대학교는 20세

기 초부터 9명의 노벨상 수상자를 배출했고, 현재는 과학 분야에 투자와 집중을 하고 있다. 하지만 이 노벨상 수상자들이 거의 독일인으로 되어 있는 건 폴란드로서는 참 슬픈 사실이 아닐까 싶다. 브로츠와프가 폴란드령, 보헤미아령, 프로이센령이었다가 1945년에서야 다시 폴란드령으로 돌아왔으니 어쩔 수 없기는 하지만 말이다. 고풍스러운 모습의 브로츠와프대학교 메인 건물 이곳저곳을 둘러본다. 파란색 위에 금색으로 장식된 커다랗고 무거운 문이 인상적이다. 메인 건물 주변에 각 단과대학의 건물들이 산재해있다.

Add. Plac Uniwersytecki 1, 50-137 Wrocław   Tel. +48 71 375 2215   Web. uni.wroc.pl

난쟁이들의 도시 브로츠와프 Krasnale / Wroctaw's dwarfs

브로츠와프에서 가장 재미있는 것이 무엇이냐고 묻는다면, 한 치의 망설임도 없이 '난쟁이들을 찾는 것!'이라고 대답할 것이다. 올드타운을 비롯해서 도시 곳곳에 난쟁이 조각상들이 있는데, 이 난쟁이들은 귀여운 생김새에 직업과 행동들이 다 달라서 찾아보는 재미가 있다. 버스터미널에서 숙소까

지 가는 길에 이미 몇 명의 난쟁이를 찾았고, 올드타운에서는 성 엘리자베스 교회 근처에서 소방관 난쟁이들, 깃발을 들고 앉아 있는 난쟁이, 군인으로 추정되는 난쟁이를 만날 수 있었다. 센스 넘치게도 대학교 앞에는 교수님 난쟁이, 분수 옆에는 우산을 든 난쟁이, 현금인출기 옆에는 현금 인출하는 난쟁이가 있다. 무언가를 찾기 위해 이렇게 도시를 '두리번'거린 것은 처음이다. 보통 브로츠와프 관광지도에 난쟁이들의 위치가 표시되어 있는데, 해당 위치까지 가서도 못 찾으면 오기가 생긴다. 이 난쟁이들은 2001년부터 만들어지기 시작해 현재는 그 수가 300개를 넘어섰다. 앞으로 얼마나 더 많은 난쟁이들이 도시 곳곳에 나타나게 될지 벌써부터 기대가 된다.

세례자 성요한 대성당 Archikatedra św. Jana Chrzciciela / Cathedral of St. John the Baptist in Wrocław

다른 폴란드의 도시들과 마찬가지로 브로츠와프에서도 수많은 성당을 만

날 수 있다. 하긴 전 인구의 95%가 가톨릭 신자라는데 미사가 있는 날마다 그 많은 사람을 다 수용하려면 성당이 많아야 할 것이다. 일요일이라 그런지 성당들은 미사에 참여하려는 사람들로 북적이고, 문이 열려있는 성당들에서는 오르간 연주소리가 흘러나온다. 올드타운 쪽에서 브로츠와프 대성당까지 가는 길에는 다리를 두 개 건너야 하는데, 특히 두 번째 다리에는 수많은 연인들이 영원한 사랑을 약속하며 걸어놓은 자물쇠들로 가득하다. 하늘을 찌를듯한 두 개의 탑을 가진 대성당이 저 멀리 보이고 거기까지 가는 길에는 동글동글하게 깎아놓은 나무들과 주홍빛과 노란빛으로 칠해진 건물들이 서 있다. 이런 원색의 조합은 마치 내가 동화 속 마을에 들어선 듯한 착각을 불러일으킨다. 대성당이 지금과 같은 고딕 스타일로 지어진 것은 13세기인데, 다른 성당들과 마찬가지로 오랜 세월 화재나 전쟁 등에 의해 파괴되었다가 다시 지어지기를 반복했다. 비록 미사 중이어서 내부 구석구석을 둘러보지는 못했지만, 입구 쪽에서 살짝 엿본 대성당 내부는 웅장하고 아름다웠다.

Add. Plac Katedralny 18, 50-329 Wrocław **Tel.** +48 71 322 2574 **Web.** katedra.archidiecezja.wroc.pl **Time.** 매일 10:00~17:30, 미사 중에는 입장 불가

라츠와비체 파노라마 Panorama Racławicka / Panorama of the Battle of Racławice

"여기를 가보면, 엄청 큰 원형 파노라마 그림이 있어. 시간 되면 한번 가봐!" 숙소 직원이 라츠와비체 파노라마를 추천해준다. 라츠와비체 전투는 폴란드 독립운동가 코시치우슈코가 1794년 농민들을 이끌고 러시아군과 맞붙어 승리한 전투이다. 그 라츠와비체 전투의 모습이 360도 파노라마로 생생하고 자세히 묘사되어 있단다. 실제로 이런 종류의 작품은 보존되고 있는 것이 얼마 없고, 그중에서도 라츠와비체 파노라마는 폴란드에서 가장 오래된 것이라 인기가 많은 듯하다. 티켓을 구입하려고 매표소 앞에 섰는데, 앞으로 한 2시간 이상 기다려야 입장이 가능하다. 그 자리에서 기다리자니 시간이 아깝고 어딘가를 갔다가 다시 오자니 그건 너무 힘들 것 같다. 미리 티켓을 구입해놨더라면 좋았을 텐데, 아쉽게도 이곳은 패스하고 다음 목적지로 발걸음을 옮긴다.

Add. Jana Ewangelisty Purkyniego 11, 50-155 Wrocław **Tel.** +48 71 344 1661 **Web.** www.panoramaraclawicka.pl **Time.** 겨울 시즌 화~일요일 9:00~16:00, 여름 시즌 월~일요일 9:00~17:00, 주요 공휴일 휴무 **Fee.** 성인 30즈워티, 학생/노인/장애인/선생님 23즈워티, 가족(인당) 23즈워티, 7세 이하 무료 *30분 간격으로 입장 가능

가는 곳마다 축제!

오후가 되니 브로츠와프 마켓광장은 축제 분위기가 물씬 풍긴다. 정확히 무슨 축제인지는 모르겠으나 '사람들+술과 음식+즐거움=축제' 아니겠는가! 포즈난의 맥주축제가 각 맥주 브루어리들의 맥주 홍보가 목적이었다면, 브로츠와프의 작은 축제는 시민들끼리 분위기를 즐기는 것이 목적이다. 어른부터 아이까지 너나 할 것 없이 마켓광장으로 나와 흥겨움을 즐긴다. 모래를 가지고 장난치는 아가들, 소 모형에 올라타 노는 꼬마들, 맛있는 음식을 먹으며 담소를 나누는 청년들, 벌써부터 얼큰하게 취한 어른들까지. 게다가 카라멜 소스에 볶은 견과류, 기다란 과자 안에 크림을 가득

채운 간식, 소시지와 고기꼬치는 식사 후였는데도 먹고 싶다고 느껴질 정도로 맛있는 냄새를 풍긴다. 광장 한쪽에서는 커다란 비눗방울을 만들어 아이들을 끌어모으는 버스커도 있다. 평소에는 상상도 못 할 크기의 대형 비눗방울, 혹은 수백 개의 작은 비눗방울을 한번에 날리는데 아이들뿐만 아니라 어른들의 눈까지 즐겁게 만들어준다.

브로츠와프 맛집

마켓광장에 있는 Bernard라는 레스토랑을 찾았다. 점심을 먹기에는 조금 늦은 오후 3시였지만 그 시간에도 사람이 붐비던 곳. '그래, 이 시간에 붐빌 정도면 음식 맛 걱정은 안 해도 되겠군.' 안심하며 창가에 자리를 잡고 앉는다. 원래 인터넷 후기를 보고 마음속으로 정해놓은 메뉴가 있었는데 메뉴가 바뀌어서 다시 결정해야 했다. 버나드 치킨과 라이트 맥주. 치킨 안에 베이컨과 이런저런 재료들을 채워서 굽고, 사이드로 당근, 감자 등 익힌 야채가 같이 나오는 요리인데, 맛있다. 한입 한입 음미하면서 맥주도 마셔가면서 접시가 반짝반짝 빛날 정도로 소스까지 싹싹 긁어먹었다.

Bernard
Add. Rynek 35, 50-102 Wrocław **Tel.** +48 71 344 1054 **Web.** bernard.wroclaw.pl
Time. 매일 10:30~ **Price.** 메인메뉴 약 32~89즈워티, 음료 약 10즈워티~

브로츠와프 교통 정보

브로츠와프로 가는 방법

비행기   시내 서쪽에 작은 국제공항이 있어 유럽의 여러 도시에서 항공편을 이용하여 브로츠와프로 갈 수 있다. 공항의 정식 명칭은 Wrocław-Copernicus Airport이다.
- 브로츠와프 공항 : http://airport.wroclaw.pl

버스   근처 국외/국내 도시들에서 버스를 이용해 브로츠와프로 갈 수 있다. 브로츠와프 버스터미널은 기차역과 붙어 있고 시내 중심가와도 가까워 편리하다. 버스터미널은 현재 확장공사 중이기 때문에 2017년 완공되기 전까지는 기차역 뒤쪽의 임시 장소에서 승·하차할 수 있다.
▷ 바르샤바 → 브로츠와프(5시간 30분), 포즈난 → 브로츠와프(3시간 30분), 크라쿠프 → 브로츠와프(3시간 10분), 프라하 → 브로츠와프(5시간)
- 폴스키 버스 : www.polskibus.com
- 유로라인 버스 : www.eurolines.com
- 에코라인 버스 : www.ecolines.net
- LUX/Simple 익스프레스 버스 : www.luxexpress.eu

기차   버스와 마찬가지로 국외/국내 도시들에서 기차를 이용해 브로츠와프로 갈 수 있다. 국내선 연결이 잘 되어 있으며 중앙 유럽과의 국제선 연결도 잘 되어 있는 편이다.
▷ 바르샤바 → 브로츠와프(3시간 30분), 포즈난 → 브로츠와프(2시간), 크라쿠프 → 브로츠와프(3시간), 프라하 → 브로츠와프(9시간)
- 폴란드 기차 검색 : http://intercity.pl
- 폴란드 지역 기차 검색 : http://przewozyregionalne.pl

브로츠와프 중심지로 가는 방법

공항에서 공항은 시내 중심지로부터 서쪽으로 약 12km 정도 떨어져 있다. 택시를 타면 시내까지 약 25~30분 정도 소요되며, 요금은 약 45~60즈워티이다. 공항에서 406번 버스(밤에는 249번 버스)를 타면 기차역/버스터미널까지 약 30분 소요된다. 티켓은 자동판매기에서 구입 가능하며, 티켓가격은 3즈워티이다.

기차역에서
버스터미널에서 기차역/버스터미널에서 시내 중심지까지는 약 1.3km 정도로 걸어갈 수도 있는 거리이나, 짐이 많다면 트램 2, 5, 6, 7, 8, 9, 11번 등을 이용하자. 올드타운 근처까지 갈 수 있다.

- 브로츠와프 시내교통 : www.wroclaw.pl
  http://komunikacja.iwroclaw.pl

브로츠와프의 대중교통

트램
버스 브로츠와프 시내 중심부 지역은 트램과 버스노선으로 이어져 있다. 티켓은 각 정류장 자동판매기에서 구입할 수 있으며, 1회권은 3즈워티이고 30분간 유효하다. 60분 유효한 티켓은 4.40즈워티, 90분 유효한 티켓은 6즈워티, 밤 버스의 경우 3.20즈워티이다. 그 외에 24시간권(11즈워티), 48시간권(20즈워티), 72시간권(26즈워티), 1주일권(46즈워티), 교통카드 URBANCARD 등이 있지만, 여행자로 브로츠와프를 방문한다면 대중교통을 이용할 일은 거의 없다.

택시 기본요금은 평균 6즈워티에서 시작하며 킬로미터 당 3즈워티이다. 택시 회사들이 많고, 회사들마다 요금이 모두 다르다. 야간이나 주말, 공휴일에는 추가요금이 붙기 때문에 타기 전에 목적지까지 대략 얼마 정도 나올지 확인하고 타는 것이 좋다.

브로츠와프 중심지는 모두 도보로 걸어 다닐 수 있을 정도로 작다. 올드타운 마켓광장을 시작으로 성 엘리자베스 교회, 브로츠와프대학교, 대성당과 교회들을 방문해보자. 도시 곳곳에 포진해 있는 작은 난쟁이들을 찾아보는 것도 재미있고, 예술작품에 관심이 많다면 라츠와비체 파노라마를 보러 가는 것도 좋다.

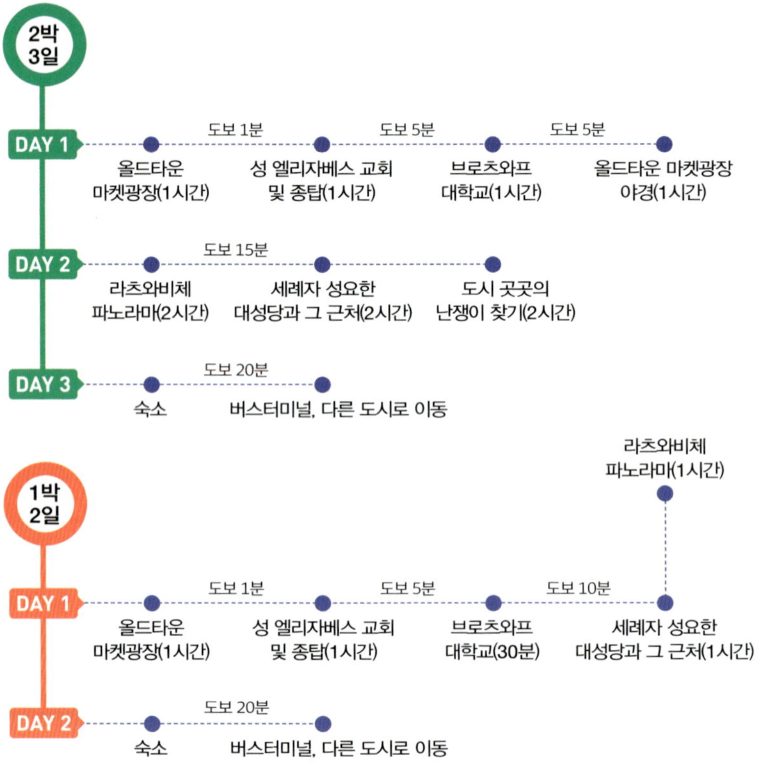

2박 3일

DAY 1
올드타운 마켓광장(1시간) — 도보 1분 → 성 엘리자베스 교회 및 종탑(1시간) — 도보 5분 → 브로츠와프대학교(1시간) — 도보 5분 → 올드타운 마켓광장 야경(1시간)

DAY 2
라츠와비체 파노라마(2시간) — 도보 15분 → 세례자 성요한 대성당과 그 근처(2시간) → 도시 곳곳의 난쟁이 찾기(2시간)

DAY 3
숙소 — 도보 20분 → 버스터미널, 다른 도시로 이동

1박 2일

DAY 1
올드타운 마켓광장(1시간) — 도보 1분 → 성 엘리자베스 교회 및 종탑(1시간) — 도보 5분 → 브로츠와프대학교(30분) — 도보 10분 → 세례자 성요한 대성당과 그 근처(1시간) → 라츠와비체 파노라마(1시간)

DAY 2
숙소 — 도보 20분 → 버스터미널, 다른 도시로 이동

✕ 이것만은 꼭! 브로츠와프의 BEST 3 ✕

BEST 1. 도시 곳곳에 숨어있는 난쟁이들 찾기
BEST 2. 올드타운 마켓광장 구석구석 둘러보기
BEST 3. 성 엘리자베스 교회 종탑에 올라가 올드타운 내려다보기

동유럽에 반하다

Poland #4
크라쿠프
KRAKOW

Poland

크라쿠프는 550년간 폴란드의 수도였던 곳이며 아직도 폴란드의 문화적, 정신적 수도 역할을 하고 있다. 제2차 세계대전 당시 세워진 아우슈비츠 강제수용소, 내부에 상상도 못 할 멋진 소금 조각 작품들이 있는 비엘리츠카 소금광산 등이 크라쿠프 근교에 위치하고 있다. 크라쿠프 올드타운 내에는 역대 폴란드 왕들의 대관식, 장례식이 거행된 바벨성과 바벨대성당도 있다.

바벨성

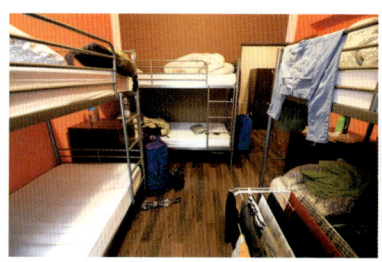

위치 좋은 숙소

5박 동안 내 보금자리가 되어준 One World Hostel은 크라쿠프 올드타운 동쪽, 기차역과 버스터미널 남쪽의 큰 길가에 있어 찾기 쉬웠다. 체크인을 하고 이곳저곳을 둘러보니 시설이 딱히 나쁘지도 않은데 좋지도 않다. 게다가 큰 호스텔이라 방도 많고, 사람도 많다. 둘째 날부터는 유치원, 초등학생 정도 되어 보이는 아이들이 단체로 와서 숙박하는 바람에 시끄러웠다. 간혹 대형 호스텔에 숙박하면 이런 경험을 하게 되는데, 시끄러운 게 싫다면 확실히 호텔이나 에어비앤비, 아니면 가정집 같은 작은 호스텔로 가는 게 낫다. 위치가 좋고, 직원들도 친절하고, 조식도 나쁘지 않게 나오는 장점이 있는데 반해 화장실과 샤워 시설이 별로 좋지 않고, 방이 좁고, 일부 방에서는 와이파이 신호가 약하다는 단점이 있다.

One World Hostel
Add. Westerplatte 8, 30-033, Kraków Tel. +48 60 610 4520
Price. 6인 도미토리 약 56즈워티

크라쿠프 올드타운 중앙광장 Rynek Główny / Main Square

크라쿠프에서도 제일 먼저 향한 곳은 올드타운 중앙광장이다. 크라쿠프 올드타운은 북쪽에 망루, 남쪽에 바벨성, 중심에 중앙광장이 있고, 그 올드타

운 전체를 녹지대가 감싸고 있어 다른 곳보다 더 특별하고 소중해 보인다. 중세시대에는 3km에 달하는 성벽으로 둘러싸여 있었고, 많을 때는 47개의 타워와 8개의 메인 성문이 있었다고 한다. 크라쿠프 중앙광장은 유럽에서 가장 큰 중세 광장 중 하나로 사면에는 역사적인 타운하우스들과 성당들이 서 있고 가운데는 직물회관, 시청사 타워, 아담 미츠키에비치의 동상이 있다. 바르샤바와 마찬가지로 광장에 시청사가 남아있지 않다는 것이 인상적이다. 광장에는 마차가 유난히 많다. 일렬로 서서 손님을 기다리는데, 이곳 사람들이 중세의 복장만 하고 있었더라면 마치 중세시대의 마을에 떨어진 느낌을 받았을지도 모른다.

Add. Rynek Główny, 30-062 Kraków

바실리카 성모 마리아 성당 Kościół Mariacki / St. Mary's Basilica

중앙광장에 들어서는 관광객들 대부분이 제일 먼저 보게 되고, 제일 오랫동안 눈길을 주는 것이 바로 바실리카 성모 마리아 성당이다. 14세기에 고딕 양식으로 다시 지어진 이 성당은 특히 양쪽 타워의 모양과 높이가 달라서 더 인상적이다. 한 시간에 한 번씩 타워 꼭대기에서 사람이 직접 트럼펫을 연주하는데, 그때만 되면 광장에 있는 모든 사람의 시선이 타워 쪽으로 향한다. 두 눈을 부릅뜨고 타워 위쪽을 바라보지만 내 시력이 안 좋은 건지 타워가 너무 높은 건지 트럼펫 연주하는 사람을 뚜렷하게 볼 수는 없다. 옛날 몽골 타타르족이 크라쿠프를 공격해올 때 경고음을 울리다가 목을 저격당해 죽은 나팔수를 기리기 위해 이렇게 매시간 연주를 한단다. 성당 내부에서 가장 유명한 것은 폴란드 국가 보물로 지정된 세상에서 가장 큰 고딕 제단화인데, 섬세한 조각과 표현이 인상적이다.

Add. Plac Mariacki 5, 31-042 Kraków **Tel.** +48 12 422 0521 **Web.** mariacki.com **Time.** 월~토요일 11:30~18:00, 일요일 14:00~18:00, 미사 시간 입장 불가

직물회관 Sukiennice / Kraków Cloth Hall

지금으로 치자면 세계무역센터 겸 쇼핑센터 정도 될까? 광장 중앙 넓은 부분을 차지하고 있는 직물회관. 옛날에는 무역상들이 여기서 만나 사업 이야기도 하고 물건을 사고팔기도 했다. 당시 동방으로부터 향신료, 실크, 가죽, 왁스 등을 수입했고, 크라쿠프는 주로 직물, 비엘리츠카 소금광산에서 난 소금 등을 수출했다. 현재 1층은 기념품과 상품들을 파는 상점들이 들어서 있고, 2층은 19세기 폴란드 회화와 조각들이 전시되어 있는 국립박물관 갤러리가 들어서 있다. 1층의 상점들을 구경하는데 겨울에 착용하면 무척 따뜻하고 포근할 것 같은 털조끼, 털모자, 털슬리퍼 등과 폴란드 전통복장, 전통복장을 입은 인형이 내 마음을 사로잡는다. 당장에라도 구입하고 싶었지만 아직 한참 남은 여행 기간을 고려해 참아보기로 한다. 폴란드는 그릇으로도 유명한데, 워낙 수려한 디자인의 그릇들이 많아 주부들이나 예비신부들이 그냥 지나치지 못할 것 같다.

Add. Rynek Główny 1-3, Kraków **Tel.** +48 12 433 5400 **Web.** mnk.pl **Time.** 화~일요일 10:00~18:00, 월요일 휴무

시청사 타워 Wieża Ratuszowa / Town Hall Tower

14세기에 지어진 시청사는 한때 도시의 행정 중심부 역할을 했다. 하지만 1820년 중앙광장이 재건될 때 시청사는 무너지고 종탑만 남게 되었다. 종탑 앞에는 Igor Mitoraj라는 폴란드 작가의 조각 작품이 있다. 큰 얼굴 조각인데 표정이 공허해 보이기도, 슬퍼 보이기도 한다. 조금 안타까웠던 점은 작품을 작품으로 볼 줄 모르는 사람들이 많다는 점이다. 청동 조각 안으로 들어가 눈 쪽으로 얼굴을 내밀고 사진을 찍는 사람들. 작가가 작품에 사람들이 들어가도록 의도하여 만든 것이 아닌 한 작품은 작품으로 존중해줬으면 하는 생각이 든다.

성 플로리안 게이트

성 플로리안 게이트와 망루
Brama Floriańska & Barbakan Krakowski / St. Florian's Gate & Kraków Barbican

중앙광장에서 플로리안스카 길(Ulica Floriańska/Floriańska Street)을 따라 북쪽으로 올라간다. 중앙광장과 성 플로리안 게이트를 이어주는 이 길에는 수많은 상점, 레스토랑, 카페가 들어서 있어 관광객들의 발길이 끊이지 않는다. 옛날에는 왕도(Royal Road)의 일부로 대관식이 있거나 외국에서 중요한 손님이 왔을 때, 성 플로리안 게이트를 통과한 행렬이 플로리안스카 길과 중앙광장을 거쳐 바벨성으로 향했다. 크라쿠프 올드타운이 성 플로리안 게이트와 망루, 탑을 포함한 방어 성벽으로 둘러싸이며 중세시대 성벽도시가 된 것은 1241년 타타르족의 침입 이후다. 외세에 의해 도시가 크게 파괴되었으니 튼튼한 방어시설을 만들어 도시를 지키고 싶어했을 그 마음이 충분히 이해가 된다. 비록 19세기에 오스트리아 정부에 의해 대부분이 무너지고 극히 일부분만 남았지만 말이다. 성 플로리안 게이트는 현재 유일하게 남아있는 중세시대 성문이며, 게이트 옆쪽으로 3개의 탑과 약간

망루

의 성벽도 남아있다. 성문을 통과해 조금 더 북쪽으로 가면 뚱뚱한 원통 모양의 망루가 있다. 옛날에는 망루 주변이 해자로 되어 있었고, 성 플로리안 게이트와 연결되는 통로가 있었다고 한다. 누가 크라쿠프를 향해 오는지, 적이 침입하지는 않는지 감시하던 곳. 벽 두께가 자그마치 3m에 달하고 안쪽에서 바깥쪽으로 점점 넓어지는 창이 130개에 달한다고 하니, 감시에는 정말 안성맞춤인 설계다. 현재는 각종 전시가 열리는 장소로 사용되고 있는데 망루와 성벽을 함께 둘러볼 수 있는 패키지 티켓을 구입해서 봐도 좋겠다.

성 플로리안 게이트
Add. Floriańska 57, 31-019 Kraków **Time.** 월~토요일 8:00~18:00, 일요일 휴무

망루
Add. Basztowa, 30-547 Kraków **Tel.** +48 12 422 9877 **Web.** mhk.pl **Time.** 4월~10월 월~일요일 10:30~18:00, 격주 월요일 휴관, 11월~3월 휴관 **Fee.** 일반 8즈워티, 할인 6즈워티, 그룹 6즈워티, 가족 16즈워티, 영어 가이드 85즈워티, 망루와 성벽 패키지 티켓 구입 가능

슈체판스키 광장 Plac Szczepański / Szczepański Square

보통 길을 찾을 때는 구글맵이나 오프라인 지도 어플을 사용하지만 도시 내의 올드타운 같은 한정적인 지역을 돌아다닐 때는 종이로 된 관광지도 하나 들고 이곳저곳 걸어 다니는 것을 좋아한다. 꼭 어딘가를 '찾아야 한다' 라는 압박감도 없고, 정처 없이 걷다가 흥미로운 곳을 발견하기도 하고 말이다. 그렇게 해서 발견한 곳이 바로 슈체판스키 광장이다. 4면이 아름다운 건물로 둘러싸여 있고 가운데는 작은 분수가 있는데, 화려하지는 않지만 분위기가 마음에 들어 분수 앞에서 한참을 앉아 있었다. 분수 뒤쪽에 자리한 아르누보 양식의 건물은 예술의 전당(Palace of Art)인데, 폴란드 문화와 예술의 진흥을 위한 공간이다. 예술의 전당 반대편 건물에는 마치 연극무대에서 연기하고 있는듯한 인물들이 조각되어 있는데, 정말 배우들이 연기하는 것처럼 생동감이 넘친다. 특히 이 건물에 있는 Morskie Oko라는 레스토랑 겸 펍에서는 폴란드 전통 음식을 먹을 수 있고 라이브로 민요까지 들을 수 있다고 한다. 핑크빛으로 장식된 건물은 구 예술극장으로 근처에 가보니 누가 봐도 극장이구나 싶을 정도로 공연 포스터들이 붙어 있다.

Add. Plac Szczepański, 30-962 Kraków

구 예술극장   율리우스 스워바츠키 극장

구 예술극장
Add. Jagiellońska 5, Kraków   Tel. +48 12 421 2977   Web. stary.pl

율리우시 스워바츠키 극장
Add. Plac Świętego Ducha 1, Kraków   Tel. +48 12 424 4500   Web. slowacki.krakow.pl

야기엘론스키대학교 Uniwersytet Jagielloński / Jagiellonian University

폴란드에서 가장 오래된 것은 물론이거니와 중부유럽에서 두 번째로 오래되고, 세계를 기준으로도 가장 오래된 대학교 중 하나라는 야기엘론스키 대학교. 코페르니쿠스와 교황 요한 바오로 2세도 이 대학교를 졸업했다. 1364년 카지미에슈 국왕이 국가에 좀 더 교육을 많이 받은 사람들이 필요하다고 느껴 고등 교육기관인 크라쿠프 아카데미(Akademia Krakowska/Krakow Academy)를 세웠고, 재정악화 때 야기에워 왕조의 후원으로 어려운 시기를 이겨냈다. 덕분에 학교 이름이 야기에워 왕조에서 유래해 야기엘론스키가 되었고, 무려 650년이 넘도록 교육의 장이 되었다. 대학교 건물 중 가장 오래되었고 현재는 박물관으로 쓰인다는 콜레기움 마이우스(Collegium Maius/Great College) 안뜰에 들어가 본다. 가이드 투어로 돌아보면 도서관, 교수들의 방, 식당, 전시실 등을 볼 수 있다. 바로 옆에는 교

수의 정원이라는 곳도 있는데, 교수와 제자가 산책하면서 학문에 관한 깊은 대화를 나누었을 것만 같은 곳이다.

Add. Jagiellońska 15, 31-010 Kraków **Tel.** +48 12 663 1307 **Web.** www.en.uj.edu.pl
Time. 월/수/금/토요일 10:00~14:40, 화/목요일 10:00~17:40, 일요일 휴무

바벨성 Zamek Królewski na Wawelu / Wawel Royal Castle

크라쿠프 올드타운의 남쪽 언덕에 자리하고 있는 바벨성으로 간다. 나름 아침 일찍 갔는데도 바벨성 매표소 줄이 길다. 바벨성은 내부 전체를 둘러볼 수 있는 포괄적인 티켓은 판매하지 않는다. 전시실마다 티켓이 따로 있어서 방문을 원하는 곳의 티켓만 구입하면 된다. State Rooms 티켓을 구입하니 티켓 위에 시간과 입장하는 장소가 나와 있다. 혹시 시간이 지나면 입장이 안 될까 봐 조금 일찍 입장하는 곳으로 갔더니 공항 보안검색대를 통과하는 것처럼 짐과 몸 검사를 하고 입장을 시켜준다. 우산이나 백팩 같은

바벨 대성당

것은 들고 들어갈 수 없으니 미리 짐 보관소에 맡겨야 한다. 유럽 여행에서 성이나 박물관에 간다면 최대한 간편한 차림으로 가는 것이 좋다. 우산이나 삼각대, 셀카봉, 백팩 등을 가지고 갈 경우 짐 보관소에 맡겨야 하고 나중에 다시 찾아야 하니 복잡하다. 내부는 사진촬영 금지라 오히려 편안한 마음으로 볼 수 있다. 사진촬영이 가능한 곳은 사진으로 담느라 눈으로 직접 담지 못하는 경우도 많기 때문이다. State Rooms는 생각보다 화려하지 않고 평범한데, 초상화가 많이 걸려 있고 옛날에 사용하던 테이블이나 의자, 난로, 장식장 등이 전시되어 있다. 가장 인상적이었던 방은 Head's Room이다. 천장에 수십 개의 얼굴들이 쭈르륵 조각되어 있는데, 같은 표정을 하고 있는 얼굴이 하나도 없다.

1, 2. 바벨성 3. 바벨성 내 타워

State Rooms 관람을 마치고 바벨 대성당(Katedra Wawelska/Wawel Cathedral) 쪽으로 가본다. 밖에서 볼 때는 마치 여러 개의 작은 건물들을 붙여놓은 것처럼 보이는데, 독특하면서도 조화롭다. 1320년에 세워진 바벨 대성당은 역대 폴란드 왕들의 대관식 및 장례식 장소로 사용되었다. 수도를 바르샤바로 옮긴 이후에도 얼마 동안 대관식 및 장례식만큼은 이곳에서 거행했다고 하니, 폴란드인들에게 이곳이 얼마나 특별한 곳이었는지 알 것 같다. 현재까지 수많은 군주와 성직자, 민족영웅의 유해가 이곳에 안치되어 있어서 이곳을 찾는 폴란드인들은 내가 느끼지 못하는 다른 감정을 느낄 것 같다. 대성당 내부에는 여러 개의 예배당이 있는데 황금색 돔을 가진 지그문트 예배당이 아름답기로 유명하다.

Add. Wawel 5, 31-001 Kraków **Tel.** +48 12 422 5155 **Web.** wawel.krakow.pl
Time. Fee.
바벨성에는 State Rooms, Royal Private Apartments, Crown Treasury and Armoury, Oriental Art, The Lost Wawel, Dragon's Den, Sandomierska Tower 등의 전시실이 있으며, 전시실마다 오픈 시간 및 티켓 가격이 다르므로 홈페이지에서 먼저 확인하자. 또한, 문화재 보존을 위해 하루에 입장 가능한 관객 수를 제한하고 있으니, 바벨성 내부를 꼭 둘러보고 싶다면 아침 일찍 가는 것을 추천한다. 성 안뜰은 티켓 구매 없이도 둘러볼 수 있다.

크라쿠프 맛집

'아직 잘 안 알려졌을 뿐이지, 사실 폴란드 사람들도 프랑스나 이탈리아 사람들처럼 요리에 일가견이 있는 게 아닐까?' 싶을 정도로 폴란드 음식은 맛있었다. 스테이크, 슈니쩰, 폴란드식으로 요리한 고기, 골롱카(족발), 우리나라 만두 같은 페로기. 이런 메인 음식들도 맛있지만 비트, 양배추, 당근으로 구성된 삼색 샐러드가 내 마음을 사로잡았다. 너무 시지도 달지도 않은 딱 적절한 정도의 새콤달콤함. 누군가 동유럽 여행을 한다고 하면 무조건 많이 먹으라고 얘기해줄 것이다. 맛있고, 푸짐하고, 저렴하니까 그 행복 마음껏 누리라고 말이다.

Kramy Dominikańskie
Add. Stolarska 8/10, 31-043 Kraków **Tel.** +48 12 422 1908
Time. 매일 12:00~23:00
Price. 에피타이저 약 5~15즈워티, 메인메뉴 약 24즈워티~, 음료 약 6즈워티~

Miss Golonko
Add. Rynek Główny 23, 31-008 Kraków **Tel.** +48 12 421 0316 **Time.** 11:00~00:00
Price. 에피타이저 약 6즈워티~, 메인메뉴 약 29즈워티~, 음료 약 6즈워티~

아우슈비츠 강제수용소

아무리 세계사에 관심이 없는 사람이라 할지라도 아마 '아우슈비츠 강제수용소'에 대해서는 한 번쯤 들어보지 않았을까? 폴란드 남부 오시비엥침에 건설된 아우슈비츠 강제수용소는 독일 나치가 세운 집단수용소 중 가장 큰 규모이며 대학살이 일어났던 곳이다. 1933년 독일 정권을 차지한 나치당은 두 가지 이유로 제2차 세계대전을 일으킨다. 하나는 독일 게르만 민족을 위한 새 영토 확보, 다른 하나는 민족순수성 유지. 제2차 세계대전을 일으키기 직전인 1939년 8월, 독일은 소련과 폴란드를 나눠 갖자는 조약을 맺는다. 폴란드를 점령한 나치는 1940년과 1941년에 걸쳐 유럽 전역을 침공한다. 하지만 모든 사람이 나치당을 지지하지는 않았기 때문에 나치는 본인들에 반대하는 사람들, 그리고 눈엣가시인 사람들을 수감할 수용소를 필요로 하게 된다. 사실 폴란드에 아우슈비츠 강제수용소가 지어지기 전 독일 영토 내에 이미 수용소들이 있었다. 그걸 좀 더 확장하고 발전시킨 버전이 바로 아우슈비츠인 것이다. 수용소 초기에는 주로 정치범, 폴란드의 지도자나 지식인 계층을 체포해 수감시켰고 갈수록 그 범위는 넓어졌다. 제일 많이 수감되었던 건 역시 유대인, 그리고 나치에 저항운동을 하다가 잡혀 온 정치범들이었다. 그 외에 집시, 동성연애자, 소련군 전쟁포로 등도

Krakow

수감되었다. 아우슈비츠 강제수용소는 1, 2, 3수용소가 있었는데, 1수용소에 2만 명, 2수용소에 9만 명, 3수용소에 1만 명 정도를 수용할 수 있었다. 호송열차를 타고 수용소에 도착한 사람들은 여성과 어린이, 남성으로 나누어 줄을 선다. 이 중에서 건강한 사람들은 뽑혀서 강제노동을 하고 늙고 병든 사람들은 학살을 당한다. 해방 이후 아우슈비츠 수용소에서 살아남은 사람이 7천 명 뿐이었다고 하니, 나치에 의해 죽어 나간 사람의 수가 엄청나다.

아직도 억울하게 학살당하고 죽은 이들의 혼령이 떠나지 못하고 맴도는 것인지, 아우슈비츠 수용소의 공기는 특별히 더 무겁고 참혹하다. 현재 1수용소와 2수용소를 일반에 공개하고 있는데, 1수용소는 실내 박물관이고 2수용소는 수용소 건물, 가스실, 호송열차가 들어오던 철길, 모뉴먼트 등이 있는 부지이다. 1수용소와 2수용소를 오가려면 무료 셔틀을 타고 5분 정도 이동해야 한다. 2수용소에 들어서자 가운데 놓인 철길과 양옆에 철조망, 감시탑이 눈에 들어온다. 곳곳에 설명과 함께 흑백사진들이 있어 그 당시 이 곳의 풍경이 어땠는지 확인해볼 수 있다. 가슴에 달고 있는 유대인을 상징하는 별. 저 사람들은 얼마 후 죽음이 찾아올 것이라는 걸 알고 있었을까? 지금은 무너진 상태지만 예전에 가스실이 있었던 곳은 샤워를 시켜주겠다고 속여 사람들을 대량학살했던 곳이다. 사람들은 아무것도 모르고 탈의실에서 탈의를 하고 샤워실로 들어갔겠지. 실제로 샤워장처럼 생겼다고 하니 아무 의심도 없이 샤워하는 줄 알고 들어갔을 것이다. 참 잔인하게도 샤워실(가스실) 바로 옆에 시체를 화장하는 곳과 해부하는 곳 등이 있었다고 한다. 수감자들이 생활하던 건물은 열악함의 끝을 달린다. 빛도 들어오지 않고 사람이 사는 곳인지 동물이 사육되는 곳인지 알 수 없을 정도다. 이렇게 위생상태가 열악하니 전염병이 돌고 수많은 사람이 병들어 죽었을 것이다. 수용소를 잠깐 둘러봤을 뿐인데도 눈에 눈물이 고이려 하고 목과 가슴이 턱 막힌 느낌이다.

1수용소에 들어서니 'ARBEIT MACHT FREI'라는 문구가 들어온다. 노동이 자유를 얻게 한다는 독일어로 나치는 수감자들을 수감하고 강제노동을 시키기 위해 이 문구를 모든 수용소에 붙여놓았을 것이다. 1수용소에서 가장 끔찍하게 다가오는 것은 바로 희생자들의 물건들을 분류해서 모아놓은 것이다. 신발만 모아놓았다든지, 가방만 모아놓았다든지. 수감자들은 나중에 다시 돌려받을 줄 알고 본인들의 가방에 이름도 다 써놓았다. 영원히 돌려받지 못하고 가방은 아직도 아우슈비츠에 남아 있지만 말이다. 희생자들의 머리카락을 모아놓은 전시실에 들어갔을 때는 온몸에 소름이 돋고 속이 울렁거릴 정도였다. 그 외에 감옥, 죄수들의 생활환경, 총살이 이루어진 벽, 처형 사진들과 자료 등을 볼 수 있었다. 폴란드에 간다면, 그리고 크라쿠프에 간다면 한 번쯤 꼭 둘러봐야 할 곳이 바로 이곳이 아닌가 싶다.

아우슈비츠 강제수용소
Add. Więźniów Oświęcimia 20, 32-603 Oświęcim Tel. +48 33 844 8100
Web. (공식) www.auschwitz.org (예약) http://visit.auschwitz.org
Time. 12월 8:00~14:00, 1월&11월 8:00~15:00, 2월 8:00~16:00, 3월&10월 8:00~17:00, 4월&5월&9월 8:00~18:00, 6월&7월&8월 8:00~19:00, 특정 공휴일 및 행사가 있는 날은 관람 불가
Fee. 시즌&시간에 따라 무료입장 가능, 공식 가이드 투어 45즈워티, 사설 가이드 투어 최소 100즈워티 이상

아우슈비츠 가는 방법과 관람 방법 3가지
1. 사설 여행사를 통해 가이드 투어를 하는 방법
예상비용 : 성인 100즈워티 이상
소요시간 : 6~7시간, 크라쿠프에서 여행사 미니버스를 타고 가서 가이드와 함께 1, 2 수용소를 둘러본다.
장점 : 왕복 교통편, 입장권을 걱정할 필요가 없고 가이드가 설명해주니 듣기만 하면 된다.
단점 : 가격이 비교적 비싸고, 개인적으로 더 둘러보고 싶어도 그럴 수가 없다.

2. 개인적으로 가서 뮤지엄 공식 가이드 투어를 하는 방법
예상비용 : 왕복 미니버스 24즈워티+가이드 투어 45즈워티 = 총 69즈워티
소요시간 : 가이드 투어 3.5시간, 왕복 시간 약 3시간 = 약 6~7시간
장점 : 사설 투어보다 저렴하고, 투어시간 외에 더 둘러보고 싶으면 둘러볼 수 있다.
단점 : 왕복 교통편을 스스로 알아봐야 하고, 뮤지엄 공식 가이드 투어도 예약해야 한다. (특히 영어 가이드 투어는 빨리 매진된다.)

3. 개인적으로 가서 개인적으로 둘러보는 방법
예상비용 : 왕복 미니버스 24즈워티+입장료 없음 = 총 24즈워티
소요시간 : 왕복 시간 약 3시간+둘러보는 시간은 개인차에 따라 다름
장점 : 비교적 저렴하고, 시간에 구애받지 않고 자유롭게 둘러볼 수 있다.
단점 : 왕복 교통편을 스스로 알아봐야 하고, 가이드가 없기 때문에 본인 스스로 공부를 많이 해야 한다.

크라쿠프에서 아우슈비츠 가는 방법
1. 크라쿠프 버스터미널로 가서 전광판을 확인한다.
2. 오시비엥침(=아우슈비츠) 가는 차편이 있는 플랫폼으로 이동한다. 참고로 터미널은 지상과 지하가 있는데, 오시비엥침 가는 버스는 주로 지하에서 출발한다.
3. 버스기사에게 편도 혹은 왕복 차표를 구입한다. (왕복 24즈워티) 만약 왕복 차표를 구입하면 오시비엥침에서 크라쿠프로 오는 시간을 잘 확인하고 같은 회사의 버스를 타야 한다.
4. 약 1시간 20분 정도 달리면 아우슈비츠에 도착한다. 아우슈비츠가 종점이 아니기 때문에 기사에게 아우슈비츠에 도착하면 알려달라고 하는 편이 좋다.
5. 내린 곳에서 아우슈비츠 사인을 따라가면 수용소에 도달하고, 크라쿠프로 돌아올 때는 내린 곳 반대편 버스정류장에서 버스를 타면 된다.
6. 크라쿠프 ↔ 오시비엥침 구간은 여러 버스회사에서 운영하고 시간표도 다르니 참고하자.

성수기 무료관람 팁!
성수기에 1수용소 무료입장은 오전 10시 이전, 혹은 오후 3시 이후다. 사람들이 많이 몰리는 오전 10시부터 오후 3시까지는 가이드 투어로만 입장이 가능하다. 이 시즌에 무료입장을 해서 혼자 둘러보고 싶다면 오전 11시쯤부터 2수용소를 둘러보고(2수용소는 언제나 개인 입장 가능하며 무료이다.), 오후 3시에

딱 맞춰서 1수용소로 이동해 개인 무료입장을 해서 둘러보면 된다. 다만 1, 2수용소 모두 생각보다 넓고 볼 것이 많으니 관람시간을 넉넉하게 잡는 게 좋다. 1수용소 무료입장을 할 때 매표소에서 무료티켓을 받아 그 티켓을 스캔하고 들어가야 한다.

- 1수용소(Auschwitz) : 여러 건물로 구성되어 있고 건물 내부에 각종 자료가 전시되어 있다.
- 2수용소(Birkenau) : 수감자들이 살던 건물(부지), 가스실, 철길, 모뉴먼트 등이 있다.

1 수용소 블록 설명
4블록 : 희생자들의 머리카락 전시
5블록 : 종류별로 분류된 소지품들(신발, 가방, 그릇, 빗 등) 전시
6블록 : 수감자들 사진과 자료 전시
7블록 : 수감자들 생활환경(화장실, 세면실, 침실, 3층 침대) 전시
10과 11블록 사이 : 총살의 벽
11블록 : 지하에 감옥, 1층에 사무실과 수감자들 침실 등 전시
15블록 : 처형 사진들과 자료 전시

비엘리츠카 소금광산 Kopalnia Soli Wieliczka / Wieliczka Salt Mine

크라쿠프에서 남동쪽으로 약 15km 떨어진 곳에 1978년 유네스코 문화유산으로 등록된 비엘리츠카 소금광산이 있다. 바닷가가 아닌 곳에서 소금이 나는 것도 신기하지만, 이 소금광산이 특별한 또 다른 이유는 바로 광부들이 소금으로 만든 수많은 조각작품이 있기 때문이다. 광산 내부는 가이드 투어로만 둘러볼 수 있기 때문에 영어 가이드 투어 티켓을 구입하고 개인 관광객 입장하는 곳에 줄을 선다. 성수기에는 30분이나 1시간에 한 번 꼴로 영어 가이드 투어가 진행되는데, 비수기에는 횟수가 줄어드니 미리 알아보고 가는 게 좋다.

사진을 찍을 수 있다는 표시인 포토퍼미션 스티커를 옷 위에 부착하고 수신기와 이어폰을 받은 다음 가이드의 안내에 따라 채널을 맞춘다. 가이드 목소리가 잘 들리다가 점점 안 들리고 지지직거리면 가이드와 내 거리가 멀어지고 있다는 증거이니 길 잃고 광산에 갇히지 않으려면 잘 따라다녀

야 한다. 투어는 약 2시간 정도 진행되고, 총 25개의 챔버를 방문하게 된다. 챔버들은 크게 3가지로 나눠볼 수 있는데, 유명인의 조각이 있는 챔버, 예배당, 당시 이곳 생활과 채굴 방법을 보여주는 챔버이다.

비엘리츠카 소금광산 발견에 대해서는 두 가지 설이 있는데, 하나는 헝가리 출신이자 폴란드로 시집온 킹가 공주가 발견했다는 설, 다른 하나는 광산이 개발되기 전에 사람들이 여기서 짠 물과 짠 돌덩어리를 발견하고 살았다는 설이다. 둘 다 '설'이기 때문에 어떤 것을 믿든 본인 자유라는데, 폴란드 사람들은 킹가 공주의 설을 더 믿는 것 같다. 그녀를 광산의 수호신이라고 생각하고 킹가 예배당까지 있으니 말이다. 소금광산 내부는 바닥도, 벽도, 천장도 모두 소금이다. 우리가 먹는 소금이 물에서 왔다면 이곳에 있는 소금은 돌에서 온 것. 회색 소금에 미네랄이 풍부하기 때문에 이 안에서 숨을 쉬면 좋다며, 가이드는 자꾸 숨을 크게 들이쉬고 내쉴 것을 권한다.

13세기부터 개발된 소금광산은 한때 폴란드 왕국의 중요한 수입원이었다. 당시에는 냉장 시설이 없었기 때문에 음식을 저장하려면 소금이 꼭 필요했고, 그 때문에 소금의 가치는 어마어마했다. 이곳에서 일한 광부들은 8시간씩 3교대로 일을 했고 급여도 많이 받았다. 당시 소금광산에 가장 큰 위험 요소는 물과 가스였는데, 현재는 기술적으로 처리해서 괜찮다고 한다. 그리고 안전을 위해 약 300명의 전문 광부가 매일 점검을 하고 있다고 한다. 내부에는 약 40개의 예배당이 있는데, 투어 중에는 3개의 예배당을 둘러본다. 작은 예배당을 볼 때는 큰 감흥이 없었지만 킹가 예배당을 보고는 눈이 휘둥그레졌다. 조각가도 아니고 광부들이 어쩜 이렇게 섬세하고 아름다운 조각을 남겼는지 놀랍기만 하다.

투어의 마지막 공간에는 기념품점, 뷰잉테라스, 식당, 어린이 놀이공간, 시네마 등의 시설이 있어서 이곳에 더 머물고 싶은 사람은 머물러도 된다. 다만 문 닫기 전에 나가야 하고, 나갈 때는 엘리베이터를 타고 지상으로 올라가는데, 이 줄도 꽤 기니 어느 정도 시간 여유를 두고 나가는 것이 좋다. 광산 내부 기념품점에서는 비엘리츠카 소금 등 다양한 기념품을 팔고 있는데, 실용적이고 가격도 저렴해 선물용으로 구입하기에 좋다.

비엘리츠카 소금광산
Add. Daniłowicza 10, 32-020 Wieliczka(여행객 코스), Plac Kościuszki 9, 32-020 Wieliczka(광부 코스)　Tel. +48 12 278 7302, +48 12 278 7366(여행객 코스), +48 12 278 7570(광부 코스)　Web. www.wieliczka-saltmine.com　Time. 4월~10월 7:30~19:30, 11월~3월 8:00~17:00, 단, 1월 1일, 이스터, 11월 1일, 12월 24일 25일 31일은 휴관 혹은 단축 운행　Fee. 성인 84즈워티, 26세 이하 학생 64즈워티, 온라인 티켓 구매 가능, 사진을 찍으려면 포토퍼미션 티켓을 따로 구입해야 함, 10즈워티(Time & Fee 여행객 코스 기준)

크라쿠프에서 비엘리츠카 소금광산 가는 방법(여행객 코스 기준)
1. 중앙역과 갤러리아 앞쪽 도로 Kurniki도로 3번지, Lunch bar TU 앞으로 간다.
2. 티켓 자판기에서 Zone 1+2 왕복 티켓을 구입한다. 가격은 7.60즈워티. (단, 20즈워티 이상은 자판기에 넣을 수 없으니 10즈워티나 동전을 준비하자!)
3. 304번 버스, 전광판에 Wieliczka라고 쓰인 버스를 탄다. (배차간격 약 20분)
4. 약 50분 정도를 달리면, 비엘리츠카 소금광산 근처 버스정류장에 도착한다. (사람들이 많이 내린다거나, 갑자기 안내방송이 나오면 눈치껏 내리자. 현지인&버스기사한테 물어보거나 GPS를 이용하는 것도 좋다.)
5. 버스 진행 방향으로 걸어 올라가다가 오른쪽 내리막길로 내려가 기찻길을 건넌다.
6. 기찻길을 건넌 뒤 왼쪽으로 꺾어서 쭉 걸어가다가 소금광산 표시가 나오면 오른쪽으로 꺾어 들어간다.

비엘리츠카 소금광산 주의할 점 및 TIP
1. 내부에서는 절대 흡연금지다.
2. 각 공간이 문으로 구분되어 있는데, 마지막 사람이 문을 꼭 닫아야 한다.
3. 소금으로 된 바닥이 미끄럽기도 하니 조심해서 걸어야 한다.
4. 계단도 많고 걷는 구간도 많으니 운동화 같은 편한 신발을 신어야 한다.
5. 기념품은 소금광산 외부/내부에서도 살 수 있는데, 내부에서 파는 것이 포장이 더 예쁘다. 가격은 내외부 비슷하고 신용카드 사용이 가능하다.
6. 투어 약 2시간, 내부 구경 조금 더 하고 나오는 시간까지 합하면 총 3시간 정도 소요된다.

Krakow

크라쿠프 교통 정보

크라쿠프로 가는 방법

비행기 시내 서쪽에 국제공항이 있어 유럽의 여러 도시에서 항공편을 이용하여 크라쿠프로 갈 수 있다. 공항의 정식 명칭은 John Paul II International Airport Kraków-Balice이다.
- 크라쿠프 공항 : www.krakowairport.pl

버스 근처 국외/국내 도시들에서 버스를 이용해 크라쿠프로 갈 수 있다. 크라쿠프 버스터미널은 기차역과 붙어 있고 시내 중심가와도 가까워 편리하다.
▷ 바르샤바 → 크라쿠프(5시간), 브로츠와프 → 크라쿠프(3시간 10분),
   프라하 → 크라쿠프(10시간), 비엔나 → 크라쿠프(7~8시간),
   부다페스트 → 크라쿠프(7시간)
- 폴스키 버스 : www.polskibus.com
- 유로라인 버스 : www.eurolines.com
- 에코라인 버스 : www.ecolines.net
- LUX/Simple 익스프레스 버스 : www.luxexpress.eu

기차 버스와 마찬가지로 국외/국내 도시들에서 기차를 이용해 크라쿠프로 갈 수 있다. 크라쿠프 기차역은 큰 쇼핑몰과 연결되어 있고, 올드타운 바로 옆에 붙어 있어 편리하다.
▷ 바르샤바 → 크라쿠프(2~3시간), 브로츠와프 → 크라쿠프(3시간),
   프라하 → 크라쿠프(8~10시간), 비엔나 → 크라쿠프(8시간),
   부다페스트 → 크라쿠프(10~11시간)
- 폴란드 기차 검색 : http://intercity.pl
- 폴란드 지역 기차 검색 : http://przewozyregionalne.pl

크라쿠프 중심지로 가는 방법

공항에서 공항은 시내 중심지로부터 서쪽으로 약 15km 정도 떨어져 있다. 택시를 타면 시내까지 약 25분 정도 소요되며, 요금은 약 70~80즈워티이다. 공항에서 208번, 292번 버스(밤에는 902번 버스)를 이용하면 시내 중심부까지는 약 30분 소요된다. 티켓은 자동판매기나 기사한테 구입 가능하며 티켓가격은 4즈워티이다.

기차역에서
버스터미널에서 기차역/버스터미널에서 시내 중심지까지는 약 700m/950m로 걸어갈 수 있는 거리이다. 약 10분 정도 걸으면 올드타운까지 갈 수 있다.

크라쿠프의 대중교통

트램
버스 크라쿠프 시내 중심부 지역은 트램과 버스노선으로 이어져 있다. 티켓은 신문가판대나 자동판매기 등에서 구입할 수 있으며, 1회권인 3.80즈워티짜리 티켓은 40분간 유효하다. 그 외에 20분권(2.80즈워티), 1시간권(5즈워티), 90분권(6즈워티), 24시간권(15즈워티), 48시간권(24즈워티), 72시간권(36즈워티), 일주일권(48즈워티) 등이 있다.

- 크라쿠프 시내교통 : www.krakow-info.com

택시 기본요금은 평균적으로 7즈워티에서부터 시작하며, 킬로미터 당 2.8~4.2즈워티이다. 야간이나 주말, 공휴일에는 추가요금이 붙으므로 타기 전에 목적지까지 대략 얼마 정도 나올지 확인한 뒤 타는 것이 좋다.

크라쿠프는 크라쿠프 자체 내에도 볼 것이 많지만 근교에 볼거리도 많아 최소한 3박 정도 하는 것이 좋다. 하루는 아우슈비츠, 하루는 비엘리츠카 소금광산에 다녀오고 크라쿠프 올드타운과 바벨성도 꼼꼼하게 둘러보는 것을 추천한다.

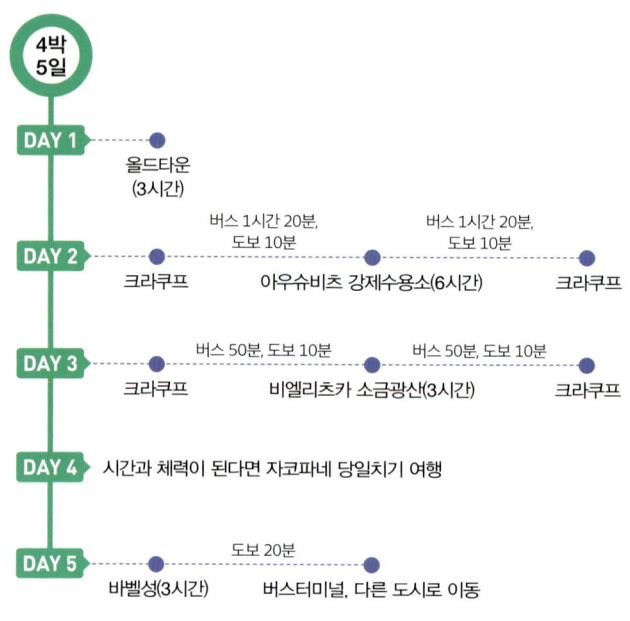

× 이것만은 꼭! 크라쿠프의 BEST 3 ×

BEST 1. 아우슈비츠 강제수용소 다녀오기
BEST 2. 비엘리츠카 소금광산 투어하기
BEST 3. 올드타운과 바벨성 둘러보고 맛있는 폴란드 음식 먹기

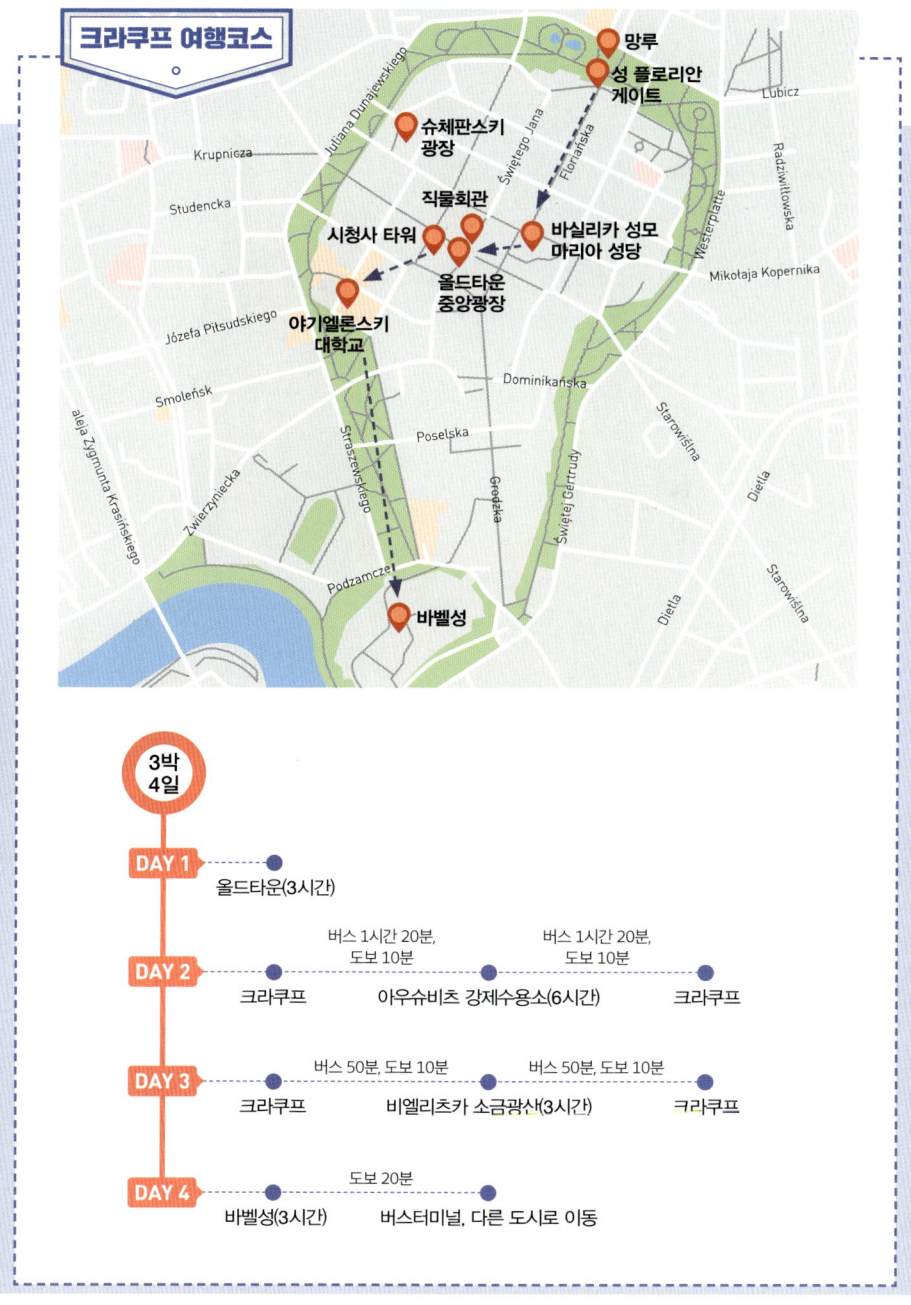

리투아니아
LITHUANIA

05

× × ×

1. 클라이페다
2. 카우나스
3. 빌뉴스

❶ **국가명** 리투아니아 공화국(Republic of Lithuania)
❷ **수도** 빌뉴스(Vilnius)
❸ **언어** 리투아니아어
❹ **면적** 65,300km²
❺ **국가번호** +370
❻ **기후** 온화한 대륙성 기후의 특징을 가지고 있다.

도시	평균	1월	2월	3월	4월	5월	6월	7월	8월	9월	10월	11월	12월
빌뉴스	최고	-3	-2	2	10	18	21	22	21	16	10	3	-1.1
	최저	-8	-8	-4	1	7	10	12	11	8	3	-1	-5

❼ **시차** 한국보다 7시간 느리다. 서머타임(3월 마지막 일요일~10월 마지막 일요일) 기간에는 6시간 느리다. 예를 들어, 한국이 오전 10시라면 리투아니아는 새벽 4시.
❽ **전압** 220V로 한국과 동일하며 한국 전자제품을 가져가 그대로 사용할 수 있다.
❾ **비자** 무비자로 90일 체류 가능하다. (리투아니아는 쉥겐국가)
❿ **응급 시 연락처** 112
⓫ **주 덴마크 대한민국 대사관**
　Add. Svanemøllevej 104, DK-2900 Hellerup　Tel. +45 39 46 0400
　* 리투아니아에는 상주 대한민국 대사관이 없으며, 주 덴마크 대한민국 대사관이 리투아니아 대사관을 겸임하고 있다.

✕ 리투아니아의 화폐와 환전

화폐 단위는 유로(EUR/Euro)와 센트(Cent)이다. 지폐로 500, 200, 100, 50, 20, 10, 5유로가 있고, 동전으로 2, 1유로가 있으며, 유로보다 작은 단위인 센트(Cent)가 동전으로 50, 20, 10, 5, 2, 1이 있다.

우리나라 각 은행에서 한화를 유로로 직접 환전할 수 있다. 본인의 주거래은행에서 환전을 할 경우 환율 우대를 받을 수 있으며, 은행마다 다르지만 여행자보험을 무료로 들어주는 곳

도 있다. 인터넷에 '환율 우대쿠폰'을 검색해서 유효한 쿠폰을 출력해 환율 우대를 받을 수도 있다. 단, 이 경우 쿠폰의 유효기간 및 조건을 잘 확인해야 한다. 시간 여유가 없는 여행자는 인터넷 환전을 한 다음 은행에 가서 유로화를 수령해도 된다. 꿀팁 하나. 은행에서 일하는 친구가 있다면 친구에게 환전을 부탁해보자. 직원 환율 우대를 받을 수 있다. 여행 후 유로가 남았을 경우 지폐는 다시 한화로 환전할 수 있지만 동전은 환전할 수 없다. 되도록 동전은 현지에서 다 쓰고 올 수 있도록 조절하자!

✕ 리투아니아의 공휴일과 축제

공휴일

1월 1일	새해 첫날		7월 6일	국가 지휘 확립의 날
2월 16일	독립기념일		8월 15일	성모 승천 대축일
3월 11일	독립 회복의 날		11월 1일	모든 성인의 날
3월 25일~28일	부활절		12월 24일~25일	크리스마스 이브 & 크리스마스
5월 1일	노동절			
5월 첫 주 일요일	어머니의 날		12월 31일	새해 전날
6월 첫 주 일요일	아버지의 날			
6월 24일	성 요한의 날			

축제

1월	이그날리나	Republic Winter Festival
2월	빌뉴스	Mardi Gras (겨울이 끝나고 봄을 맞이하는 축제)
3월	빌뉴스, 카우나스, 샤울레이, 클라이페다	Vilnius International Film Festival "Kino Pavasaris"
	빌뉴스	Mados Infekcija (패션 페스티벌)
4월~5월	카우나스	International Jazz Festival
5월	빌뉴스	Street Music Day
	빌뉴스	International Children's and Youth Theatre Festival
6월	클라이페다	Klaipeda Castle Jazz Festival
	빌뉴스	Tebūnie Naktis (Let There Be Night)
봄~가을	빌뉴스	Vilnius Festival (봄부터 가을까지 다양한 축제들이 자주 열림)
6월~8월	카우나스	Pažaislis Music Festival
6월~7월 (4년에 한번씩)	카우나스, 빌뉴스	Song Celebration

축제	6월	팔랑가	Summer Festival
	7월	바르니에이	Blues Nights
		클라이페다	Sea Festival
	8월	자라세이	Rock Nights
	9월	빌뉴스	Vilnius Fejerija (불꽃축제)
	11월	빌뉴스, 카우나스, 샤울레이, 클라이페다	European Film Forum Scanorama

✕ 리투아니아로 가는 방법

❶ 한국에서 리투아니아로

한국에서 리투아니아까지 가는 직항편은 없고, 유럽의 다른 도시를 1회 경유하여 가는 것이 일반적이다. 대기시간과 비행시간을 포함한 소요시간은 최소 13~14시간이며, 대기시간이 길면 소요시간이 20시간 이상 되는 경우도 있다. 항공권 가격의 경우 프로모션 특가를 이용하면 70~80만 원으로 구매할 수도 있고, 일반적으로는 100만 원 초~중반대로 구매할 수 있다. 헬싱키를 1회 경유하는 핀에어, 이스탄불을 1회 경유하는 터키항공이 대기시간도 3~5시간으로 짧고, 루트도 합리적이다. 아에로플로트 러시아항공과 대한항공은 공동운항을 하며, 모스크바를 1회 경유한다. 발트 3국 전체를 여행할 경우, 인/아웃할 도시와 일정을 미리 생각해보고 항공권을 구입하는 것이 좋다.

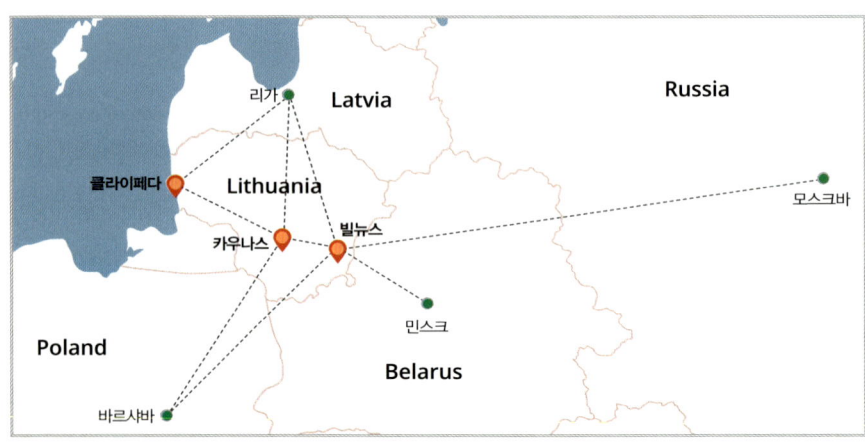

❷ **유럽국가에서 리투아니아로(소요시간)**
- 리가 → 클라이페다   버스 3시간 40분
- 리가 → 카우나스   버스 5시간
- 리가 → 빌뉴스   버스 4시간 10분
- 클라이페다 → 카우나스   버스 2시간 40분, 기차 2시간 45분
- 카우나스 → 빌뉴스   버스 1시간 20분, 기차 1시간 20분
- 바르샤바 → 카우나스   버스 7~8시간
- 바르샤바 → 빌뉴스   버스 6~10시간
- 민스크 → 빌뉴스   버스 3시간, 기차 2시간 35분
- 모스크바 → 빌뉴스   버스 15시간, 기차 18시간, 비행기 2시간

✕ 리투아니아 추천 일정

❶ **리투아니아 주요 도시를 모두 둘러보는 일정(6박 7일)**

클라이페다(2박) → 카우나스(2박) → 빌뉴스(2박)

리투아니아 전역의 주요 도시들을 여행하는 일정이다. 클라이페다에서 2박하면서 근교의 니

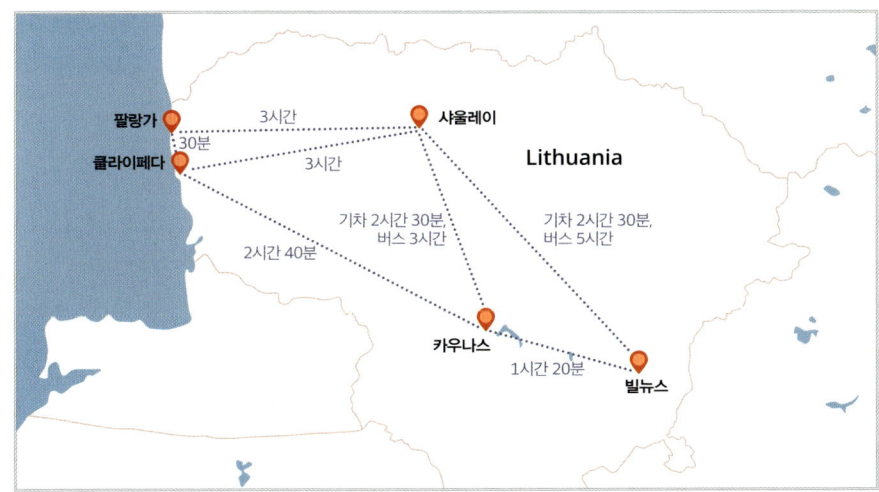

다와 팔랑가를, 카우나스에서 2박하면서 근교의 샤울레이를, 빌뉴스에서 2박하면서 근교의 트라카이 성을 다녀오면 리투아니아에서 유명한 곳은 대부분 보는 셈이다.

❷ 리투아니아의 수도와 그 주변만 둘러보는 일정(2박 3일)

빌뉴스(2박)

일정이 여유롭지 않다면 수도인 빌뉴스와 빌뉴스에서 가까운 카우나스와 트라카이 성을 보는 것으로 충분하다. 각자의 전체 여행계획에 따라 빌뉴스에서 2박을 하거나, 빌뉴스 1박, 카우나스 1박으로 나눠서 숙박해도 좋다.

✕ 리투아니아 여행비용

❶ 6박 7일 일정 여행비용(기준환율 1,400원)

왕복항공료	100만 원대
숙박비(6박)	호스텔 도미토리 기준 약 120,000원
교통	타 도시 → 클라이페다 편도 약 16유로(약 22,400원) 클라이페다 → 니다 왕복 약 8.86유로(약 12,404원) 클라이페다 → 팔랑가 왕복 약 3유로(약 4,200원) 클라이페다 → 카우나스 편도 약 15유로(약 21,000원) 카우나스 → 샤울레이 왕복 약 20유로(약 28,000원) 카우나스 → 빌뉴스 편도 약 5.50유로(약 7,700원) 빌뉴스 → 트라카이 성 왕복 약 3.54유로(약 4,956원) 빌뉴스 → 타 도시 편도 약 17유로(약 23,800원) 카우나스 버스터미널 → 숙소 택시 왕복 약 7유로(약 9,800원)
관광지 입장료	트라카이 성 입장료(학생)+포토퍼미션 약 3.48유로(약 4,872원)
음식	약 70유로(약 98,000원)
쇼핑	개인에 따라 다름
총 금액	약 1,357,132원+@

❷ 2박 3일 일정 여행비용(기준환율 1,400원)

왕복항공료	100만 원대
숙박비(2박)	호스텔 도미토리 기준 약 40,000원

교통	빌뉴스 → 타 도시 편도 약 17유로(약 23,800원) 빌뉴스 → 카우나스 왕복 약 11유로(약 15,400원) 빌뉴스 → 트라카이 성 왕복 약 3.54유로(약 4,956원) 카우나스 → 타 도시 편도 약 20유로(약 28,000원) 카우나스 버스터미널 → 숙소 택시 왕복 약 7유로(약 9,800원)
관광지 입장료	트라카이 성 입장료(학생)+포토퍼미션 약 3.48유로(약 4,872원)
음식	약 30유로(약 42,000원)
쇼핑	개인에 따라 다름
총 금액	약 1,168,828원+@

❸ 리투아니아 7박 8일 실제 여행비용(2015년 5월 기준)

도시	사용일	구분	사용내역	금액(1인)	원화환산(1인)
우측표시	5/10	교통	리가-클라이페다 버스(LUX-Olego)	€ 16.00	₩ 22,400
샤울레이	5/10	기타	화장실	€ 0.20	₩ 280
클라이페다	5/10	숙박	Klaipeda Hostel 3박	€ 33.00	₩ 46,200
클라이페다	5/10	음식	슈퍼마켓(물, 맥주, 주스, 빵, 버터, 즉석요리)	€ 5.36	₩ 7,504
클라이페다	5/11	음식	점심(리투아니안 스테이크, 비트수프, 맥주)	€ 13.10	₩ 18,340
클라이페다	5/11	음식	저녁(카푸치노, 빵)	€ 1.75	₩ 2,450
우측표시	5/12	교통	클라이페다-니다 버스 왕복	€ 8.86	₩ 12,404
니다	5/12	기타	화장실	€ 0.50	₩ 700
니다	5/12	음식	점심(리투아니안 제플린, 맥주)	€ 6.00	₩ 8,400
우측표시	5/13	교통	클라이페다-카우나스 버스	€ 14.34	₩ 20,076
카우나스	5/13	숙박	The Monk's Bunk Kaunas 2박	€ 23.00	₩ 32,200
카우나스	5/13	교통	버스터미널-호스텔 택시	€ 5.00	₩ 7,000
카우나스	5/13	음식	점심(리투아니안 스튜, 맥주)	€ 7.90	₩ 11,060
카우나스	5/13	음식	슈퍼마켓(물, 맥주, 칩, 초콜릿)	€ 3.69	₩ 5,166
카우나스	5/14	음식	점심(리투아니안 감자전, 비트수프)	€ 4.50	₩ 6,300
카우나스	5/14	음식	커피(라테)	€ 1.60	₩ 2,240
카우나스	5/14	음식	저녁(크로와상 2개, 디저트 1개)	€ 0.78	₩ 1,092
카우나스	5/15	교통	호스텔-버스터미널 택시	€ 2.00	₩ 2,800
카우나스	5/15	교통	카우나스-빌뉴스 버스	€ 5.50	₩ 7,700
빌뉴스	5/15	숙박	Home Made House 2박	€ 24.00	₩ 33,600
빌뉴스	5/15	음식	점심(리투아니안 치킨, 수프, 맥주)	€ 13.00	₩ 18,200
빌뉴스	5/15	음식	슈퍼마켓(물, 초코바, 빵, 샐러드, 요거트)	€ 3.86	₩ 5,404
빌뉴스	5/16	교통	빌뉴스-트라카이 버스	€ 1.77	₩ 2,478
빌뉴스	5/16	관광	트라카이 성 학생 입장료 + 포토 퍼미션	€ 3.48	₩ 4,872
빌뉴스	5/16	음식	키비나이 3개	€ 5.75	₩ 8,050
빌뉴스	5/16	교통	트라카이-빌뉴스 버스	€ 1.77	₩ 2,478
빌뉴스	5/16	음식	슈퍼마켓(빵, 즉석음식, 요거트, 자두 2개)	€ 2.18	₩ 3,052
빌뉴스	5/17	음식	케밥	€ 2.50	₩ 3,500
우측표시	5/17	교통	빌뉴스-바르샤바 버스(Simple Express)	€ 17.00	₩ 23,800

동유럽에 반하다

Lithuania

리투아니아 서쪽 해안에 위치한 클라이페다. 도시 곳곳에서 작고 앙증맞은 조각들을 발견하는 즐거움이 있고, 니다의 대자연과 사구를 만나러 가는 관문이 되는 곳이다. 복잡함 보다는 한적함과 평화로움이 느껴지는 도시로 천천히 여행하기에 좋은 곳이다.

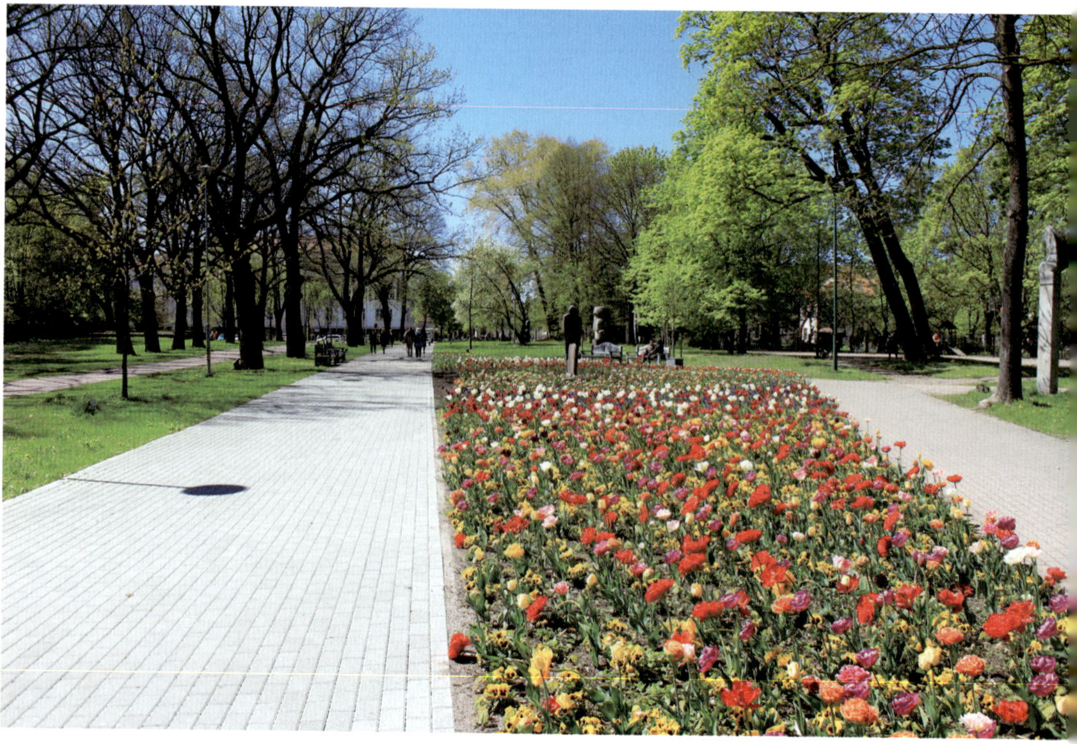

조각공원

버스터미널 바로 앞, 클라이페다 호스텔

클라이페다에 예약해 둔 숙소는 버스터미널에서 엎어지면 코 닿을 정도로 가까운 곳에 위치한다. 올드타운에 가려면 20분 정도 걸어야 하지만, 니다나 다른 도시로 이동하기 위해 버스를 이용할 때에는 무척 편리하다. 3층짜리 옅은 분홍빛의 건물 중 2, 3층이 호스텔인데, 나는 3층에 있는 5인실 방을 배정받았다. 2층과 3층에는 각각 부엌과 공용공간, 샤워실과 화장실이 있고 따로 조식이 제공되는 건 아니지만 아침마다 공용공간 테이블 위에 파운드 케이크 같은 것이 제공된다.

Klaipeda Hostel
Add. Butkų Juzės 7-4, Klaipėda, 92228   Tel. +370 655 94407
Price. 4인 도미토리 약 11유로

도시 속 울창한 조각공원

숙소에서 올드타운으로 가려면 넓은 공원을 하나 통과해야 했다. ㄱ자 모양으로 된 공원으로 들어서자마자 '이게 정말 도시 한가운데에 있는 공원이 맞나?'라는 생각이 들었다. 길고 날씬하게 쭉쭉 뻗은 나무들이 수백 그루 심어져 있는데, 마치 수목원에 온 것 같다. 클라이페다에 머무는 동안 이 공원을 매일 지나쳤는데, 날씨에 따라 공원의 분위기가 달라졌다. 비가 오

고 우중충한 날에는 무서울 정도로 스산하고, 햇빛이 쨍한 날에는 따뜻하고 평온하다. 나무들 사이사이로는 116개의 다양한 조각 작품들이 전시되어 있어서 산책하며 예술작품을 관람하는 재미까지 있다. 공원 한쪽의 잘 정리된 화단에는 빨갛고 노랗고 하얀 꽃들이 빵끗 웃으며 봄을 알리고 있고, 벤치에는 할머니들이 삼삼오오 모여 햇볕을 쬐고 있다. 분명 한 발짝만 밖으로 내디디면 그냥 평범한 마을인데, 이 공원에 발을 들이면 마치 고요한 숲에 들어온 느낌이다.

Add. K. Donelaičio g. 6B, Klaipėda 92145

특이한 벤치들이 많은 거리

조각공원에서 서쪽으로 빠져나오면 바로 보행자 전용도로인 Martyno Mažvydo alėja로 이어진다. 이 길에는 듬성듬성 벤치가 놓여있는데, 벤치

들이 조금 남다르다. 체스판을 가운데 두고 서로 마주보고 앉을 수 있는 벤치, 강아지 모양의 벤치도 있다. 작은 새를 안고 있는 양갈래 머리의 소녀와 함께 앉을 수 있는 벤치도 있는데, 하루는 배낭을 멘 덩치 큰 아저씨가 소녀 옆에 앉아 있는 것을 발견했다. 마치 소녀가 덩치 큰 아저씨를 토닥토닥 위로해주고 있는 느낌이 들어 괜히 웃음이 났다. 벨기에 브뤼셀에 있는 오줌싸개 동상을 연상시키는 소년의 동상도 있는데, 'Klaipėdietis'라는 이름을 가진 45cm의 동상이다. 클라이페다의 문장에 한쪽 팔을 올리고 다리를 꼰 채 여유롭게 서 있는 이 조각은 클라이페다 시 750주년 기념 선물이다.

클라이페다 올드타운

클라이페다의 올드타운은 정말 작다. 특히 클라이페다가 리투아니아에

Meridianas호

서 세 번째로 큰 도시이자 가장 오래된 도시임을 생각해보면 말이다. 원래 클라이페다는 발트 민족에 의해 세워졌지만, 도시나 성, 항구가 제대로 세워진 것은 1252년 튜턴기사단에 의해서였다. 이 지역은 독일어로 메멜(Memel)이라고 불렸는데, 이 이름은 메멜강(Mēmele River) - 리투아니아어로 Nemunas, 네만강 - 의 이름에서 따온 것이고, '차분한'이란 뜻이다. 메멜강이 잔잔하게 흘러서 그런 이름이 붙었다. 제2차 세계대전 이전까지 이곳은 독일령이었던 시간이 대부분이었고, 그 이후에서야 다시 소비에트 연방 리투아니아로 귀속되었다.

다리를 건너는데 Meridianas라는 이름을 달고 있는 배가 한 척 보인다. 1948년에 만들어진 이 배는 클라이페다 항해 학교에서 교육용 선박으로 쓰이다가, 1967년 이후부터는 강 위에 떠 있는 레스토랑으로 사용되었고, 2012년에는 선주가 바뀌어 해양 전시관으로 사용되고 있다.

올드타운 안쪽으로 들어가니 아기자기한 길과 건물들이 눈에 들어온다. 어떤 건물의 벽에는 클라이페다 올드타운의 지도도 그려져 있고, 우체국 앞에는 당장 편지를 배달해줄 것만 같은 비둘기 조각도 있다. 비둘기 조각 아래 우체통에 편지를 넣으면, 그 편지는 클라이페다 시로 전달이 된다. 한마디로 시민들의 의견이나 제안 등을 받는 창구인 셈이다. 나중에 알게 된 사실이지만 클라이페다가 워낙 조각이 많은 도시로 유명하기 때문에 올드타운 곳곳에 숨어있는 조각들을 찾는 것도 재미있다고 한다. 폴란드 브로츠와프에 난쟁이 조각들처럼 작은 조각들이니 두 눈 크게 뜨고 찾아봐야 할 것 같다.

올드타운 Turgaus 길 끝쪽으로 가면 요나스 언덕(Jonas Hill)이 있다. 옛날에는 요새나 해자로 쓰였다면 지금은 시민들의 휴식 공간으로 사용되고 있다.

1, 2. 요나스 언덕

올드타운 한쪽에서는 클라이페다의 가장 오래된 건축물도 만날 수 있다. 건물 바깥쪽에서 프레임을 확인할 수 있는 구조로 되어 있는데, 어째 독일에서 많이 본 것 같다 했더니, 아니나다를까 독일의 영향을 받은 건축물이라고 한다. 도시가 세워질 때부터 많이 쓰였던 건축방법인데 대부분 화재로 소실되고 남아있는 건물은 몇 없다. 옛날에는 창고로 사용되다가 지금은 작은 아트갤러리, 박물관, 기념품 상점, 카페 등으로 사용되고 있다.

클라이페다의 오래된 건축물
Add. Bažnyčių gatvė 4, Klaipėda 91246

항구 쪽으로 발걸음을 돌려 걷던 중 극장광장을 지나치게 되었다. 다른 동유럽 도시들에서는 시청광장, 혹은 마켓광장 등을 많이 만났는데 극장광장은 처음이다. 광장의 한쪽에 서 있는 드라마 극장에서는 18세기부터 많은 작품이 공연되었고 클라이페다 시민들의 문화생활에 중요한 역할을 해왔다. 광장 가운데에는 분수대와 함께 소녀상이 있는데, 이 소녀의 이름은 Ann from Tharau이다. Ann 동상은 클라이페다에서 태어난 독일 시인 Simon Dach에게 헌정된 것으로, 여기에는 슬픈 이야기가 함께 전해져 내려온다. Dach가 Ann을 처음 봤을 때 한눈에 반하게 되지만 안타깝게도 Ann에게는 이미 약혼자가 있었다. Dach의 사랑은 이루어질 수 없었고, 그는 그녀에게 'Ann from Tharau'라는 시를 바쳤다고 한다. 이 시는 독일, 오스트리아, 스위스 등에서 여전히 유명하며 노래로도 만들어졌다.

드라마 극장
Add. Teatro g. 2, Klaipėda 91247
Tel. +370 46 314464
Web. www.kldteatras.lt

우연히 발견한 맛집

어디선가 맛있는 냄새가 풍겨와 따라가 보니 음식점들이 모여있는 골목이 나타난다. 마침 햇볕이 좋아 야외테이블에 자리를 잡고 메뉴를 보다가 먹고 싶은 것을 모두 주문해버렸다. 이렇게 다 주문해도 가격이 저렴하다. 역시 이 맛에 동유럽을 여행한다. 추천받은 로컬맥주를 시원하게 들이키고 있으니 곧 비트수프와 튀김이 나온다. 비트수프는 러시아에서 처음 접했는

데, '보르쉬'라고 불리는 러시아 전통 수프의 주재료가 바로 이 비트다. 보르쉬 맛에 반해 이후 발트 3국을 여행할 때도 메뉴판에 비트수프만 있으면 무조건 주문해 먹었다. 곧이어 리투아니아식 스테이크도 나왔는데, 두툼한 오겹살을 뼈와 함께 구운 것 같은 비주얼이다. 두툼한 스테이크도, 옆의 구운 감자와 새콤한 샐러드도 모두 마음에 쏙 들었다.

FRIEDRICHO PASAZAS
Add. Tiltų g. 26A, Klaipėda 91246   Tel. +370 46 301070   Web. pasazas.lt
Price. 에피타이저 약 3유로~, 메인메뉴 약 8유로~, 음료 약 2유로

클라이페다 항구 풍경

올드타운을 한 바퀴 돌아보고 항구 쪽으로 향한다. 보통 '항구'하면 어선, 수산시장, 회, 소주, 이런 것부터 떠오르지만 클라이페다 항구에서는 내

가 생각한 항구의 요소를 하나도 찾아볼 수 없었다. 보트들이 정박해있고 간혹 보트를 정비하는 사람이나 산책하는 사람이 몇 있을 뿐, 활기참보다는 고요함이 감도는 곳이었다. 클라이페다 항구에는 작은 다리가 하나 있는데, 다리를 건너자마자 옆에 깜짝 놀랄만한 조각이 있다. 물에서 막 기어 올라오고 있는 유령 조각인데, 너무나 생생하게 잘 만들어놔서 이곳에서 본 조각들 중에 가장 인상적이었다. 밤에 지나가다가 우연히 봤다면 비명을 지르며 줄행랑을 쳤을지도 모르겠다.

검은 유령 조각
Add. Žvejų St. 22, Klaipėda 91241

니다, 모래언덕에 가다

'사람들이 왜 이 조용한 클라이페다에 오는 걸까?', '호스텔에 왜 유독 남자들이 많은 걸까?' 클라이페다 둘째 날, 그 이유를 어렴풋이 알게 되었다. 바로 클라이페다 바로 옆에 있는 섬 때문이다. 그곳에 있는 유럽에서 가장 높은 사구를 보고, 자연을 만끽하며 라이딩을 하기 위한 것. 하루를 마치고 저녁이 되면 라이딩을 끝내고 돌아온 남자들이 호스텔에 모여 그날의 라이딩에 대해 이야기를 하곤 했다.

니다로 바로 가는 버스에 몸을 싣는다. 클라이페다 버스터미널에서 버스를 타면 니다까지 바로 갈 수 있고, 개인적으로 페리를 타고 섬에 들어간 다음 거기서 버스에 올라도 된다. 버스가 통째로 페리에 오르고 5분 뒤 섬에 도착했다. 원래 이 섬에 들어갈 때 국립공원 입장료를 받는다고 들었는데 버스에 타고 있으니 따로 입장료 내라는 소리는 하지 않는다. 창밖으로 보이는 풍경이 참 푸르고 울창하다. 심지어 나무들 사이로 유유히 지나가는 야생사슴도 목격했다.

니다에 도착해 버스터미널 건너편에 있는 관광안내소에서 지도를 받고, 사구는 어떻게 가냐고 물으니 걸어서 가려면 40분 정도 걸린단다. '아아, 어쩐지, 자전거를 대여하는 사람들이 많다 했더니 걸어서 다니기엔 힘든 곳이구나.' 다른 방법이 없어서 지도 하나를 들고 무작정 걷는다. 에스토니아의 여름수도 패르누처럼 이곳도 여름에만 사람이 몰리는 리조트 타운이라 그런지 비수기에는 참 한산하다. 간혹 자전거를 타고 내 옆을 지나쳐가는 사람들만 있을 뿐 사구를 향해 걸어가는 사람은 찾아보기가 힘들다.

한참을 걷다 보니 저 앞에 거대한 모래언덕이 보인다. 모래언덕으로 올라

사구

산의 해시계

 가는 길은 숲길과 해변길 두 가지가 있는데, 숲길은 경사로를 차근차근 올라가는 반면 해변길은 평지를 걷다가 모래언덕 바로 아래에서 계단을 격하게 올라가야 한다. 눈 앞에 펼쳐진 계단을 보니 한숨이 절로 나왔지만, 마음속으로 '파이팅'을 외치고 계단을 오르기 시작한다.

 마치 사막을 걷는 느낌으로 탈진 직전에 겨우 도착한 꼭대기에는 해시계도 있고 나무 데크로 만들어진 전망대도 있다. 평소에는 접하기 힘든 사구가 눈앞에 펼쳐져 있으니 신기함과 함께 경이로움이 느껴진다. 전망대의 사구 지도에는 걸어도 되는 곳과 걸으면 위험한 곳, 어디까지가 리투아니아 땅이고 어디서부터가 러시아령 칼리닌그라드 땅인지 표시되어 있다. 잠깐 사구 위를 걸어볼까 생각도 했지만 가만히 서 있어도 자꾸 와서 뺨을 갈기는 모래바람 때문에 사구 위를 걷는 건 포기했다.

니다 가는 방법

1. 첫 번째 방법
항구에서 페리를 타고 스밀티네(Smiltyne)까지 간 다음, 거기서 버스를 타고 니다(Nida)까지 가는 방법
왕복 예상비용 : 페리 약 2유로, 버스 약 7유로 = 총 9유로 정도

2. 두 번째 방법
버스터미널에서 니다(Nida)행 버스를 타고 가는 방법
왕복 예상비용 : 버스 8.86유로
편도 소요시간 : 1시간 30분

니다 버스터미널 근처 레스토랑

클라이페다로 돌아가기 전에 니다에서 간단히 식사를 하기로 한다. 배가 고팠다기보다 사구에 다녀왔더니 목이 말라 맥주가 마시고 싶었다. 리투아니아의 전통 음식이자 어느 음식점에 가도 메뉴에 당당하게 올라와 있던 체펠린을 주문한다. 얼마나 맛있는지 한번 먹어보고 싶었다. 잠시 후 베이컨과 사워크림이 뿌려진 체펠린 두 개가 내 앞에 놓인다. 체펠린 비행선 모양을 닮아 체펠린이라는 이름이 붙었다고 한다. 조심스럽게 반을 갈

라보니 안에는 다진 고기가 들어있고, 맛은 예상했던 대로 감자떡과 비슷했다. 우리나라랑은 한참 떨어져 있는데 이렇게 비슷한 음식이 있다는 것이 놀라울 따름이다. 감자 부분은 물러서 다 못 먹고 남겼지만, 그래도 리투아니아 전통 음식을 또 하나 먹어볼 수 있어서 만족스러웠다.

Kavine Kursis
Add. Naglių g. 29, 93123   Tel. +370 469 52804
Price. 에피타이저 약 4유로~, 메인메뉴 약 8유로~, 음료 약 1.50유로~

클라이페다 조각공원

클라이페다 교통 정보

클라이페다로 가는 방법

버스 근처 국외/국내 도시들에서 버스를 이용해 클라이페다로 갈 수 있으며, 버스노선 및 시설이 발달되어 있다. 버스 회사가 다양하므로 검색을 통해 원하는 시간대와 가격을 선택해 예약하면 된다.

▷ 카우나스 → 클라이페다(약 2시간 40분), 리가 → 클라이페다(약 3시간 40분)
- 리투아니아 버스 : www.autobusubilietai.lt
- Kautra 버스 : www.kautra.lt
- Ecolines 버스 : www.ecolines.net
- LUXexpress 버스 : www.luxexpress.eu
- Eurolines 버스 : www.eurolines.lt
- Ollex 버스 : www.ollex.lt

기차 리투아니아의 각 도시들에서 기차를 이용해 클라이페다로 갈 수 있다. 하지만 발트 3국의 경우 기차보다는 버스 시설이 더 발달해 있고 스케줄이 더 좋기 때문에 버스로 여행하는 경우가 더 많다.

▷ 카우나스 → 클라이페다(약 2시간 45분)
- 리투아니아 철도청 : www.litrail.lt
- 리투아니아 기차검색 : www.traukiniobilietas.lt
- 리투아니아 버스/기차검색 : www.stotis.lt

클라이페다 중심지로 가는 방법

기차역에서
버스터미널에서 기차역과 버스터미널은 올드타운과 약 1.7km 떨어진 곳에 위치하고 있다. 숙소의 위치에 따라 10~20분 정도 걷거나 택시를 이용하면 된다. 대중교통을 이용하여 올드타운 쪽으로 가고 싶다면, Jūrininkų st행 8번 버스에 오르면 된다.

클라이페다의 대중교통

버스   클라이페다 시내의 대부분 지역은 버스노선으로 이어져 있다. 1회권은 가판에서 구입하면 0.64유로, 버스 기사에게 직접 구입하면 0.75유로이다.
- 클라이페다 시내교통 : www.stops.lt

택시   택시를 이용할 경우 미리 전화로 예약을 하면 더 저렴하게 이용할 수 있다. 기본요금이 0.50유로 정도이며, 킬로미터 당 요금은 0.35~0.43유로 정도이다. 택시를 탈 때에는 늘 타기 전에 목적지까지의 대략적인 요금을 기사에게 미리 물어보고 타도록 하자.
- Autopunkto taksi : +370 46 311211
- Savas taksi : +370 46 340034
- Vijuvis : +370 46 345345
- Taksoma : +370 46 343333

클라이페다 올드타운은 모두 도보로 걸어 다닐 수 있으므로 따로 대중교통을 이용하지 않아도 된다. 숙소의 위치에 따라 올드타운 혹은 버스터미널과 기차역 근처의 공원에서 일정을 시작하면 된다. 반나절이나 하루를 투자해 니다에는 꼭 다녀오도록 하자.

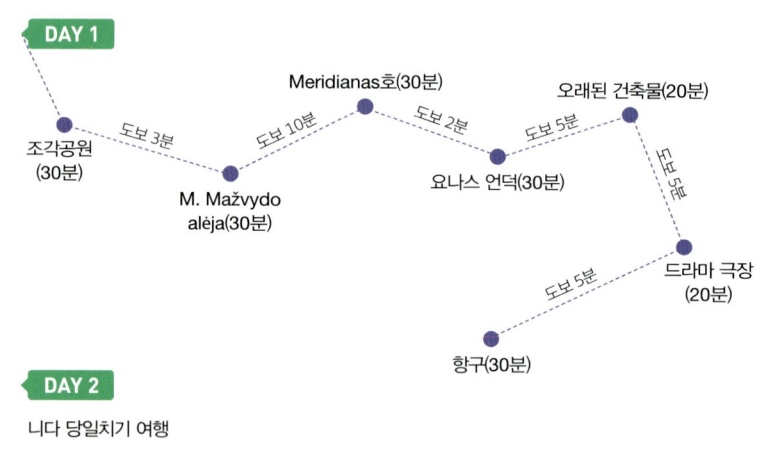

✕ 이것만은 꼭! 클라이페다의 BEST 3 ✕

BEST 1. 니다에서 멋진 사구 바라보기
BEST 2. 클라이페다 도시 곳곳에 있는 조각들 찾아보기
BEST 3. 맛있고 저렴한 리투아니아 전통 음식 먹기

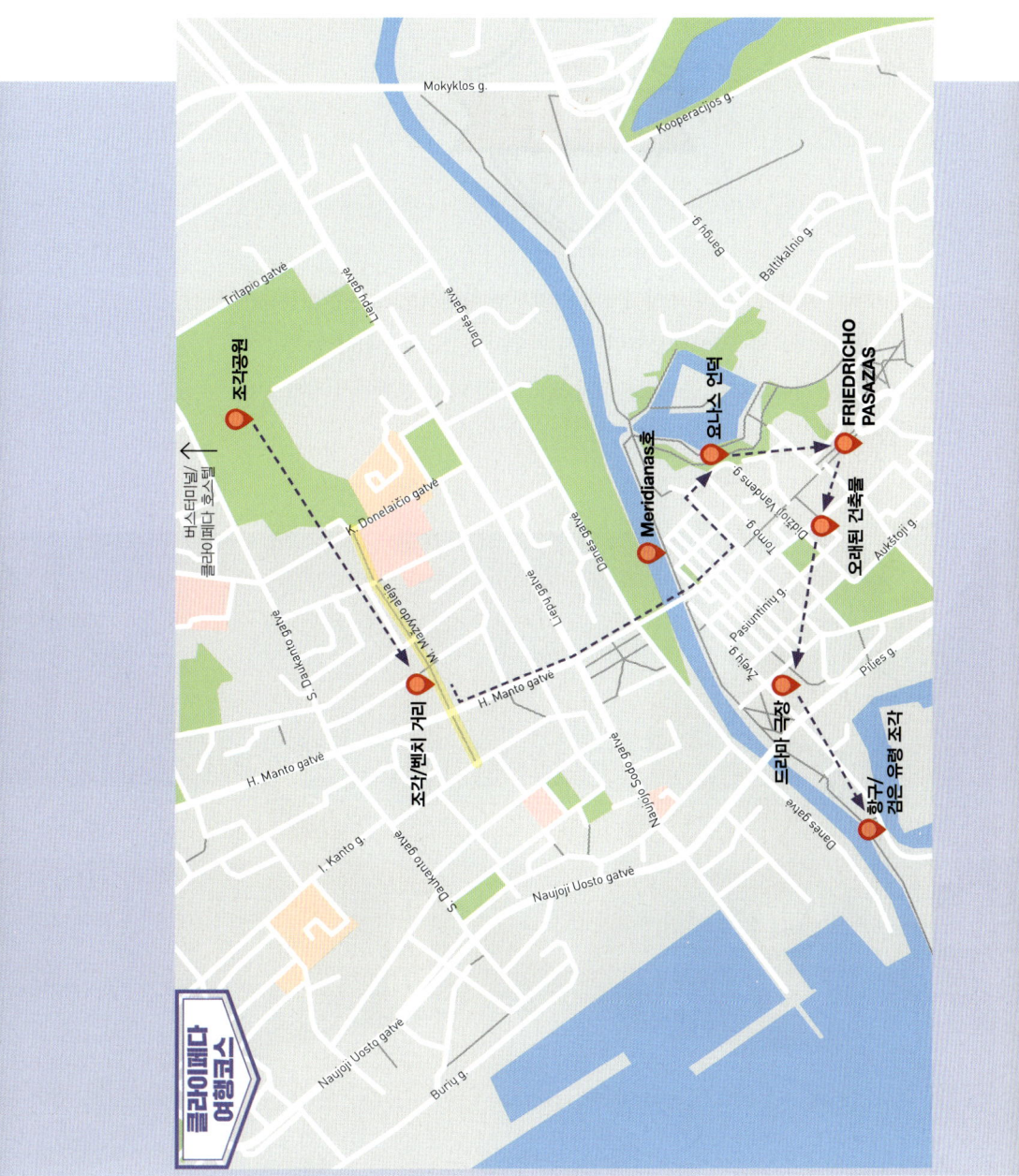

동유럽에 반하다

리투아니아 제2의 도시이자 소련의 지배하에서도 자본주의 문화에 대한 열망을 마음껏 드러내 보였던 도시 카우나스. 도시 중심에 동서로 길게 뻗어있는 자유로부터 올드타운까지 걷다 보면 마치 현재에서 과거로 타임머신을 타고 이동하는 듯한 느낌이 든다.

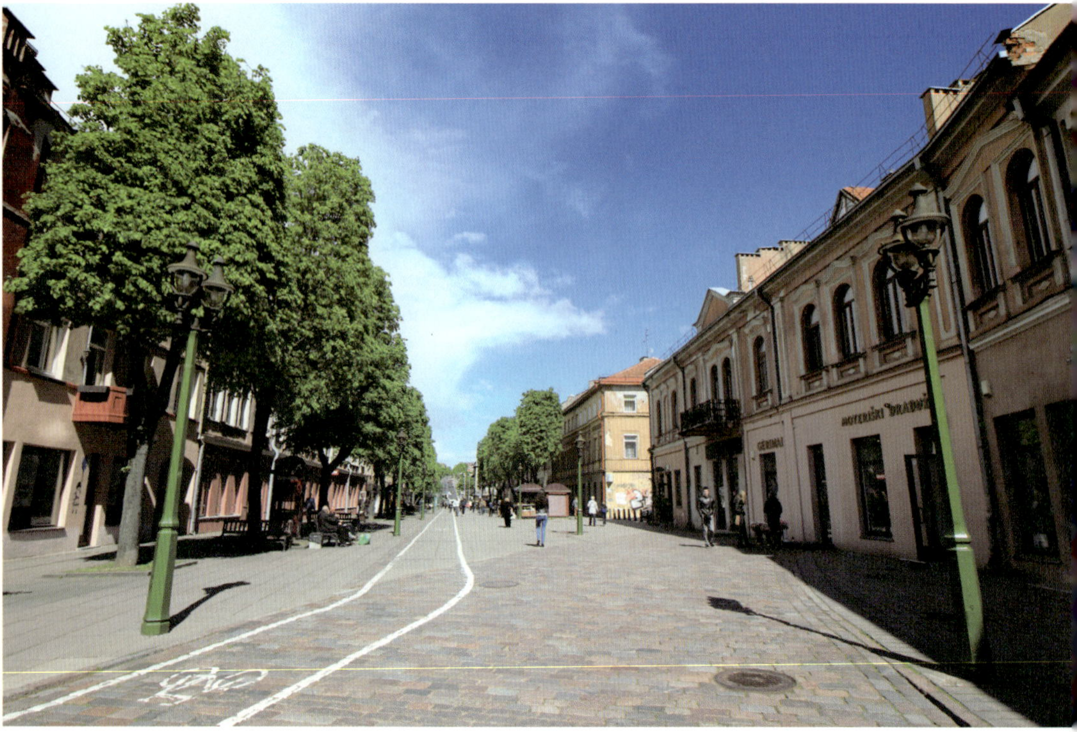

빌뉴스 거리

카우나스의 숙소

카우나스 중심부에는 라이스베스 알레야(Laisvės alėja), 일명 '자유로'라고 불리는 1.6km의 보행자 전용도로가 있고, 이 도로가 끝나면서 빌뉴스 거리(Vilniaus gatvė)가 이어지는데, 이곳부터가 바로 구시가지이다. 카우나스에 예약해 둔 숙소는 자유로에 위치한 몽크스벙크라는 호스텔. 호스텔을 찾아 2층으로 올라가니 금발 머리의 친절한 매니저가 나를 반겨준다. 객실은 4인실, 6인실, 8인실이 있고, 샤워가 딸린 화장실은 2개였는데, 성수기에는 화장실 경쟁이 치열할지도 모르겠다. 거실과 주방은 상당히 따뜻하고 안락한데, 투숙객이 많을 때는 밤마다 이곳에서 맥주 파티가 벌어지지 않을까 싶다. 내가 이날 첫 번째로 도착한 손님이었는지 4인실 방은 아직 텅 비어있다. 덕분에 4개의 침대 중 가장 마음에 드는 것을 선택할 수 있었다. 개인콘센트와 개인전등이 없어서 남들 잘 때 같이 자야 하고 일어날 때 같이 일어나야 한다는 단점이 있지만, 침대 상태도 양호하고 락커도 큼직하니 나쁘지 않다.

The Monk's Bunk Kaunas
Add. Laisvės al. 48-2, Kaunas, 44238   Tel. +370 62 099695   Price. 4인 도미토리 약 12유로

성 미카엘 대천사 성당 Įgulos bažnyčia / St. Michael the Archangel's Church or the Garrison Church

건물 전체가 흰색으로 되어 있어 투명하고 맑은 느낌을 주는 데다가 코린트식 기둥과 동글동글한 돔까지 더해져 보는 순간 예쁘다는 생각이 드는 성 미카엘 대천사 성당. 성당 앞 높은 계단에는 사람들이 삼삼오오 모여 앉아 이야기를 나누거나 햇볕을 쬐고 있다. 러시아가 이곳을 지배하던 시절 카우나스에 주둔하던 병사들을 위해 러시아정교회 건물로 지었고, 러시아 국방부 관리하에 있던 곳이라 '요새 성당'이란 별명이 붙었다. 그 외에 '소보라스(Soboras)' 혹은 '하얀 교회(White Church)'라고도 불리는데, 이렇게 별칭이 많은 것을 보면 사람들의 관심을 많이 받는 곳인가 싶다가도 칠이

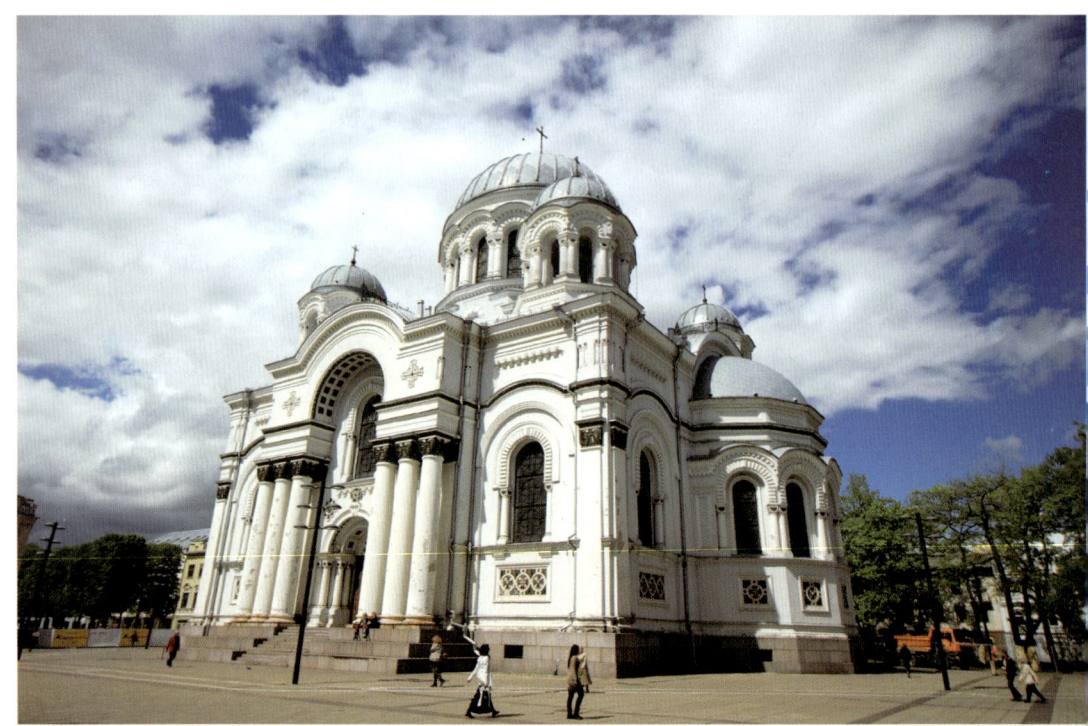

벗겨진 기둥을 보면 그렇지 않은가 싶기도 하다. 1차 세계대전 말 독일군이 이곳을 함락했을 때 잠시 개신교 루터교회로, 2차 세계대전 전까지는 가톨릭 성당으로 쓰였다가 소련의 지배 때에는 심지어 미술관으로 쓰이기도 했다. 현재는 다시 로마 가톨릭 성당으로 쓰이고 있는데, 네오비잔틴 양식의 러시아정교회 모습을 하고 있으면서 가톨릭 성당으로 쓰인다니 뭔가 묘하다.

Add. Nepriklausomybės Sq. 14, Kaunas   Tel. +370 37 748062

리투아니아 전통음식점

호스텔 매니저가 추천해준 리투아니아 전통음식점. 리투아니아 내 지점이 여기저기 많은데, 카우나스에는 성 미카엘 대천사 성당 근처에 하나와 구시가지 안에 하나 있다고 한다. 성 미카엘 대천사 성당 근처의 지점이 더 좋다고 해서 그쪽으로 향한다. 외관이 가정집 같이 생겨서 한참을 주춤거

리다가 들어갔는데, 점심시간이 한참 지난 시간에 방문했더니 손님이라고는 한 명도 찾아볼 수 없고 직원들은 저녁 장사 준비를 하느라 바빠 보인다. 전통복장을 입은 직원이 환하게 웃으면서 자리를 안내해준다. 내부는 고풍스러우면서도 유럽 시골집 같은 느낌을 주는데, 옛날에 쓰였을 법한 그릇, 책, 시계, 액자 등으로 장식되어 있다. 직원에게 추천을 받아 리투아니아 전통 음식인 '파머스 스튜'와 '리투아니안 샐러드', 그리고 로컬 맥주를 주문한다. 삶은 감자와 계란, 당근, 피클, 완두콩을 마요네즈에 버무린 리투아니안 샐러드는 조합만 봐도 도저히 맛없을 수가 없고, 맥주 역시 시원하면서도 쌉쌀한 게 최고다. 곧 파머스 스튜도 나왔는데 스튜뿐 아니라 삶은 감자와 피클, 빵까지 같이 나와서 양이 푸짐하다. 스튜에는 닭, 돼지, 오리고기가 들어가 있는데, 토실토실한 살코기 부위가 많기를 기대했던 나의 바람과는 달리 껍질이나 콜라겐 부위가 더 많았다.

Berneliu Smuklė, UAB
Add. K. Donelaičio g. 11, Kaunas 44239 Tel. +370 37 208802
Price. 에피타이저 약 1.60유로, 메인메뉴 약 4.70유로, 음료 약 1.60유로

다음날에는 전날 못 먹은 비트수프를 먹으러 구시가지에 있는 Berneliu Užeiga를 방문했다. 이곳의 비트수프는 버섯이 많이 들어가있고 삶은 감자가 같이 나왔다. 며칠 전 클라이페다에서 먹은 비트수프와는 또 다른 맛이다. 오늘의 메인메뉴인 감자 팬케이크는 우리나라의 감자전 맛과 100% 동일했다. 다만 이곳 사람들은 감자전을 간장에 찍어먹는 것이 아니라 사워크림에 찍어 먹는데, 한국인 입맛에는 조금 느끼할 수도 있다.

Berneliu Užeiga
Add. M. Valančiaus g. 9, Kaunas 44275   Tel. +370 614 05236
Web. www.berneliuuzeiga.eu   Price. 에피타이저 약 1.90유로, 메인메뉴 약 2.60유로~

카우나스의 가로수길, 자유로 Laisvės Alėja / Liberty Boulevard or Liberty Avenue

카우나스 중심부에 동서로 쭉 뻗어 있는 자유로는 동유럽에서 가장 긴 보행자 전용도로다. 길의 한가운데에는 오랜 세월 같은 자리를 지켜 온 나무들이 두 줄로 서 있고, 길 양옆으로는 각종 카페와 레스토랑, 상점들이 들어서 있다. 자유로를 처음 걸을 때, 자유로가 파리의 샹젤리제 거리와 닮았다는 생각을 했다. 거리의 모든 사람이 근심걱정이라곤 전혀 없어 보였고

게다가 하나같이 세련되어 보였기 때문이다. 이 거리가 '자유로'라는 이름을 달게 된 것은 1919년 독립 이후였다. 그 후 소련의 지배하에 들어가면서 잠시 스탈린로로 이름이 바뀌었지만, 1961년 다시 자유로라는 이름을 되찾았다. 1972년에는 이곳에서 한 청년이 소련 공산체제에 반대하며 분신자살을 하는 사건이 벌어졌는데, 그 사건 이후 이곳은 젊은이들이 자본주의 문화를 향유하는 하나의 해방구 같은 곳이 되었다. 반대로 소련의 입장에서 보자면 골치 아픈 젊은이들이 모이는 주의를 기울여야 할만한 거리였을 것이다. 어쨌든 자유로 덕분에 리투아니아는 연방국가 중 가장 소련화가 덜 진행된 국가가 되었다.

올드타운과 카우나스 대성당
Kauno Šv. apaštalų Petro ir Povilo arkikatedra bazilika / Kaunas Cathedral Basilica

자유로를 따라 걷다 보면 한 차례 지하도를 건너게 되는데, 그 이후에 펼쳐지는 올드타운은 자유로와는 또 다른 느낌이다. 작은 돌들을 깔아 만든 길, 길 양옆에 서 있는 오래되고 알록달록한 건물들, 중간중간 꽃으로 장식된 곳까지. 내가 생각한 '진짜 동유럽'의 모습 같아서 셔터를 눌러대기 바쁘다. 네만강과 네리스강의 합류지점 동쪽에 위치한 카우나스 올드타운에는 고

딕, 르네상스, 바로크 양식의 건물들이 많이 남아 있어서 천천히 둘러보기 좋다. 빌뉴스 거리의 끝에는 카우나스 대성당이 자리하고 있는데, 언제 세워졌는지는 정확히 알 수 없지만 문서 상에 처음 등장한 것은 1413년이다. 세월이 지나면서 전쟁과 화재를 겪기도 하고, 재건과 개축을 겪기도 했다. 현재는 카우나스에서 제일 규모가 크고 리투아니아에서 가장 아름다운 성당 중 하나로 여겨지는 곳이다.

Add. Vilniaus g. 1, Kaunas 44281 **Tel.** +370 37 324093 **Web.** kaunoarkikatedra.lt

구 시청사와 성 프란치스코 성당
Kauno rotušė & Šv. Pranciškaus Ksavero bažnyčia / Town Hall of Kaunas & Church of St. Francis Xavier

카우나스 대성당과 대각선상에 있는 시청광장. 폴란드의 시청사들이 대부분 다닥다닥 붙은 건물들로 둘러싸인 마켓광장 한가운데 있었던 것에 반해, 이곳의 시청사는 광장 한가운데 홀로 서 있다. 새하얀 시청사 건물 한

시청광장

쪽 끝에 53m의 탑이 솟아있는데, 그 모습이 마치 백조를 닮았다고 해서 일명 '하얀 백조'라고 불린다. 시청사가 처음 이곳에 세워지기 시작한 것은 1542년. 그리고 현재에 이르기까지 수없이 많은 개축과 용도의 변화가 있었다. 처음에는 무역과 재판, 보물과 기록 보관 등을 위해 사용되었는데, 19세기에는 러시아 정교회, 탄약고, 러시아 황제의 별궁, 타운 클럽, 소방서, 러시아 극장으로 사용되었다. 1869년이 되어서야 다시 시청으로 역할을 했고, 1973년에는 웨딩홀과 세라믹 박물관이 들어섰다. 현재는 결혼식과 카우나스의 공식 행사가 열리는 장소로 사용된다. 구 시청사와 함께 나란히 시청광장을 바라보고 있는 성 프란치스코 성당은 1666년에 지어지기 시작해 1722년에 완공되었다. 이 성당 역시 러시아의 지배를 받으면서 한때 기술학교와 실내경기장으로 쓰이기도 했다.

구 시청사
Add. Rotušės a. 15, Kaunas, 44279   Tel. +370 37 203572   Web. kaunas.lt

성 프란치스코 성당
Add. Rotušės a. 8, Kaunas, 44280   Tel. +370 37 221661   Web. kaunoarkivyskupija.lt

카우나스 신학교 Kauno kunigų seminarija / Kaunas Priest Seminary

구 시청사 뒤쪽의 건물은 처음에는 병원인가 싶었는데 알고 보니 카우나스 신학교다. 17세기에 창설되었고 현재는 비타우타스 마그누스 대학교(Vytautas Magnus University)의 신학부에 속해있다. 신학교 주변이라 그런지 신부들의 석상도 세워져 있는데, 연한 노란색의 담벼락 앞에 있는 석상은 모티에유스 발란시우스(Motiejus Valančius), 구 시청사 뒤쪽에 있는 석상은 마이로니스(Maironis) - 본명 요나스 마치울리스(Jonas Mačiulis) - 다. 모티에유스 발란시우스는 주교이자 신학자, 역사학자로 민족 계몽과 반러시아 운동에 앞장선 사람이며, 마이로니스는 신부이자 국민시인으로 리투아니아 독립에 대한 민족의 바람과 열망을 노래한 사람이다.

Add. A. Jakšto g. 1, Kaunas 44279   Tel. +370 37 323734   Web. kks.lcn.lt

리투아니아 스포츠 박물관과 산타코스 공원
Lietuvos Sporto Muziejus & Santakos Parkas / Lithuanian Sport Museum & Santakos Park

네만강과 네리스강, 그리고 카우나스 올드타운 사이에는 삼각형 모양의 큰 공원이 있다. 이 삼각형 모양의 꼭짓점, 그러니까 네만강과 네리스강이 합쳐지는 그 지점에서 보는 일몰이 그렇게 멋있다고 한다. 마음 같아서는 맥주 한 병 들고 그곳에서 일몰을 지켜보고 싶지만, 일몰 후에 다시 숙소까지 돌아올 생각을 하니 도저히 그건 안 되겠다. 그래서 결국 낮에 가보기로 한다. 공원으로 향하던 중 굉장히 흥미로운 것을 발견했는데, 바로 작은 운동장에 놓인 건물 1층 높이의 농구공! 그곳은 스포츠 박물관이었다. 이곳에서 리투아니아 스포츠 역사에 관한 전시, 매년 바뀌는 테마 전시를 볼 수 있다고 한다. 크고 화려한 박물관은 아니지만 관심이 간다면 들어가 봐도 좋을 것 같다. 평일이라 그런지 공원은 꽤 한산하다. 공원 끝까지 걸어가 드디어 꼭짓점 부분에 도착했는데 날씨가 우중충해서 그런지 스산하고 무섭다. 햇빛이 쨍한 주말에 왔다면 나들이 나온 가족들과 연인들로 붐비지 않았을까 싶다. 육지 쪽은 수심이 얕아서 물놀이하기에도 좋아 보이고, 가벼운 스포츠를 즐길 수 있는 장소도 마련되어 있다.

리투아니아 스포츠 박물관
Add. Muziejaus g. 7, Kaunas 44279   **Tel.** +370 37 220691
Web. lietuvossportomuziejus.lt   **Time.** 매일 10:00~17:00(일요일, 월요일, 마지막 주 목요일 휴관)
Fee. 성인 0.58유로, 어린이/학생/경로 0.29유로, 미취학아동/장애인/군인 무료

카우나스 성 Kauno Pilis / Kaunas Castle

카우나스 성은 아직 복원 중이라 성 같다는 느낌은 덜 들지만, 자세히 들여다보면 리투아니아에서 가장 오래된 석성이라는 타이틀을 달고 있다. 카우나스 성은 14세기에 지어졌는데, 기록을 보면 튜튼기사단의 공격을 막기 위해 지리적 요충지에 지었고 성벽 높이는 11m에 이르렀다고 한다. 하지만 튜튼기사단이 결국 카우나스 성을 공격해 얼마 동안 장악했었다. 세월이 지나면서 왕비의 궁, 무기고, 감옥 등의 용도로 사용되었고, 러시아의 지배를 받을 때 특히 많이 훼손되었다. 현재는 '카우나스 성 역사의 모자이크(The Mosaic of Kaunas Castle History)'라는 전시가 진행되고 있고, 지하 감옥도 일반에게 오픈되어 있다. 고깔모자를 쓰고 있는 듯한 원형탑과 그 옆으로 이어진 짧은 성벽이 보인다. 성 주위에 움푹 팬 곳은 지금은 그냥 풀밭이지만 당시에는 아마 해자였을 것이다. 혼자 이런저런 추측을 해보다가 빨리 복원이 잘 되었으면 좋겠다는 생각과 함께 그곳을 빠져나온다.

Add. Pilies g. 17, Kaunas 44275 **Tel.** +370 37 300672 **Web.** kaunomuziejus.lt
Time. 9월~5월 화~금요일 10:00~18:00, 토요일 10:00~17:00, 공휴일&월요일 휴관
6월~8월 화~토요일 10:00~18:00, 일요일 10:00~16:00, 월요일 휴관

카우나스 교통 정보

카우나스로 가는 방법

비행기 시내 북동쪽에 국제공항이 있어 유럽의 여러 도시에서 항공편을 이용하여 카우나스로 갈 수 있다.
- 카우나스 공항 : http://kaunas-airport.lt

버스 근처 국외/국내 도시들에서 버스를 이용해 카우나스로 갈 수 있으며 버스노선 및 시설이 발달되어 있다. 국내선은 '리투아니아 버스검색', 'Kautra 버스' 사이트를 주로 이용하면 되고, 국제선은 Ecolines, LUXexpress 버스 사이트 등을 주로 이용하면 된다.
▷ 클라이페다 → 카우나스(약 2시간 40분), 빌뉴스 → 카우나스(약 1시간 20분), 리가 → 카우나스(약 5시간), 바르샤바 → 카우나스(약 7~8시간)
- 리투아니아 버스 : www.autobusubilietai.lt
- Kautra 버스 : www.kautra.lt
- Ecolines 버스 : www.ecolines.net
- LUXexpress 버스 : www.luxexpress.eu
- Eurolines 버스 : www.eurolines.lt
- Ollex 버스 : www.ollex.lt

기차 리투아니아 각 도시들에서 기차를 이용해 카우나스로 갈 수 있다. 하지만 리투아니아 모든 곳이 철도로 연결되어 있는 것은 아니므로 미리 노선을 확인하자.
▷ 클라이페다 → 카우나스(약 2시간 45분), 빌뉴스 → 카우나스(약 1시간 20분), 카우나스 → 클라이페다(약 2시간 45분)
- 리투아니아 철도청 : www.litrail.lt
- 리투아니아 기차검색 : www.traukiniobilietas.lt
- 리투아니아 버스/기차검색 : http://stotis.lt

카우나스 중심지로 가는 방법

공항에서
공항은 시내 중심지로부터 북동쪽으로 약 14km 정도 떨어져 있다. 택시를 타면 시내까지 약 20분 정도 소요되며, 요금은 약 15유로이다. 대중교통 이용 시 공항터미널 밖으로 나와 29번 버스를 타면 카우나스 중심지를 거쳐 버스터미널과 기차역까지 갈 수 있다. 티켓은 기사에게 직접 구매 가능하며, 편도 1유로다.

기차역에서
버스터미널에서
기차역과 버스터미널은 자유로에서 약 1.2~1.7km 정도 떨어진 곳에 위치해 있다. 도보로 갈 경우 10~20분 정도 소요되며, 대중교통을 이용할 경우 공항 쪽으로 향하는 29번 버스를 타면 된다. 택시를 이용할 경우 자유로까지 5분 정도 소요되며, 요금은 미리 불렀을 경우 2유로, 길에서 잡아 탔을 경우 5유로 정도다.

카우나스의 대중교통

버스
미니버스
트롤리버스
카우나스 시내의 대부분 지역은 버스와 트롤리버스노선으로 이어져 있다. 티켓은 교통카드(e-card 혹은 e-ticket)를 구입해 원하는 금액만큼 충전해서 사용하거나 3일, 7일, 30일권을 충전해서 사용할 수 있다. 해당 교통카드로는 Kauno Viešasis Transportas (KVT, Kaunas Public Transport)라고 표시된 대중교통을 이용할 수 있다. 1회권은 버스기사로부터 구입할 수 있으며, 가격은 0.70유로이다. 기사가 거스름돈을 거슬러주지 않으니 정확한 금액을 맞춰 준비하는 것이 좋다.
- 카우나스 시내교통 : www.stops.lt/kaunas
- 카우나스 시 : http://en.kaunas.lt

택시
카우나스에도 여러 택시 회사가 있고 각각 요금이 다르다. 보통 킬로미터 당 0.60~0.75유로 정도의 요금이 부과되며, 길에서 택시를 붙잡아 타는 것보나 전화로 부르는 것이 더 저렴하다. 숙소에서 이동할 경우 리셉션에 부탁하면 택시회사에 전화를 해준다.
- Taxi Kaunas : +370 37 202020

카우나스 올드타운과 자유로는 모두 도보로 걸어 다닐 수 있으므로 따로 대중교통을 이용하지 않아도 된다. 수도인 빌뉴스에 비해 음식값이 저렴하므로 리투아니아 전통 음식을 마음껏 즐겨보자. 일행이 있다면 산타코스 공원에서 일몰을 바라보며 하루를 마무리하는 것도 좋다.

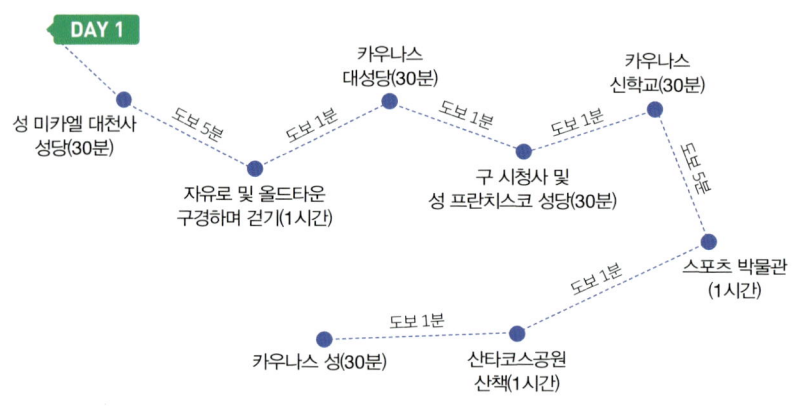

DAY 2
각종 교회 및 박물관, 나폴레옹의 집 등 관심 있는 곳 방문하기

× 이것만은 꼭! 카우나스의 BEST 3 ×

BEST 1. 자유로 카페에서 여유로운 커피타임 즐기기
BEST 2. 아기자기한 올드타운 골목 산책하기
BEST 3. 맛있고 저렴한 리투아니아 전통 음식 먹기

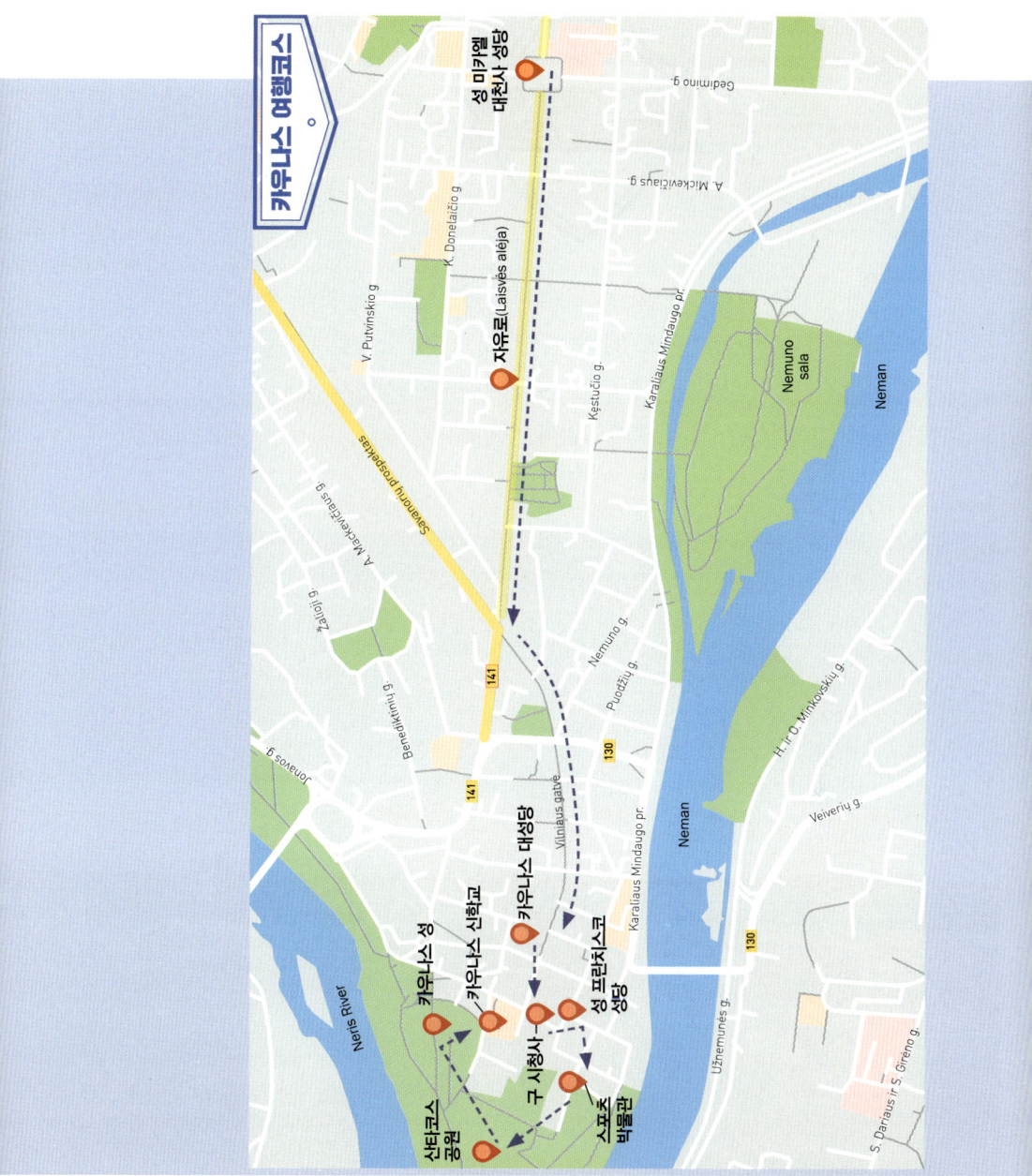

동유럽에 반하다

Lithuania #3
빌뉴스
VILNIUS

리투아니아의 수도인 빌뉴스는 리투아니아의 동남쪽에 있다. 유네스코 세계문화유산에 등재된 올드타운, 역사를 고스란히 담고 있는 빌뉴스 대학교, 예술가들의 마을인 우주피스, 근교의 트라카이 성까지 볼거리가 많은 곳이다. 여름에는 다양한 축제도 많이 열린다.

게디미나스 타워에서 본 빌뉴스

가정집 같은 아담한 빌뉴스 숙소

빌뉴스에서는 3층짜리 가정집을 개조해서 만든 것 같은 아담한 호스텔에서 머물게 되었다. 주소가 13-5번지이다. 예상대로 13번지에 가보니 건물 뒤쪽으로 통하는 길이 나 있고, 건물 뒤쪽으로 가니 13-5번지가 있다. 주인으로 보이는 듯한 아주머니가 체크인을 도와주고 숙소 소개, 빌뉴스에서 볼 만한 것들을 알려준다. 물론 리투아니아 전통음식점도 추천받는다. 여행지에 대해 미리 공부하지 못했을 때는 숙소 혹은 관광안내소 직원에게 물어보는 것이 제일 좋고 빠른 방법이다. 1층에는 아주머니가 쓰는 사무실이 있고, 샤워실이 딸린 화장실 하나와 주방이 있다. 주방에서는 매일 아침 아주머니가 조식을 만들어주고 -크레페 또는 프렌치토스트 등- 저녁에는 투숙객들 및 초대손님과 함께 파티가 열리기도 한다. 내가 배정받은 곳은 2층의 6인실. 방문이 따로 없는 걸로 봐서 거실에 2층 침대 3개를 가져다 놓은 듯하다. 3층은 루프탑인데 양쪽으로 방이 2개 있다.

Home Made House
Add. Rūdninkų g. 13-5, Vilnius, 01135 Tel. +370 685 21001 Price. 6인 도미토리 약 12유로

빌뉴스 시청과 시청광장 Vilniaus Rotušė & Rotušės Aikštė / Vilnius Town Hall & Town Hall Square

종이 지도를 한 장 들고 시청을 향해 걷는다. 내가 머무는 Home Made House에서 시청까지는 도보로 3분이면 충분하다. 올드타운 중심부에 있는 빌뉴스 시청은 1432년 기록에 등장했는데, 처음에는 고딕 양식이었다가 세월이 지나면서 많은 개축이 진행되어 현재는 네오클래식 양식의 옷을 입고 있다. 시청 앞의 넓은 광장에서는 각종 이벤트나 행사가 자주 열린다. 내가 방문했을 때만 하더라도 '거리 음악의 날(Street Music Day)'이라는 행사가 열리고 있었고, 그 외에 'Kaziuko Mugė, Saint Casimir's Fair'라는 민속 예술품과 수공예품 전시도 열리고, 크리스마스 시즌에는 대형 크리스마스 트리가 세워지기도 한다.

Add. Didžioji g. 31, Vilnius 01128   Tel. +370 5 261 8007   Web. vilniausrotuse.lt

내 입맛을 사로잡은 리투아니아 전통음식점

시청광장에서 한쪽 골목으로 쏙 들어가면 Leiciai Aline이라는 음식점이 있다. 호스텔 아주머니의 추천도 있었지만, 구글로 검색해보니 5점 만점에

4.1점의 평가를 받은 곳이라 안심이 되었다. 오후 2시가 넘은 시각인데도 음식점 안은 손님들로 가득하다. 메뉴를 보니 확실히 수도라 그런지 클라이페다나 카우나스에 비해서는 음식값이 비싸지만, 서유럽이나 북유럽과 비교하면 여전히 저렴하다. 로컬 비어와 웨이터에게 추천받은 수프, 그리고 메인메뉴로는 마늘로 요리한 치킨을 주문한다. 까만 빵 안에 수프가 담겨 나오는데, 수프에는 치킨과 버섯이 들어있다. 치킨은 마치 내가 우리나라 프랜차이즈 치킨집에서 '갈릭치킨'을 시켜먹고 있나 싶을 정도로 한국의 맛이 물씬 난다. 아무래도 팍팍 들어간 마늘 때문이리라. 치킨 살도 부드럽고, 마늘 소스도 맛있고, 곁들여진 구운 감자와 샐러드까지 완벽하다.

Leiciai Aline
Add. Stiklių g. 4, Vilnius 01131   Tel. +370 5 260 9087
Time. 매일 11:00~24:00
Price. 에피타이저 약 4유로, 메인메뉴 약 7.50유로, 음료 약 1.50유로

빌뉴스대학교와 대통령궁
Vilniaus Universitetas & Prezidentūra / Vilnius University & Presidential Palace

빌뉴스 올드타운 한가운데에는 빌뉴스대학교와 대통령궁이 서로 이웃하며 서 있다. 빌뉴스대학교는 1579년에 설립된 동유럽에서 가장 오래되고 유명한 대학교 중 하나다. 오랜 시간 리투아니아의 유일한 고등교육기관으로써 문화적, 과학적 전통을 보존하는 역할을 해 왔다. 설립 후 예수회에 의해 운영되다가 빌뉴스 시에 넘겨졌고, 러시아령이 되었을 때는 많

빌뉴스대학교　　　　　　　　　　　　　대통령궁

은 학생과 교수가 그에 대항하자 학교가 폐쇄되기도 했다. 폴란드의 지배를 받았던 시기에는 대학교 이름이 스테판 바토리 대학교(Stephen Bathory University)로 바뀌었고, 소련 점령기 때는 독립에 한발 앞서 소비에트 이데올로기로부터 자유로워진 곳이기도 하다. 빌뉴스대학교의 역사만 보더라도 리투아니아의 역사가 보일 정도로 리투아니아 역사의 산증인이라고 해도 과언이 아니다. 밖에서 봤을 때는 그다지 볼거리가 없어 보여서 들어가 보지 않았는데 나중에 후회했다. 구내서점을 비롯하여 강의실 등 건물 내부 벽면과 천장에 벽화와 프레스코화가 가득하단다. 추후 사진으로 접한 빌뉴스대학교 내부는 마치 영화에나 나올법한 모습이었다. 빌뉴스대학교로 매년 약 700명가량의 교환학생들이 온다고 하던데, 이런 아름다운 대학교에서 공부하는 것은 어떤 기분일지 궁금해진다. 바로 옆의 대통령궁은 내 예상과는 조금 다른 모습을 하고 있다. 높은 담과 삼엄한 경비가 있을 것이라 예상했는데, 반대로 굉장히 오픈되어 있다. 현재 리투아니아 대통령이 지내고 업무를 보는 건물이다.

빌뉴스대학교
Add. Universiteto g. 3, Vilnius 01513   Tel. +370 5 268 7001   Web. www.vu.lt
Time. 구 대학교 캠퍼스 투어 3월~10월 월~토요일 9:00~18:00, 11월~2월 월~토요일 9:30~17:30
성 요한 성당 종탑 봄&가을 월~일요일 10:00~19:00, 여름 월~일요일 11:00~20:00, 겨울에는 닫음
대학교 도서관 투어(예약 필수) 월~금요일 9:00~15:00
Fee. 구 대학교 캠퍼스 투어 성인 1.50유로, 학생/어린이 0.50유로, 성 요한 성당 종탑 성인 2.50유로, 학생/어린이/경로/장애우 1.50유로, 대학교 도서관 투어 성인 3.48유로, 학생/어린이 1.16유로

대통령궁
Add. S. Daukanto a. 3, Vilnius 01122   Tel. +370 706 64145   Web. www.lrp.lt

빌뉴스 대성당 Vilniaus Šv. Stanislovo ir Šv. Vladislovo Arkikatedra Bazilika / The Vilnius Cathedral

빌뉴스 올드타운 남쪽에 시청과 시청광장이 있다면, 북쪽에는 대성당과 대성당광장이 있다. 리투아니아에 기독교가 전파되기 이전, 이곳 사람들은 페르쿠나스라는 신을 믿었는데 그 숭배의 장소가 현재 대성당이 자리하고 있는 곳이었다. 리투아니아가 공식적으로 기독교화 된 후 이곳에 대성당을

지었지만 화재로 인한 소실과 재건이 숱하게 반복되었다. 현재의 대성당은 라우리나스 구체비시우스(Laurynas Gucevičius)에 의해 재건된 네오클래식 양식의 건물이다. 정면 지붕 위에 성 카시미르(남쪽), 성 스타니슬라우스(북쪽), 성 헬레나(중앙) 조각상이 있는데, 성 카시미르는 리투아니아를, 성 스타니슬라우스는 폴란드를 상징한다. 안으로 들어가 보니 흰색의 깔끔한 내부가 눈에 띈다. 벽에는 그림들이 많이 걸려 있고 한쪽의 작은 예배당에서는 곧 예배가 시작되는지 청소년들이 모여 있다. 같은 발트 3국에 속해 있는 에스토니아와 라트비아에서는 무교의 비율이 높은 반면, 리투아니아는 로마가톨릭교의 비율이 79%나 된다. 대성당광장 한쪽에는 사냥을 나왔다가 빌뉴스를 발견한 게디미나스의 동상도 있고, 동상 근처에서는 청소년들이 스케이트보드 연습에 여념이 없다. 관광객들과 현지인들이 만들어내는 활기찬 에너지가 좋아 한참 동안 이곳에서 시간을 보냈다.

Add. Šventaragio g., Vilnius 01143   **Tel.** +370 5 261 1127   **Web.** katedra.lt

게디미나스 타워 <small>Gedimino Pilies Bokštas / Gediminas' Tower</small>

대성당 뒤쪽으로 높은 언덕이 있고 그 위에 타워가 하나 우뚝 서 있다. 서울N타워나 에펠탑처럼 뾰족한 타워가 아닌 요새같이 생긴 타워다. 다른 도시들에서 주로 뚱뚱한 원형탑을 많이 봤는데, 저 위에 보이는 게디미나스 타워는 원형인 듯하면서도 살짝 각이 져 있다. 타워까지는 세 가지 루트로 올라갈 수 있는데, 하나는 완만한 경사로를 따라 산책하듯 쉬엄쉬엄 올라가는 것, 다른 하나는 급격한 경사로를 따라 힘들지만 빠르게 올라가는 것, 마지막 하나는 푸니쿨라를 이용해 쉽고 빠르게 올라가는 것이다. 걸어 올라가기 싫어서 푸니쿨라를 타려고 했는데 벌써 영업이 끝나서 본의 아니게 급격한 경사로를 따라 등산을 했다. 타워에 도착하니 생각했던 대로 이

곳에서 바라보는 풍경은 아름답다. 구시가지뿐만 아니라 신시가지도 눈에 담을 수 있다. 현재 고고학 박물관으로 쓰이는 게디미나스 타워에 입장하는 것이 아니라면 전망대는 무료이기 때문에 현지인들도 산책 삼아 혹은 풍경을 바라보러 많이 온다. 신시가지에는 높은 빌딩들도 몇 있는데, 서울이나 홍콩 등에 비하면 '아무것도 아닌' 수준이다. 내가 리투아니아에 가서 오래되고 작은 건물을 보며 신기해하듯, 리투아니아 사람들이 서울에 오면 현대적이고 높은 빌딩들을 보며 신기해할 것이라는 생각이 들었다.

Add. Arsenalo g. 5, Vilnius   **Tel.** +370 5 261 7453   **Web.** www.lnm.lt   **Time.** 4월~9월 매일 10:00~21:00, 10월~3월 매일 10:00~18:00   **Fee.** 성인 4유로, 어린이/학생/경로 2유로, 5명 외국어 가이드 투어 10유로, 20명 외국어 가이드 투어 15유로

빌뉴스 올드타운 골목탐방과 거리음악회

지금까지 남아있는 중세시대 올드타운 중 규모가 꽤 큰 편인 빌뉴스 올드타운. 수 세기 동안 차근차근 발전해 왔고 계속 변화하는 문화, 역사의 영향을 받아 형성되었다. 올드타운 내에는 고딕, 르네상스, 바로크, 네오클래식 양식의 건물들이 사이좋게 들어서 있다. Pilies gatvė가 빌뉴스 올드타운의 메인 거리인데, 특히 이 거리에 카페와 마켓이 많다. '린넨'을 판매하는 상점들도 눈에 띄는데, 이곳에 오기 직전 리투아니아의 린넨이 유명하다는 것을 알게 되었다. 평소 옷 만드는 것에 관심이 많던 지인이 "리투아니아는 린넨이 유명하니까 기회 되면 사와!"라고 했기 때문이다. 리투아니아 린넨으로 옷을 만들면 굉장히 소녀 같은 느낌이 많이 풍긴다고 한다. 발길 닿는 대로 무작정 걷다 보니 담벼락에 작은 예술작품들이 수십 개 붙어 있는 골목도 지나게 되었다. 바로 '문학인의 거리'라고 불리는 리테라투 거리(Literatų gatvės)다. 어두울 때도 감상이 가능하도록 위쪽에 조명도 달려 있고, 각 작품 옆에는 번호가 있어서 누구의 어떤 작품인지 확인할 수도 있

1. 문학인의 거리 2. 올드타운 거리 3. 4. 거리음악회

다. 평범한 담벼락도 야외 갤러리로 만드는 리투아니아 사람들의 센스가 돋보인다.

매년 5월 중순쯤이면 빌뉴스에서는 길거리 음악축제가 열린다. 정확한 명칭은 '빌뉴스 국제 거리 음악의 날(International Street Music Day in Vilnius)'. 일부러 날짜를 맞춘 것도 아닌데 내가 빌뉴스에 머물 당시 운 좋게도 이 축제가 열렸다. 구시가지 어디를 가든 음악이 들려오고 사람들의 표정은 들떠있다. 거리에서 연주되는 음악은 다양하다. 바이올린과 첼로를 연주하는 팀이 있는가 하면 기타를 치는 사람, 노래를 부르는 사람, 디제잉으로 순식간에 거리를 클럽으로 만드는 DJ도 있다. 다만 미리 실력을 검증하는 예선 같은 건 없는지, 아니면 이날만큼은 아무나 공연을 할 수 있는 것인지 각 팀의 실력은 차이가 좀 난다. 이런 축제는 구경만 해도 좋지만 음악에 일가견이 있는 사람이라면 직접 참여하는 것도 기억에 남지 않을까 싶다.

성 안나 성당과 성 버나딘 성당
Šv. Onos bažnyčia & Vilniaus Bernardinų bažnyčia / St. Anne's Church & Bernardine Church

빌니아 강변에는 눈에 띄는 두 성당이 있다. 각자의 이름을 가진 두 개의 성당이지만 사실 두 성당이 어우러져 있을 때 더 아름다워 보인다. 붉은색 고딕 양식의 이 성당들은 리투아니아에서 가장 주목할만한 고딕 건축물이다. 전설에 따르면 나폴레옹이 러시아 원정을 가던 중에 성 안나 성당을 보고 "손바닥에 들고 파리로 가져가고 싶다."라고 말했다고 한다. 얼마나 아름답다고 생각했으면 집으로 가져가고 싶다는 생각을 했을까? 성 안나 성당의 무거운 문을 열고 내부로 들어가 보니 그렇게 넓지는 않지만 엄숙한 공간이 모습을 드러낸다. 벽에는 예수의 일생과 관련된 것으로 보이는 작

은 조각들이 걸려있고, 제단 쪽에는 천사상들이 있는데 날개만 금색으로 포인트를 준 것이 인상적이다. 바로 옆 성 버나딘 성당에서는 방금 미사가 끝났는지 사람들이 삼삼오오 모여 이야기를 나누고 있다. 내부의 천장과 벽은 모두 흰색으로 되어 있는데, 기둥의 아랫부분을 목조 조각품으로 장식한 것이 특이하게 느껴진다. 벽에는 파스텔 톤의 벽화가 그려져 있는데, 이 벽화의 가치가 어마어마하다고 한다.

성 안나 성당
Add. Maironio g. 8-1, Vilnius 01124   Tel. +370 698 17731   Web. www.onosbaznycia.lt

성 버나딘 성당
Add. Maironio g. 10, Vilnius 01124   Tel. +370 616 01159
Web. www.bernardinuparapija.lt

우주피스 Užupis

한 국가의 수도 안에 독립된 공화국이 있다면 사람들은 어떤 반응을 보일까? 리투아니아의 수도 빌뉴스에는 독립적인 '우주피스 공화국'이 있고, 심지어 대통령까지 선출한다. 국제적으로 한 국가로 인정받은 건 아니고 예술가들이 자기들끼리 공화국을 만든 것이다. 우주피스는 '강의 다른 쪽'이라는 의미인데, 실제로 우주피스 공화국이 빌니아 강 건너편에 위치하기도 하지만 일반 사람들과 다른 사람들이라는 것을 함축적으로 의미하는 것이 아닌가 싶다. 강의 한쪽에 일반인들이 모여 있다면, 강의 다른 쪽에는 우주피스의 정신을 가진 사람들이 모여 있다는 의미가 아닐까? 사실 이 지역은 도시 내에서 방치된 공간이었다. 쓰러지기 직전의 건물들에 노숙자나 매춘부들이 살았고, 이후에는 예술가들과 보헤미안들이 이곳으로 몰려들었다. 자유분방한 분위기 때문인지 우주피스는 종종 파리의 몽마르트나 코펜하

인어공주 동상   천사상

겐의 프리타운 크리스티아나와 비교가 된다. 우주피스 안의 중앙 광장에는 2002년에 베일을 벗은 천사상이 있는데, 이 천사상은 우주피스의 부활을 상징한다고 한다. 다리를 건널 때 본 인어공주 동상도 이 천사상을 만든 조각가가 만들었다. 내가 선입견을 가지고 있던 건지 모르겠지만 우주피스의 분위기는 참 묘했다. 밝고 따뜻한 분위기보다는 차갑고 어딘가 모르게 독특한 분위기이니 가급적 일행과 함께 방문하는 것이 좋겠다.

Add. Malūnų g., Vilnius 01203   Web. www.umi.lt

새벽의 문과 빌뉴스 요새
Aušros Vartai & Vilniaus Gynybinės Sienos Bastėja / Gate of Dawn & The Bastion of Vilnius City Wall

빌뉴스 구시가지 여행의 시작이라는 '새벽의 문'은 올드타운의 남쪽에 위치해있다. 1503년과 1522년 사이에 도시 성벽의 일부로 지어졌으며, 문 위에 위치한 작은 예배당에는 유명한 '검은 마리아상'이 있다. 성문에 검은 마리아상 같은 종교적 공예품을 포함시킨 이유는 외부의 공격으로부터 도시를 보호하고, 도시를 떠났다 돌아올 사람들의 안전을 기리기 위함이었다. 검은 마리아상이 있는 예배당에는 아직까지 많은 사람의 발길이 끊이지 않는데, 그 이유는 수백 년에 걸쳐 이곳에서 기도한 사람들에게 많은 기적이 일어났기 때문이다.

새벽의 문 근처에는 빌뉴스 요새가 있는데, 무척 튼튼해 보이는 이 요새의 지하에는 적의 침입에 맞서 싸우기 위한 화약창고와 48m 길이의 지하통로가 있었다. 하지만 17세기 중반 전쟁을 겪으며 많은 부분이 파괴되었고, 러시아의 지배를 받을 때는 요새가 쓰레기 폐기장, 배수로 등의 시설로 사용되었다. 1966년에서야 복원이 시작되었고 1987년에는 요새 안에 박물관이 개장했다. 빌뉴스 요새는 언덕진 부근에 위치하고 있는데다가 주변이 녹지대여서 그런지 산책 나온 시민, 도시의 파노라믹 뷰를 보려고 온 관광객들도 많이 보였다.

새벽의 문
Add. Aušros Vartų g. 14, Vilnius 01303 **Tel.** +370 5 212 3513 **Web.** www.ausrosvartai.lt

빌뉴스 요새
Add. Bokšto g. 20, Vilnius 01126 **Tel.** +370 5 261 2149 **Web.** www.lnm.lt **Time.** 수~일요일 10:00~18:00, 월, 화요일 휴관 **Fee.** 성인 4유로, 학생 2유로

트라카이 성 Trakų Salos Pilis / Trakai Island Castle
빌뉴스에 왔으면 꼭 봐야 한다는 트라카이 성을 보러 가는 날. 버스로 40분을 달리고 도보로 45분을 걷고 나서야 섬 위에 지어진 트라카이 성을 만날 수 있었다.

트라카이 성은 외부의 침략을 막고 방어력을 강화하기 위해 지어지기 시작했으며, 3단계에 걸쳐 확장되었다. 지금이야 전투기가 있어 어디든 하늘에서 폭격하면 끝이지만, 그 당시에는 섬 위에 성을 지어놨으니 육지와 이어지는 다리까지 없으면 방어력은 정말 최고였으리라는 생각이 든다. 입장권을 구매하고 안으로 들어가 보니 제일 먼저 눈에 띄는 건 널따란 안뜰. 중세 시대를 배경으로 한 판타지 드라마의 촬영장 같다. 성 내부는 박물관으로 사용되고 있는데 이곳의 역사, 어떻게 건설되고 복원되었는지, 대공

작들의 삶은 어땠는지 등을 보여주고 있다. 특히 그 당시에 사용된 실내장식, 침실이나 주방에서 사용된 가구와 그릇들도 전시되어 있어 흥미를 자극한다.

트라카이에서 또 하나 유명한 것은 바로 키비나이라는 먹거리이다. 트라카이에 간다고 하니 모두 "키비나이가 유명하니 그거 꼭 먹고 와."라고 한다. 트라카이 성 건너편에 있는 작은 카페에서 키비나이를 하나 구입한다. 단단한 빵 안에 고기 등의 재료를 넣은 음식으로, 한입 베어 무는데 생각보다 맛있다. 겉은 빵이지만 속은 만두소 같아서 '빵+만두'를 먹는 느낌이다. 어떤 푸드 트럭에서 파는 키비나이는 안에 들어가는 내용물이 소고기, 돼지고기, 치킨, 버섯 등으로 다양해서 골라 먹는 재미도 있다.

키비나이

Add. Karaimų g. 41, 21104 Trakai **Tel.** +370 528 53946 **Web.** trakai-visit.lt **Time.** 5월~9월 10:00~19:00, 10월 10:00~18:00, 11월~2월 9:00~17:00, 3~4월 10:00~18:00, 10월~4월까지는 월요일 휴관 **Fee.** 성인 6유로, 학생/어린이/경로 3유로, 가이드 투어 15유로

빌뉴스에서 트라카이 성 가는 방법
- 빌뉴스 버스터미널에서 트라카이행 버스를 타고 약 40분을 간다.
- 버스 티켓은 기사에게 직접 구입하면 되고, 가격은 편도 1.77유로이다.
- 트라카이 버스터미널에서 내린 다음 표지판(PILIS 1900m →) 표시를 따라 성 쪽으로 걷는다.

빌뉴스 교통 정보

빌뉴스로 가는 방법

비행기 시내 남쪽에 국제공항이 있어 유럽의 여러 도시에서 항공편을 이용하여 빌뉴스로 갈 수 있다.
- 빌뉴스 공항 : vilnius-airport.lt

버스 근처 국외/국내 도시들에서 버스를 이용해 빌뉴스로 갈 수 있다. 리투아니아 역시 철도보다는 버스노선과 시설이 더 발달해 있는 편이다. 장거리 노선의 경우 미리 예약하는 편이 좋고, 단거리 노선은 현지에서 티켓을 구입하면 된다.
▷ 카우나스 → 빌뉴스(약 1시간 20분), 리가 → 빌뉴스(약 4시간 10분), 민스크 → 빌뉴스(약 3시간), 바르샤바 → 빌뉴스(약 6~10시간), 모스크바 → 빌뉴스(약 15시간)
- 빌뉴스 터미널 : www.autobusustotis.lt
- 리투아니아 버스 : www.autobusubilietai.lt
- Kautra 버스 : www.kautra.lt
- Ecolines 버스 : www.ecolines.net
- LUXexpress 버스 : www.luxexpress.eu
- Eurolines 버스 : www.eurolines.lt
- Ollex 버스 : www.ollex.lt

기차 리투아니아 일부 도시들과 근처 국외 도시들에서 기차를 이용해 빌뉴스로 갈 수 있다. 기차 이동을 계획할 경우 미리 노선과 환승 여부를 확인하는 것이 좋다.
▷ 카우나스 → 빌뉴스(약 1시간 20분), 민스크 → 빌뉴스(약 2시간 35분), 모스크바 → 빌뉴스(약 18시간)
- 리투아니아 철도청 : www.litrail.lt
- 리투아니아 기차검색 : www.traukiniobilietas.lt
- 리투아니아 버스/기차검색 : http://stotis.lt

빌뉴스 중심지로 가는 방법

공항에서   공항은 시내 중심지로부터 남쪽으로 약 5km 정도 떨어져 있다. 택시를 타면 올드타운까지 약 10~15분 정도 소요되며, 요금은 약 10유로이다. 빌뉴스 기차역과 공항 사이에 운행되는 특별 기차를 이용해도 되는데, 요금은 편도 0.72유로이다. 공항에서 빌뉴스로 갈 경우 출발역은 Oro uostas, 도착역은 Vilnius로 설정하여 티켓을 구입하면 된다. 빌뉴스 버스터미널까지 가는 TOKS 미니버스를 이용할 경우 터미널 출구 C 근처에서 탑승할 수 있고, 요금은 편도 1유로이다. 보통 아침 8시부터 밤 10시 40분 정도까지 20분 간격으로 운행된다. 버스를 이용할 경우 버스 1번과 2번, 88번을 이용하면 된다. 1번과 2번 버스는 버스터미널, 기차역까지, 88번 버스는 올드타운을 거쳐 시내 중심지까지 운행된다. 티켓은 기사에게 구입할 수 있으며 1회권이 1유로다.

기차역에서
버스터미널에서   기차역과 버스터미널은 올드타운의 시작점인 새벽의 문과 약 700m 떨어진 곳에 위치한다. 도보로 10분 정도면 올드타운에 도착할 수 있다.

빌뉴스의 대중교통

버스
트롤리버스   빌뉴스 시내의 대부분 지역은 버스와 트롤리버스노선으로 이어져 있다. 티켓은 교통카드(Vilnietis card)를 구입해 원하는 1회권 개수만큼 충전해서 사용하거나 30분, 60분, 1일, 3일, 10일, 30일권 등을 충전해서 사용할 수 있다. 해당 교통카드는 Lietuvos spauda, Spauda, Narvesen라고 쓰인 가판, 우체국, 혹은 Maxima 슈퍼마켓에서 구입 및 충전이 가능하다. 대중교통을 자주 이용하지 않을 예정이면 기사로부터 1회권을 구입할 수 있으며, 가격은 1유로이다. 버스기사가 거스름돈을 거슬러주지 않으니 정확한 금액을 맞춰 준비하는 것이 좋다.

- 빌뉴스 시내교통 : www.vilniustransport.lt

빌뉴스 교통 정보

택시 빌뉴스의 택시 요금은 리투아니아의 다른 도시들에 비해 비싼 편이다. 기본요금이 1유로 정도이며, 킬로미터 당 요금도 1유로 정도이다. 전화로 미리 예약하거나 우버를 이용하는 것이 저렴하다.

- eTAKSI : www.etaksi.lt
- Taxi.lt : www.taxi.lt

✕ 이것만은 꼭! 빌뉴스의 BEST 3 ✕

BEST 1. 섬 위에 지어진 성, 트라카이 성 방문하고 키비나이 먹기
BEST 2. 판타지 영화에서 나올 것 같은 빌뉴스대학교 내부 관람하기
BEST 3. 게디미나스 타워에 올라 빌뉴스 전체를 내려다보기

빌뉴스의 올드타운과 신시가지 일부는 모두 도보로 걸어 다닐 수 있는 거리이다. 올드타운 구석구석과 예술인들의 마을 우주피스, 현대적 건축물들이 있는 신시가지, 근교의 트라카이 성까지 다녀오려면 부지런히 움직여야 한다. 계획을 잘 세워서 빌뉴스를 최대한 만끽하자.

DAY 1
새벽의 문(20분) — 도보 7분 — 빌뉴스 요새(30분) — 도보 7분 — 시청(20분) — 도보 7분 — 빌뉴스대학교(1시간) — 도보 2분 — 대통령궁(20분) — 도보 4분 — 대성당(30분) — 도보 10분 — 게디미나스 타워(1시간) — 도보 10분 — 메인거리 및 문학인 거리(1시간)

DAY 2 트라카이 성 당일치기 여행

DAY 3
성 안나 성당 및 베나딘 성당(30분) — 도보 5분 — 우주피스(30분) — 도보 30분 — 신시가지(1시간)

빌뉴스 여행코스

라트비아
LATVIA

1. 리가

Basic Information

❶ **국가명** 라트비아 공화국(Republic of Latvia)
❷ **수도** 리가(Riga)
❸ **언어** 라트비아어(인구의 약 37.5%가 러시아어 구사)
❹ **면적** 64,589km^2
❺ **국가번호** +371
❻ **기후** 온화한 해양성 기후의 특징을 가지고 있다. 대륙성 기후에 비해 일교차와 연교차가 적은 편이다.

도시	평균	1월	2월	3월	4월	5월	6월	7월	8월	9월	10월	11월	12월
리가	최고	-1	-1	2	8	15	18	20	20	15	10	3	0
	최저	-5	-6	-2	1	7	11	13	12	8	5	0	-3

❼ **시차** 한국보다 7시간 느리다. 서머타임(3월 마지막 일요일~10월 마지막 일요일) 기간에는 6시간 느리다. 예를 들어 한국이 오전 10시라면 라트비아는 새벽 4시.
❽ **전압** 220V로 한국과 동일하며 한국 전자제품을 가져가 그대로 사용할 수 있다.
❾ **비자** 무비자로 90일 체류 가능하다. (라트비아는 쉥겐국가)
❿ **응급 시 연락처** 화재/구조 112, 경찰 110, 앰뷸런스 113
⓫ **주 스웨덴 대한민국 대사관**
　Add. Laboratoriegatan 10, 115 27 Stockholm　Tel. +46 8 5458 9400
　라트비아에는 상주 대한민국 대사관이 없으며, 주 스웨덴 대한민국 대사관이 라트비아 대사관을 겸임하고 있다.

✕ 라트비아의 화폐와 환전

화폐 단위는 유로(EUR/Euro)와 센트(Cent)이다. 지폐로 500, 200, 100, 50, 20, 10, 5유로가 있고, 동전으로 2, 1유로가 있으며, 유로보다 작은 단위인 센트(Cent)가 동전으로 50, 20, 10, 5, 2, 1이 있다.

우리나라 각 은행에서 한화를 유로로 직접 환전할 수 있다. 본인의 주거래은행에서 환전을 할 경우 환율 우대를 받을 수 있으며, 은행마다 다르지만 여행자보험을 무료로 들어주는 곳

도 있다. 인터넷에 '환율 우대쿠폰'을 검색해서 유효한 쿠폰을 출력해 환율 우대를 받을 수도 있다. 단, 이 경우 쿠폰의 유효기간 및 조건을 잘 확인해야 한다. 시간 여유가 없는 여행자는 인터넷 환전을 한 다음 은행에 가서 유로화를 수령해도 된다. 꿀팁 하나, 은행에서 일하는 친구가 있다면 친구에게 환전을 부탁해 보자! 직원 환율 우대를 받을 수 있다. 여행 후 유로가 남았을 경우 지폐는 다시 한화로 환전할 수 있지만 동전은 환전할 수 없다. 되도록 동전은 현지에서 다 쓰고 올 수 있도록 조절하자!

✕ 라트비아의 공휴일과 축제

공휴일				
	1월 1일	새해 첫날	9월 11일	아버지 날
	3월 25일~28일	부활절	11월 18일	독립기념일
	5월 1일	근로자의 날	12월 24일~25일	크리스마스 이브 & 크리스마스
	5월 4일	독립선언일		
	6월 8일	어머니 날	12월 31일	새해 전날
	6월 23~24일	성 요한의 날/하지절		

축제			
	5월	리가	Night of the Museums
		리가	International Baltic Ballet Festival
	5월~7월	리가	Latvian Song and Dance Festival
	5월	리가&시굴다	Kremerata Baltica Festival
	6월	리가	Līgo Market on Riga's Dome Square
		라트비아 전역	Summer Solstice
	7월	시굴다 성	Sigulda Blues Festival
	8월	리가	Riga City Festival

✕ 라트비아로 가는 방법

❶ 한국에서 라트비아로
한국에서 라트비아까지 가는 직항편은 없고, 유럽의 다른 도시를 1회 경유하여 가는 것이 일반적이다. 대기시간과 비행시간을 포함한 소요시간은 최소 12~13시간이며, 대기시간이 길면 소요시간이 20시간 이상 되는 경우도 있다. 항공권 가격의 경우 프로모션 특가를 이용하면

70~80만 원으로 구매할 수도 있고, 일반적으로는 100만 원 초~중반대로 구매할 수 있다.

아에로플로트 러시아항공과 핀에어가 대기시간도 2~3시간으로 짧고 루트도 합리적이다. 보통 라트비아만 여행하는 경우는 드물고, 발트 3국 전체를 여행하거나 핀란드 및 러시아와 묶어 여행하는 경우가 많다. 어느 도시에서 시작해서 어느 도시에서 끝낼지 일정과 루트를 간략하게 계획한 다음 항공권을 구입하는 것이 좋다.

❷ 유럽국가에서 라트비아로(소요시간)

- 탈린 → 리가   버스 4시간 30분
- 패르누 → 리가   버스 2시간 30분
- 타르투 → 리가   버스 4시간
- 시굴다 → 리가   버스 1시간 10분
- 스톡홀름 → 리가   페리 17시간
- 클라이페다 → 리가   버스 3시간 40분
- 카우나스 → 리가   버스 5시간
- 빌뉴스 → 리가   버스 4시간 10분

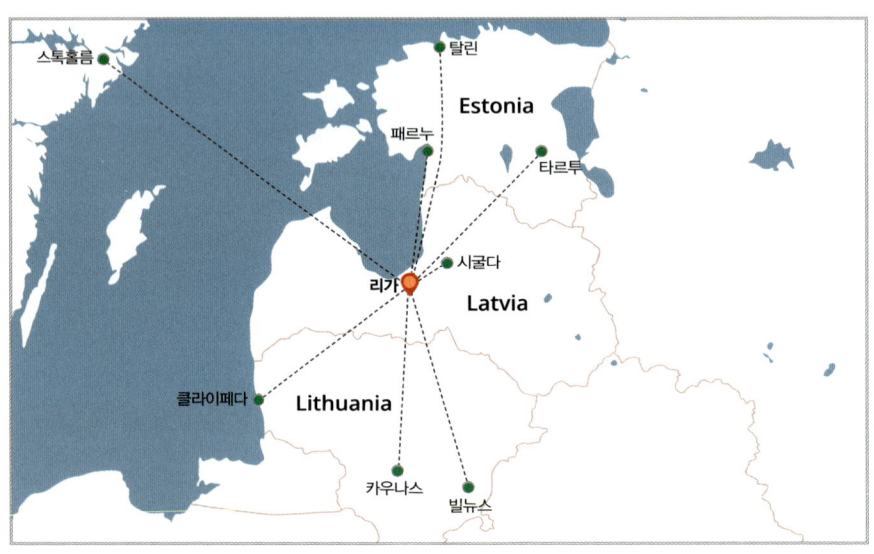

✕ 라트비아 추천 일정

❶ 리가와 근교 여행지까지 둘러보는 일정(2박 3일)

리가(2박) : 유르말라와 시굴다 당일치기 여행

시간적 여유가 있는 여행자라면 리가에 머물면서 근교의 유르말라와 시굴다를 다녀오는 일정을 추천한다. 시굴다는 라트비아의 스위스라고 불리는 곳이며, 유르말라는 발트 3국에서 가장 긴 해변이 있는 리조트 타운이다. 시굴다는 기차나 버스로 75분, 유르말라는 기차로 30분 정도 소요되기 때문에 리가에서 당일치기로 부담 없이 다녀올 수 있다.

❷ 라트비아의 수도 리가만 둘러보는 일정(1박 2일)

리가(1박)

일정이 빡빡해서 라트비아에 많은 시간을 할애하지 못한다면 수도인 리가를 보는 것으로 충분하다. 리가에서 1박을 하면서 올드타운과 중앙시장, 과학 아카데미 전망대, 아르누보 구역 등을 돌아보자.

✕ 라트비아 여행비용

❶ 2박 3일 일정 여행비용(기준환율 1,400원)

왕복항공료	100만 원대
숙박비(2박)	호스텔 도미토리 기준 약 30,000원
교통	타 도시 → 리가 버스 약 10유로(약 14,000원) 리가 → 시굴다 왕복 약 5유로(약 7,000원) 리가 → 유르말라 왕복 약 5유로(약 7,000원) 리가 → 타 도시 버스 약 20유로(약 28,000원)
관광지 입장료	성 피터 교회 약 9유로(약 12,600원) 과학 아카데미 전망대 약 4유로(약 5,600원)
음식	약 50유로(약 70,000원)
쇼핑	개인에 따라 다름
총 금액	약 1,174,200원+@

❷ 1박 2일 일정 여행비용(기준환율 1,400원)

왕복항공료	100만 원대
숙박비(1박)	호스텔 도미토리 기준 약 15,000원
교통	타 도시 → 리가 버스 약 10유로(약 14,000원) 리가 → 타 도시 버스 약 20유로(약 28,000원)
관광지 입장료	성 피터 교회 약 9유로(약 12,600원) 과학 아카데미 전망대 약 4유로(약 5,600원)
음식	약 30유로(약 42,000원)
쇼핑	개인에 따라 다름
총 금액	약 1,117,200원+@

❸ 라트비아 3박 4일 실제 여행비용(2015년 5월 기준)

도시	사용일	구분	사용내역	금액(1인)	원화환산(1인)
우측표시	5/7	교통	파르누-리가 버스(에코라인)	€ 9.75	₩ 12,675
리가	5/7	숙박	Cinnamon Sally Backpackers Hostel 3박	€ 27.00	₩ 35,100
리가	5/7	음식	슈퍼마켓(물, 요거트, 빵, 방토, 요리된 감자)	€ 4.35	₩ 5,655
리가	5/8	음식	점심(케비르물, 카푸치노)	€ 12.00	₩ 15,600
리가	5/8	음식	저녁(요리된 감자와 야채)	€ 4.40	₩ 5,720
리가	5/9	음식	빵 2개	€ 0.76	₩ 988
리가	5/9	관광	아카데미 오브 사이언스 전망대	€ 4.00	₩ 5,200
리가	5/9	음식	딸기	€ 2.15	₩ 2,795
리가	5/9	기타	꽃 10송이	€ 2.00	₩ 2,600
리가	5/9	음식	블루베리	€ 10.40	₩ 13,520
리가	5/9	음식	저녁	€ 3.50	₩ 4,550
우측표시	5/10	교통	리가-클라이페다 버스(LUX-Olego)	€ 16.95	₩ 22,035

과학아카데미 전망대에서 본 리가

동유럽에 반하다

리가
Latvia #1 / RIGA

라트비아의 수도이자 발트 3국에서 가장 큰 도시 중 하나인 리가는 다우가바 강변에 위치해있다. 유네스코 세계문화유산으로 등록된 역사지구와 더불어 아르누보 지구, 유럽에서 가장 크다는 센트럴 마켓 등 볼거리가 풍부한 곳이다.

리가 올드타운

무척이나 따뜻했던 호스텔

북유럽이나 북미에 비해 동유럽이 여행하기 좋은 점은 숙소를 비롯하여 전반적으로 물가가 저렴하다는 것이다. 위치도 괜찮고 시설도 괜찮아 보이는 호스텔이 1박에 단돈 9유로라니! 리가의 숙소는 기차역 근처의 시나몬 샐리 백패커스 호스텔을 선택했다. 버스터미널에서 8분 정도 걸으면 숙소에 다다르는데, 중간에 지하도를 한번 건너야 하는 게 단점이다. 기차역 앞의 맥도날드 건물 3층에 호스텔이 있는데, 문을 하나 열고 들어간 뒤, 내부에 있는 또 다른 문을 열고 들어가야 해서 처음에는 조금 헤맸다. 엘리베이터를 타고 3층으로 올라가 초인종을 누르니 직원이 나를 반갑게 맞아준다. 들어가자마자 보이는 거실의 붉은색 벽에는 각종 그림들이 걸려 있고, 천장에는 색색의 전구가 크리스마스트리에 달린 전구들처럼 달려있다. 몸을 푹 파묻을 수 있는 소파와 바닥에 깔린 카펫은 거실을 더욱 따뜻한 분위기로 만들어준다. 내가 사용한 방은 여성전용 도미토리라 그런지 화장대에 큰 거울, 드라이기와 면봉 등이 준비되어 있어 편리했다.

Cinnamon Sally Backpackers Hostel
Add. Merkela 1, 3rd floor, Riga   Tel. +371 22 042 280   Price. 6인 여성 도미토리 약 9유로

리가, 그리고 리가 올드타운

1201년 독일 브레멘 출신의 알베르트 대주교가 지금의 에스토니아와 라트비아 지역을 통합하여 독일 영토인 리보니아를 세우고, 그 중심이 되는 도시 리가를 건설했다. 원래 이곳에는 리브족과 쿠르족이 살고 있었지만, 역사가 독일, 기독교와 많이 연관되면서 그들은 잊혀져 갔다. 1282년 리가는 한자동맹 도시가 되었고 상업과 무역의 중심지로 13~15세기에 번영을 누렸다. 16세기 이후 리가는 러시아, 폴란드, 스웨덴에 점령당해 지배를 받게 되었으나, 그 와중에도 항구도시로서의 역할을 톡톡히 했다. 구시가지에는 특히 리가에서 무역활동을 했던 중세 상인들과 이곳에 살았던 독일인들이 건설한 건물이 많았다. 하지만 2차 세계대전 때 많은 부분이 파괴되었고 현재의 올드타운은 대부분 복원된 것이다.

성 피터 교회 Svētā Pētera Evaņģēliski Luteriskā Baznīca / St. Peter's Church

리가 구시가지에 들어서자 나를 제일 먼저 반겨준 것은 뾰족한 첨탑이 인상적인 성 피터 교회다. 1209년 이곳 상인들의 헌금으로 건설되었고, 2차 세계대전이 발발하기 전까지는 유럽에서 가장 높은 첨탑을 가진 교회로 유명했다. 세월이 지남에 따라 가톨릭 성당, 루터 교회, 박물관 등으로 기능을 해 왔고, 지금은 리가를 대표하는 랜드마크이자 전시홀, 콘서트홀, 전망대로서 기능을 하고 있다. 높이 72m의 첨탑 전망대는 엘리베이터를 타고 쉽게 오를 수 있는데, 이곳에 오르면 다우가바강과 리가의 구시가지를 한눈에 조망할 수 있다. 앞쪽에서 봤을 때는 규모가 그렇게 큰지 몰랐는데 옆쪽에서 보니 규모가 어마어마하다. 교회 뒤쪽에서는 기념품을 판매하는 상인들과 그림형제의 동화 브레멘 음악대에 나오는 동물들의 동상도 만날 수 있다. 이 동상은 1990년 브레멘시가 리가시에 기증한 것으로, 어릴 적 읽었던 동화 내용을 새록새록 떠올리게 해준다. 늙고 쇠약해져 주인에게 버림받

을 처지에 놓인 당나귀가 브레멘 음악대 단원을 모집한다는 소식을 듣고 그곳으로 가던 중, 노래를 잘하고 싶은 수탉, 입 냄새가 심한 개, 쥐를 안 잡는다고 쫓겨난 고양이를 만나 함께 길을 간다. 브레멘에 도착하기 전날 도둑들이 사는 집을 발견한 그들. 넷이 합심해 도둑들을 쫓아내고 그 집에서 행복하게 살았다는 이야기. 이 네 동물의 코를 만지면 행운이 온다는 설이라도 있는지, 특히 아래쪽에 있는 당나귀와 개의 코는 아주 반질반질하다.

Add. Skārņu iela 19, Rīga, 1050 Tel. +371 67 037 861 Web. peterbaznica.riga.lv Fee. 교회 및 전망대 성인 9유로, 학생 7유로, 청소년 3유로, 7살 이하 무료, 예술품 전시 성인 3유로, 학생 2유로, 청소년 1유로, 7살 이하 무료 Time. 5월~8월 화~토요일 10:00~19:00, 일요일 12:00~19:00 9월~4월 화~토요일 10:00~18:00, 일요일 12:00~18:00

검은머리전당 Melngalvju Nams / House of the Blackheads

검은머리전당은 건물이 삼각형 모양이며 삼각형의 두 면이 아주 화려하게 장식되어 있다. 파도 물결을 형상화한 듯한 가장자리, 푸른색과 금색을 사용하여 신비감을 주는 천문시계, 장인이 손으로 직접 만들었을 것만 같은 화려한 풍향계까지. 조금이라도 멋지게 담아보겠다고 여기저기 뛰어다니

며 다양한 각도에서 사진을 찍는다. 15세기부터 검은머리 길드가 이 건물을 임대해 이곳에 머무는 상인들의 숙소, 회의장, 연회장으로 사용했다. 건물의 정면에는 신들의 조각상이 있고, 그 위에는 리가, 브레멘, 뤼벡, 함부르크의 문장이 걸려있다. 제일 특이하다고 여겨지는 것은 입구 쪽에 있는 흑인 성인, 성 마우리티우스(성 모리스)의 부조상이다. 검은머리 길드라는 이름 자체가 성 마우리티우스를 길드의 수호성인으로 삼았기 때문에 생겨난 것이다. 검은머리전당 역시 2차 세계대전 때 독일군에 의해 파괴되었고 소련 시절에 아예 철거되었지만, 독립 후 다시 복원해 지금은 관광안내소, 콘서트홀, 박물관 등으로 쓰고 있다.

Add. Rātslaukums 7, Rīga   Tel. +371 67 181 800   Web. melngalvjunams.lv

리가 돔, 리가 대성당 Rīgas Doms / Riga Cathedral

웅장하고 묵직한 느낌을 주는 리가 돔은 독일인들이 이곳에 와서 처음으로 지은 성당이다. 발트 3국에 있는 중세 성당 중 가장 크고, 성당 안에는 세계에서 네 번째로 큰 오르간이 있다. 사실 리가 돔은 현재 성당이 아니라 복음루터교회다. 발트 3국 중 제일 남쪽에 있는 리투아니아가 폴란드의 영향을 받아 가톨릭의 비중이 큰 반면, 에스토니아는 독일과 러시아의 영향을 받아 루터교와 정교회의 비중이 크며, 라트비아는 독일과 스웨덴의 영향을 받아 루터교, 복음루터교의 비중이 가톨릭보다 크다. 하지만 종교의 비중을 논하기 전에 알아야 할 것이 에스토니아 인구의 76%, 라트비아 인구의 35%가 무교라는 점이다.

Add. Herdera laukums 6, Rīga, 1050　**Tel.** +371 67 227 573　**Web.** doms.lv　**Fee.** 다음 시간에 입장하는 것은 무료　**Time.** 7월~9월 매일 9:00~18:00(수요일과 금요일 9:00~17:00 제외, 목요일 9:00~17:30 제외)　10월~6월 매일 10:00~17:00

* 임시 휴관이 수시로 바뀌므로 홈페이지 방문객정보란을 미리 확인하자.
* 5월~9월 수요일과 금요일 저녁 7시, 10월~4월 금요일 저녁 7시에 콘서트가 열린다. 표는 현장에서 구입 가능하다.

3형제 건물 Trīs Brāļi / Three Brothers

건축학도나 혹은 건축에 대해 관심과 지식이 많은 사람이라면 더 흥미롭게 볼 것 같은 3형제 건물. 3형제 건물이 있다는 곳에 가보니 세 건물이 서로를 의지하며 다닥다닥 붙어 서 있다. 닮은 듯 다른 듯 마치 진짜 형제 같다. 형제도 닮은 듯하지만 들여다보면 각각 다 다르니 말이다. 이들은 리가에서 가장 오래된 석조건물인데, 제일 오른쪽의 흰색 건물이 15세기 말에 지어졌고, 왼쪽으로 갈수록 한 세기씩 늦게 지어졌다. 시기마다 유행하는 건축 스타일이 달라 모두 다른 양식으로 지어졌는데, 특히 맨 오른쪽 집의 지붕 부분이 눈에 띈다. 마치 모양이 있는 도장으로 꾹 눌러, 나올 부분은 나오고 들어갈 부분은 들어간 듯한 느낌. 건물들이 이렇게 다닥다닥 붙어 건설된 이유는 당시 리가가 워낙 잘 나가는 무역 도시여서 인구밀도가 높았기 때문이며, 건물 꼭대기에서 자주 볼 수 있는 풍향계는 바람의 방향을 알려 배들이 들어올 수 있는지 없는지를 알려주는 역할을 했다. 풍향계는 주로 수탉 모양이 많은데, 닭 꼬리 쪽이 바람의 방향을 가리키고 부리 쪽이

바람 반대방향을 향하게 되어 있다. 수많은 동물 중 하필 수탉인 이유는, 이곳 사람들은 수탉이 기나긴 밤의 어둠을 쫓고 빛을 불러주는 성스러운 동물이라고 생각했기 때문이다. 3형제 건물은 현재 문화재보호를 위한 국가조사국과 건축박물관으로 쓰이고 있다. 박물관 입장이 무료라고 하니 시간 여유가 된다면 들어가 보는 것도 좋다.

Add. Mazā Pils iela Trīs brāļi, Rīga, 1050 **Tel.** +371 67 220 779 **Web.** www.archmuseum.lv
Fee. 무료 **Time.** 월요일 9:00~18:00, 화~목요일 9:00~17:00, 금요일 9:00~16:00, 주말 휴관

리가성 Rīgas Pils / Riga Castle

올드타운의 한쪽 끝, 다우가바 강변에 위치한 리가성 쪽으로 가본다. 지도상으로는 분명 여기가 맞는데 어째 분위기가 좋지 않다. 성이라기보다는 공사장에 가까운 이곳. 알고 봤더니 2013년에 큰 화재가 발생해 성의 많은 부분이 소실되었고 아직까지도 복원 작업 중이다. 군사적 목적과 도시로 들어오는 배를 감시하기 위해 1330년 지어진 리가성. 성의 용도는 그때그때 바뀌었는데, 현재는 대통령 관저와 집무실, 박물관으로 사용되고 있다. 화재가 발생했을 당시 박물관의 소장품들이 소실되는 것에 대한 걱정이 많았는데, 다행히 화재로 인해 소실된 작품들은 없고 물 때문에 망가진 작품은 조금 있다고 한다.

Add. Rātslaukums 7, Riga, 1900 **Tel.** +371 67 092 106 **Web.** president.lv

리가성

거리의 조각상

1. 리가 성벽 2. 스웨덴 문 3. 화약탑 4. 야콥의 막사 건물

스웨덴 문 Zviedru Vārti / Swedish Gate,
야콥의 막사 Jēkaba Kazarmas / Jacob's Barracks, **화약탑** Pulvertornis / Powder Tower

올드타운 동쪽에 과거에 존재했던 성벽의 일부를 복원해놓은 곳이 있다고 해서 그곳을 찾는다. 한쪽에는 붉은 성벽이 쭉 이어져 있고, 그 반대편에는 기다란 노란색 건물이 성벽과 평행을 이루고 있다. 이 노란색 건물은 야콥의 막사라고 불리는 곳으로 옛 스웨덴 막사였다. 지금은 바, 레스토랑, 뷰티샵, 여행사 등이 들어서 있어 관광객들로 북적인다. 건물 끝의 벽면에는 리가의 지방 길드 문장들이 새겨져 있는데, 어쩜 문장들도 이렇게 창의적으로 만들었는지 구경하다 보면 시간 가는 줄 모른다. 성벽과 막사의 끝쪽에는 탈린의 팻마가렛타워를 연상시키는 화약탑이 있는데, 원래는 성곽의 일부였으나 시간이 지나면서 화약탑으로 쓰였고, 현재는 전쟁박물관으로 사용되고 있다. 조금 더 걷다 보니 스웨덴 문이 보인다. 리가 성벽의 구조물 중 유일하게 남은 것인데, 스웨덴이 이 지역을 점령한 것을 기념하기 위

해 세웠다. 아치형 문 중앙에 스웨덴 상징 동물인 사자 부조상이 새겨진 것과 문 양쪽에 대포가 거꾸로 박혀있는 것이 인상적이다.

스웨덴 문
Add. Atgriežu iela, Centra rajons, Rīga, 1050

야콥의 막사
Add. Torņa iela, Centra rajons, Rīga, 1050

화약탑, 전쟁박물관
Add. 20, Smilsu Street, (Pulvertornis), Riga, 1050   Tel. +371 67 223 743
Web. www.karamuzejs.lv   Time. 4월~10월 매일 10:00~18:00, 11월~3월 매일 10:00~17:00
Fee. 무료, 가이드 투어 그룹당 12유로

자유기념비 Brīvības Piemineklis / Freedom Monument

올드타운 동쪽으로는 넓은 공원이 3개나 있다. 올드타운 바로 옆쪽에 있는 공원에는 운하가 있고, 이 운하와 다우가바 강 위로 작은 관광용 배가 다닌다. 요새의 언덕(Bastejkalns/Bastion Hill) 쪽 운하의 선착장에서 사람들이 내리고 타는 게 보인다. 배가 일반적인 현대식 유람선이 아니라 정겹게 생긴 작은 나룻배라서 한 번쯤 타보는 것도 좋을 것 같다.

구시가지의 동쪽에는 높은 자유기념비가 하나 있는데, 라트비아 독립 전쟁에서 희생된 군인들을 추모하기 위해 세워졌다. 저 꼭대기에는 머리 위로 팔을 번쩍 들어 올려 세 개의 금색 별을 들고 있는 여신상이 있다. 세 개의 별은 라트비아의 역사적인 세 지역, 비제메(Vidzeme), 라트갈레(Latgale), 쿠를란트(Courland)를 의미한다. 기념비 앞쪽에는 제복을 입은 사내 두 명이 정자세로 서 있고 바닥에는 꽃들이 놓여 있다. 이 사내들을 포함하여 유럽 곳곳에서 꼼짝도 안 하고 서 있는 근위병들을 볼 때마다 대단하다는 생각이 든다. 오후에 이곳을 지나다가 본 근위병 교대식은 엄숙하고 진지한 분위기로 조촐하게 진행되었다.

Add. Brīvības bulvāris, Riga

자유기념비

리가의 봄

5월, 리가의 공원에는 이미 푸르름이 번지고 색색의 꽃들이 자기들만의 색과 향을 뽐내고 있다. 산책을 하면서 리가 사람들을 구경한다. 삼삼오오 모여 풀밭에 앉거나 누워 햇빛을 즐기는 이들, 축구공 하나로 공놀이를 하고 있는 여덟 명의 청년들, 거대한 솜사탕을 팔고 있는 예쁜 언니, 도넛 인형탈을 쓰고 도넛가게 홍보를 하고 있는 알바생, 미니 자동차를 타고 공원을 질주하는 아기들, 그걸 흐뭇하게 바라보는 부모들까지. 특별한 무언가가 있는 것이 아닌데도 그들만의 특별한 하루를 보내고 있는 것 같은 느낌이다.

리가 중앙시장 Rīgas Centrāltirgus / Riga Central Market

누군가가 "리가에서 제일 좋았던 곳이 어디예요?"라고 묻는다면 난 아마 "중앙시장이요!"라고 대답할 것이다. 원래 시장 구경을 좋아하지만 리가 중앙시장이 특별히 좋았던 이유는 화사한 꽃들과 신선한 과일들, 저렴하고 맛있는 빵들이 많아서다. 유럽에서 가장 크다고 알려진 리가 중앙시장은 크게 실내와 실외로 나눌 수 있는데, 실내 시장은 독일의 옛 비행기 격납고를 활용해서 그 모습이 독특하다. 건물 안으로 들어가 보니 빵과 치즈, 고기, 과일과 야채, 해산물, 디저트, 향신료, 약 같은 다양한 상품들을 판매하고 있다. 한쪽의 작은 빵집에서는 사람들이 줄을 서서 빵을 사 간다. 갓 구운 향긋한 빵 냄새가 솔솔 풍기는데 나도 안 사고 그냥 지나칠 수가 없다.

바깥으로 이동해 이번에는 꽃의 아름다움에 빠져본다. 꽃을 한 송이씩 판매하는 곳이 있는가 하면, 화분째로, 벽걸이용 화분째로, 모종째로 판매하는 곳도 있다. 리가 중앙시장의 꽃은 한 송이에 0.20~0.30유로로 가격도 저렴하다. 결국 나도 빨간 꽃 5송이, 노란 꽃 5송이를 2유로 주고 구매했다.

평소 좋아하는 과일인 딸기와 블루베리도 구입해서 이날 점심은 100% 과일식으로 해결했다. 시장이 워낙 넓어 다 둘러보지는 못했지만, 다른 쪽에는 의류며 가방이며 잡화도 판매하고 있다. 이곳에서 주의해야 할 점 한 가지! 사람들이 많고 붐비다 보니 소매치기가 많다고 한다. 구경은 마음껏 하되 가방에 든 귀중품에도 늘 신경을 쓰자.

Add. Nēģu iela, 7, Rīga, 1050 **Tel.** +371 67 229 985 **Web.** rct.lv **Time.** 화~토요일 7:00~18:00, 일~월요일 7:00~17:00

과학 아카데미 전망대 Latvian Academy of Sciences

리가 중앙시장에서 올드타운 반대쪽으로 조금 더 내려가면 라트비아 과학 아카데미가 나온다. 과학에 그다지 관심 없는 사람일지라도 이곳은 오고 싶을 것이다. 왜냐하면, 이곳 전망대에서 리가의 멋진 모습을 한눈에 담을 수 있기 때문이다. 1층에서 티켓을 구입한 다음 엘리베이터를 타고 15층까지 단숨에 올라간다. 그 후 계단으로 두 개 층을 올라가면 17층에 4면이 뚫린 전망대가 있다. 리가의 올드타운부터 다우가바 강, 그 외에 시내 모습이 시원하게 들어와 가슴이 뻥 뚫리는 느낌이다. 게다가 이곳에서 보이는 특이한 건물들이 전망대에 하나하나 다 설명이 되어 있어서 쉽게 궁금증을 해결할 수 있다. 총 길이 512m로 1957년에 문을 연 스톤브리지, 삼각형처럼 보이는 국립도서관, 위에서 보니 더 확실하게 격납고처럼 보이는 중앙시장, 올드타운의 성 피터교회와 리가돔의 첨탑, 저 멀리 에펠탑처럼 보이는 TV타워. 특히 TV타워는 발트 3국에서 가장 높은 구조물이자 유럽에서는 세 번째로 높은 구조물이란다. 누군가가 리가는 건축가들에게 사랑받는 도시라고 했는데, 그 이유를 알 것 같다. 아름다운 아르누보 양식의 건물들이 많은 동시에 이렇게 감각적이고 현대적인 건물들도 많으니 말이다.

Add. Akademijas laukums 1, Riga, 1050 **Tel.** +371 20 088 097 **Web.** http://panoramariga.lv **Fee.** 4유로 **Time.** 매일 8:00~22:00

아르누보 거리

호스텔 직원이 추천해준 곳 중 하나가 바로 아르누보 거리다. 올드타운보다 조금 위쪽에 있는 곳으로 그중에서도 Alberta iela(Alberta 거리)에 가보라. 천천히 걸어가 보니 어느 순간부터 여기라는 직감이 온다. 다른 건물들 사이에 아르누보 건물이 끼어있다면 뭔가 다르다는 것을 인지할 것이다. 아르누보는 1890년부터 1910년 사이에 전 세계적으로, 그러나 아주 잠깐 유행했던 양식이다. 주로 식물 등 자연에서 영감을 얻었기에 곡선과 특이한 장식을 많이 사용했고, 외장재도 기존에 잘 사용하지 않던 것들을 사용하기도 했다. 실제로 아르누보 건물들을 보니 건물 외벽이 조각 장식들로 화려하다. 동물 조각, 동물과 사람을 섞어놓은 듯한 조각, 그리고 메두사로 보이는 조각도 있다. 게다가 사람 조각은 온화한 얼굴도 있지만 울상을 하거나 무표정한 얼굴도 있어 흥미롭다. 하지만 아르누보 양식은 겉으로 보이는 아름다움에 치중하다 보니 안전성이나 기능성은 좀 소홀히 하는 경향이 있었고, 그 때문에 유행이 그렇게 오래가지는 못했다.

리가의 맛집

햇볕이 따뜻하게 내리쬐는 점심시간. 리가돔과 마주보고 있는 주황빛 예술 박물관 앞의 노천카페에 자리를 잡는다. 노천카페는 일반 테이블석도 있지만 폭신한 방석이 있는 티테이블석도 있어 티타임을 가지려는 사람들로 붐빈다. 친절한 웨이터가 내가 주문한 거품 가득한 카푸치노와 플레이팅까지 예쁘게 된 캐비지 롤을 가져다준다. 캐비지 롤은 안에 다진 고기가 들어가 있고 그걸 양배추가 감싸고 있는데, 소스 때문인지 롤을 먹을 때 약간 김치를 먹는 느낌도 난다. 옆에는 매쉬드 포테이토와 그 위에 올라간 빨간 방울토마토, 사워크림이 곁들여져 있다. 음식도 맛있긴 했지만 노천카페 분위기 자체가 워낙 좋아 100점 만점에 120점인 점심시간을 보냈다.

돔광장 노천카페
Add. Doma laukums 1, Centra rajons, Rīga, 1050
Price. 메인메뉴 약 8.50유로, 음료 약 3.50유로

리가에서 3박을 하는 동안 두 번은 호스텔 직원이 추천해준 리도라는 음식점에 가서 밥을 먹었다. 현지인들도 많이 가는 곳으로 가성비가 좋다고 해서 가봤는데 정말 그랬다. 진열된 음식 중 마음에 드는 것을 본인 쟁반에 담거나, 아니면 직원한테 달라고 하면 직원이 접시에 음식을 담아준다. 그렇게 원하는 음식과 음료를 다 담으면 카운터에서 계산을 하고 식사를 하면 되는 것이다. 샐러드, 요리된 고기와 야채, 밥, 디저트 등 종류가 많아서 뭘 골라야 할지 모르겠다. 음식이 있는 곳을 한참 배회하며 고민한 끝에 내가 고른 음식은 푹 익힌 감자와 브로콜리, 파프리카. 어찌나 맛있던지. 딸기가 통째로 들어간 딸기주스도 마셨는데 한잔 더 마시고 싶을 정도로 상큼하고 달달했다.

LIDO
Add. Elizabetes iela 65, Centra rajons, Rīga, 1050 **Tel.** +371 67 221 318 **Time.** 월~토요일 9:00~23:00, 일요일 10:00~22:00 **Price.** 메인메뉴 약 5유로~

리가 교통 정보

리가로 가는 방법

비행기 시내 남서쪽에 국제공항이 있어 유럽의 여러 도시에서 항공편을 이용하여 리가로 갈 수 있다.
- 리가 공항 : www.riga-airport.com

버스 근처 국외/국내 도시들에서 버스를 이용해 리가로 갈 수 있으며, 버스노선 및 시설이 잘 발달되어 있다. 버스는 주로 Ecolines와 LUXexpress 사이트를 이용해 검색하면 된다.
▷ 시굴다 → 리가(약 1시간 10분), 탈린 → 리가(약 4시간 30분), 패르누 → 리가(약 2시간 30분), 타르투 → 리가(약 4시간), 클라이페다 → 리가(약 3시간 40분), 카우나스 → 리가(약 5시간), 빌뉴스 → 리가(약 4시간 10분)
- 리가 버스터미널 : www.autoosta.lv
- Ecolines 버스 : http://legacy.ecolines.net
- LUXexpress 버스 : www.luxexpress.eu

기차 라트비아의 각 도시들과 근처 국외 도시들에서 기차를 이용해 리가로 갈 수 있다. 하지만 기차는 버스에 비해 시간이 오래 걸리고 발트 3국 각 국경에서 환승을 해야 하므로 추천하지 않는다. 현재 발트 3국과 폴란드를 거쳐 베를린까지 이어지는 철도 서비스를 제공하기 위한 프로젝트가 진행 중이다.
▷ 모스크바 → 리가(약 17시간), 상트페테르부르크 → 리가(약 16시간), 탈린 → 리가(약 8~16시간), 빌뉴스 → 리가(약 13시간)
* 탈린과 빌뉴스는 환승 시간에 따라 소요시간이 달라짐

페리 스웨덴의 스톡홀름에서 페리를 이용해 리가로 갈 수 있다. 17시간이 소요되며, 티켓가격은 날짜에 따라 약간 다르지만 보통 100유로 이상이다.
▷ 스톡홀름 → 리가(약 17시간)
- TALLINK : www.tallinksilja.com

리가 교통 정보

리가 중심지로 가는 방법

공항에서 공항은 시내 중심지로부터 남서쪽으로 약 10km 정도 떨어져 있다. 택시를 타면 시내까지 약 15분 정도 소요되며, 요금은 약 12~15유로이다. 택시 요금은 보통 뒷좌석 오른쪽 창에 표시가 된다. 혹은 '리가 셔틀 버스'라고 불리는 미니버스를 이용해도 되는데, 오전 10시 30분부터 저녁 7시까지 30분 간격으로 운행되며, 타는 곳은 공항 E 출입구 앞에 있는 P1 주차장 쪽 정류장이다. 티켓은 기사에게 직접 구매가 가능하며 편도 5유로다. 대중교통을 이용할 경우 버스 22번, 혹은 미니버스 222번을 이용하면 된다. 티켓은 기사에게 구입할 수 있으며 1회권이 2유로다.
- 미니버스 : www.rigashuttle.lv

기차역에서
버스터미널에서 기차역과 버스터미널은 올드타운과 약 500~700m 정도 떨어진 곳에 위치해 10분 안에 걸어갈 수 있다. 숙소를 올드타운 근처에 잡았다면 따로 대중교통을 이용할 필요 없이 쉽게 걸어갈 수 있다.

페리터미널에서 페리터미널은 올드타운 북쪽에 있으며, 올드타운과는 약 1km 정도 떨어져 있다. 걸어서 15분 정도면 올드타운 북쪽에 도착할 수 있다.

리가의 대중교통

트램
버스
미니버스
트롤리버스
리가 시내의 대부분 지역은 트램, 버스, 미니버스, 트롤리버스노선으로 이어져 있다. 종이로 된 1회권(2유로)은 기사에게 직접 구입할 수 있으며 환승은 불가능하다. 혹은 자동판매기, Narvesen 가판대, Latvia Post, Rīgas satiksme에서 Yellow e-ticket을 구입해 사용할 수 있는데, 한 번 사용하고 버리는 것이 아니라 추후에 충전을 해서 사용할 수 있다. 리가에서 오래 머물거나 대중교통을 많이 이용할 예정이라면, 고객 서비스 센터에서 etalons라고 불리는 교통카드를 만들어 사용할 수도 있다. 자동판매기, Narvesen 가판대, Latvia Post, Rīgas

satiksme에서 충전할 수 있다. etalons카드는 개인정보를 입력해 본인만 사용하는 카드(Personalised e-ticket)와 개인정보를 입력하지 않고 여럿이서 사용하는 카드(Non-personalised e-ticket)가 있는데, 전자는 무료 발급, 후자는 보증금 2.85유로를 지불해야 한다. 가격은 5회 사용에 5.75유로, 10회 사용에 10.90유로 정도이다.

- 리가 시내교통 : www.rigassatiksme.lv

택시 리가에는 여러 택시 회사가 있고, 각각 기본요금 및 킬로미터 당 요금이 다르다. 특히 길에서 아무 택시나 잡아 탈 경우 바가지 요금을 씌울 수 있으니 목적지까지의 요금을 미리 확인하고 타는 것이 좋다. 혹은 Taxify라는 어플을 다운받아 사용하는 것도 괜찮다. 어플을 통해 신용카드로 계산할 수 있고, 픽업시간이나 요금 등을 확인할 수 있다.

- Taxify : http://taxify.eu
- Baltic Taxi : http://baltictaxi.lv
- Red Cab Taxi : www.rtp.lv

리가 올드타운과 중앙시장, 아르누보 구역은 모두 도보로 걸어 다닐 수 있으므로 대중교통을 이용하지 않아도 된다. 중앙시장은 아침에 방문하는 것이 좋고, 아르누보 거리는 오후 늦게 가면 건물에 그림자가 많이 지기 때문에 사진 찍기가 어려우니 참고하자.

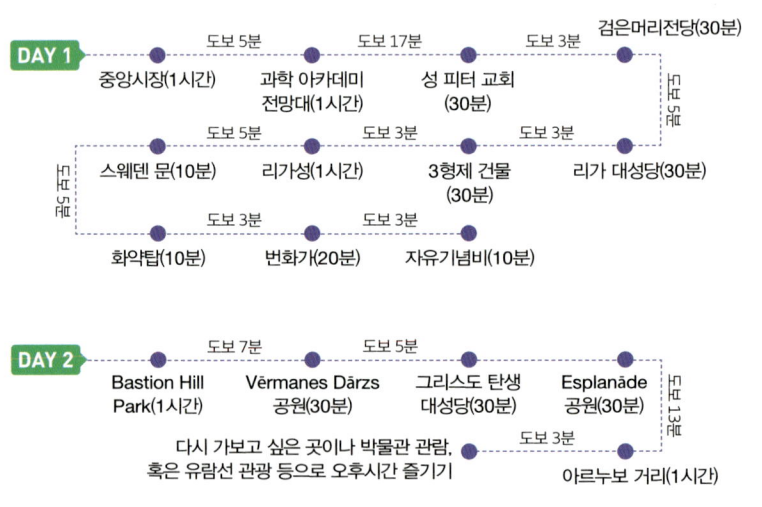

× 이것만은 꼭! 리가의 BEST 3 ×

BEST 1. 아기자기한 리가 올드타운 걷기
BEST 2. 중앙시장에서 신선한 과일 사 먹기
BEST 3. 과학 아카데미 전망대에 올라 리가 한눈에 내려다보기

Basic Information

❶ **국가명** 에스토니아 공화국(Republic of Estonia)
❷ **수도** 탈린(Tallinn)
❸ **언어** 에스토니아어(인구의 약 30%가 러시아어 자유자재로 구사)
❹ **면적** 45,228km²
❺ **국가번호** +372
❻ **기후** 대륙성 기후의 특징을 가지고 있다. 낮과 밤, 여름과 겨울의 기온 차가 크며 겨울에는 건조하여 체감온도가 더 낮다.

도시	평균	1월	2월	3월	4월	5월	6월	7월	8월	9월	10월	11월	12월
탈린	최고	-1.4	-1.8	2	8.2	14.9	19.1	21.2	19.9	14.5	9.1	3.3	0.3
	최저	-6.6	-7.5	-4.3	0.1	5	9.7	12.1	11.6	7.2	3.3	-1.2	-4.6

❼ **시차** 한국보다 7시간 느리다. 서머타임(3월 마지막 일요일~10월 마지막 일요일) 기간에는 6시간 느리다. 예를 들어 한국이 오전 10시라면 에스토니아는 새벽 4시.
❽ **전압** 220V로 한국과 동일하며 한국 전자제품을 가져가 그대로 사용할 수 있다.
❾ **비자** 무비자로 90일 체류 가능하다. (에스토니아는 쉥겐국가)
❿ **응급 시 연락처** 112
⓫ **주 핀란드 대한민국 대사관**
   Add. Erottajankatu 7 A, 4th 00130 Helsinki   Tel. +358 9 251 5000
   에스토니아에는 상주 대한민국 대사관이 없으며, 주 핀란드 대한민국 대사관이 에스토니아 대사관을 겸임하고 있다.

✕ 에스토니아의 화폐와 환전

화폐 단위는 유로(EUR/Euro)와 센트(Cent)이다. 지폐로 500, 200, 100, 50, 20, 10, 5유로가 있고, 동전으로 2, 1유로가 있으며, 유로보다 작은 단위인 센트(Cent)가 동전으로 50, 20, 10, 5, 2, 1이 있다.

우리나라 각 은행에서 한화를 유로로 직접 환전할 수 있다. 본인의 주거래은행에서 환전을 할 경우 환율 우대를 받을 수 있으며, 은행마다 다르지만 여행자보험을 무료로 들어주는 곳

도 있다. 인터넷에 '환율 우대쿠폰'을 검색해서 유효한 쿠폰을 출력해 환율 우대를 받을 수도 있다. 단, 이 경우 쿠폰의 유효기간 및 조건을 잘 확인해야 한다. 시간 여유가 없는 여행자는 인터넷 환전을 한 다음 은행에 가서 유로화를 수령해도 된다. 꿀팁 하나. 은행에서 일하는 친구가 있다면 친구에게 환전을 부탁해 보자! 직원 환율 우대를 받을 수 있다. 여행 후 유로가 남았을 경우 지폐는 다시 한화로 환전할 수 있지만 동전은 환전할 수 없다. 되도록 동전은 현지에서 다 쓰고 올 수 있도록 조절하자!

✕ 에스토니아의 공휴일과 축제

공휴일

1월 1일	새해 첫날	6월 23~24일	성 요한의 날/하지절
2월 24일	독립기념일	8월 20일	독립부흥의 날
3월 25일~28일	부활절	12월 24일~25일	크리스마스 이브 & 크리스마스
5월 1일	5월제, 근로자의 날		
5월 15일~16일	성령강림절/오순절	12월 26일	박싱데이
6월 23일	승전기념일	12월 31일	새해 전날

축제 5월~6월   탈린   올드 타운 데이(Music and Parades)

✕ 에스토니아로 가는 방법

❶ 한국에서 에스토니아로

한국에서 에스토니아까지 가는 직항편은 없고, 유럽의 다른 도시를 1회 경유하여 가는 것이 일반적이다. 대기시간과 비행시간을 포함한 소요시간은 최소 13~15시간이며, 대기시간이 길면 소요시간이 24시간 이상 되는 경우도 있다. 항공권 가격의 경우 프로모션 특가를 이용하면 70~80만 원으로 구매할 수도 있고, 일반적으로는 100만 원 초~중반대로 구매할 수 있다. 핀에어와 루프트한자 독일항공은 대기시간이 2~3시간으로 짧은 항공편을 제공하기 때문에 시간적인 여유가 부족한 여행객들이 이용하기에 좋다. 또한 아에로플로트 러시아항공, 터키항공을 이용해서도 에스토니아로 갈 수 있다. 에스토니아만 둘러보기 아쉽다면 항공편의 스탑오버 등을 활용하는 것도 좋은 방법이다.

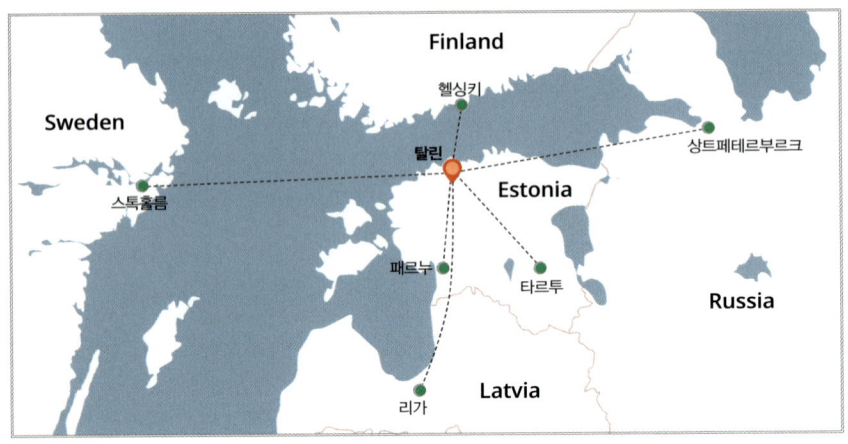

❷ 유럽국가에서 에스토니아로(소요시간)

- 패르누 → 탈린   버스 2시간
- 합살루 → 탈린   버스 2시간
- 타르투 → 탈린   버스 2시간 30분, 기차 2시간 10분
- 리가 → 탈린   버스 4시간 30분
- 스톡홀름 → 탈린   페리 18~19시간, 비행기 1시간
- 헬싱키 → 탈린   페리 2시간
- 상트페테르부르크 → 탈린 버스 9시간, 기차 6~7시간, 페리 12~13시간

✕ 에스토니아 추천 일정

❶ 탈린과 근교 여행지까지 둘러보는 일정(2박 3일)

> 탈린(1박) → 패르누(1박) → (합살루 또는 타르투)

보통 발트 3국의 수도만 둘러보거나 북유럽 여행에 탈린만 끼워 여행하는 경우가 많다. 그러나 시간적인 여유가 많거나 에스토니아 구석구석을 보고 싶은 여행자라면 탈린과 함께 주요 도시인 합살루, 패르누, 타르투를 가보는 것도 좋다. 합살루와 패르누는 휴양도시의 성격이 강해서 여름에 가는 것을 추천한다.

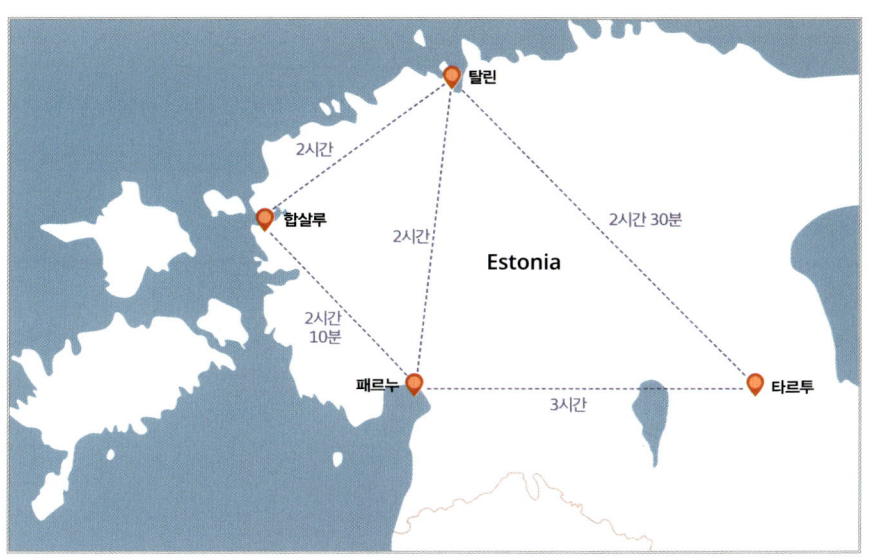

❷ 에스토니아의 수도 탈린만 둘러보는 일정(1박 2일 혹은 당일치기)

> 탈린(1박 혹은 무박)

발트 3국이나 북유럽 여행에 에스토니아가 포함된 경우라면, 에스토니아의 수도 탈린만 보는 것도 괜찮다. 여유롭게 보려면 1박을 하면서 구시가지와 신시가지를 모두 보고, 시간적 여유가 없다면 당일치기로 구시가지만 돌아봐도 좋다.

✕ 에스토니아 여행비용

❶ 2박 3일 일정 여행비용(기준환율 1,400원)

왕복항공료	100만 원대
숙박비(2박)	호스텔 도미토리 기준 약 30,000원
교통	공항 → 시내 택시 약 10유로(약 14,000원) 탈린 → 패르누 버스 약 9유로(약 12,600원) 패르누 → 타 도시 버스 약 10유로(약 14,000원)

관광지 입장료	시청사 및 시청사 타워 약 8유로(약 11,200원) 팻 마가렛 타워 약 6유로(약 8,400원) 성 올라프 교회 타워 약 2유로(약 2,800원)
음식	약 70유로(약 98,000원)
쇼핑	개인에 따라 다름
총 금액	약 1,191,000원+@

❷ 1박 2일 일정 여행비용(기준환율 1,400원)

왕복항공료	100만 원대
숙박비(1박)	호스텔 도미토리 기준 약 15,000원
교통	공항 → 시내 택시 약 10유로(약 14,000원) 탈린 → 타 도시 버스 약 20유로(약 28,000원)
관광지 입장료	시청사 및 시청사 타워 약 8유로(약 11,200원) 팻 마가렛 타워 약 6유로(약 8,400원) 성 올라프 교회 타워 약 2유로(약 2,800원)
음식	약 40유로(56,000원)
쇼핑	개인에 따라 다름
총 금액	약 1,135,400원+@

❸ 에스토니아 4박 5일 실제 여행비용(2015년 5월 기준)

도시	사용일	구분	사용내역	금액(1인)	원화환산(1인)
우측표시	5/3	교통	상트페테르부르크-탈린 버스(에코라인)	€ 24.00	₩ 31,200
탈린	5/3	교통	버스터미널-호스텔 택시	€ 13.00	₩ 16,900
탈린	5/3	숙박	Tabinoya - Tallinn's Travellers House 3박	€ 42.00	₩ 54,600
탈린	5/4	관광	성 올라프 교회 전망대	€ 2.00	₩ 2,600
탈린	5/4	음식	슈퍼마켓(쌀, 샐러드, 물, 맥주, 소시지)	€ 6.01	₩ 7,813
탈린	5/5	음식	아몬드	€ 4.00	₩ 5,200
탈린	5/5	음식	커피, 케이크	€ 4.50	₩ 5,850
탈린	5/6	교통	호스텔-버스터미널 택시	€ 5.00	₩ 6,500
우측표시	5/6	교통	탈린-패르누 버스(LUX)	€ 8.15	₩ 10,595
패르누	5/6	숙박	Hostel Lõuna 1박	€ 10.00	₩ 13,000
패르누	5/6	음식	저녁(슈니쁠, 맥주)	€ 8.50	₩ 11,050
패르누	5/6	음식	물 작은거	€ 0.75	₩ 975
패르누	5/7	음식	아침(빵, 카푸치노)	€ 4.00	₩ 5,200
우측표시	5/7	교통	패르누-리가 버스(에코라인)	€ 9.71	₩ 12,623

Basic Information

동유럽에 반하다

Estonia #1

탈린
TALLINN

에스토니아의 수도인 탈린은 동화책 속에서 툭 튀어나온 것처럼 아기자기하고 귀엽다. 북유럽과 동유럽, 러시아의 문화가 복합적으로 스며들어 있는 듯한 이 도시는 세계에서 미인이 가장 많은 곳으로도 유명하다.

탈린 올드타운 전경

탈린으로 가는 길

"탈린에서는 김태희 같은 미인들이 빵집에서 빵을 팔아!" 먼저 탈린에 다녀온 지인의 강렬하고도 인상적인 한마디. 진짜 그곳에는 미인들이 그렇게 많은지 궁금증과 기대감을 한 가득 안고 탈린으로 가는 버스에 몸을 싣는다. 보통 핀란드 헬싱키에서 페리를 타고 당일치기로 에스토니아 탈린을 방문하는 사람이 많은데, 나는 러시아 여행을 마치고 상트페테르부르크에서 탈린으로 향했다. 일반적으로 관광객들이 잘 이용하지 않는 루트여서 그랬을까? 러시아-에스토니아 국경을 통과할 때 출입국심사관에게 유난히 많은 질문을 받아야만 했다. 유럽을 떠나 다른 나라로 가는 항공권을 그에게 보여주니, 그제야 내 여권에 입국도장을 찍어주었다.

상트페테르부르크에서 탈린으로 가는 데 이용했던 에코라인 버스는 유럽 전역을 이어주는 버스라인 중 하나다. 2층으로 된 버스의 각 좌석에는 개인 모니터가 달려 있는데, 영화나 음악 감상을 할 수 있고 인터넷 사용이나 게임, 여행 루트 확인도 가능하다. 게다가 버스 내에서 와이파이 사용이 가능하고, 뒷문 쪽에는 커피 머신이 있어서 무제한으로 커피도 마실 수 있다. 탈린 버스터미널에 도착해 짐을 받아 들고 역 앞에 서 있는 택시에 오른다. 10분 정도 달렸을까? 예약해둔 탈린 숙소 앞에 도착했다. 1층 문을 밀고 들어가니 역시 엘리베이터는 보이지 않는다. 20kg에 육박하는 캐리어를 질질 끌고 가파른 나무 계단을 올라 호스텔 문을 열었다.

탈린 버스터미널

일본인이 운영하는 아담한 호스텔

3일 밤 동안 내가 머무른 타보니야 탈린 트래블러스 하우스는 탈린 시청사와 아주 가깝고, 분홍빛 외관의 낡은 건물 3층과 루프탑을 사용하고 있다. 내 방은 루프탑에 있는 8인실. 방도 넓은 데다가 2층 침대의 1층에는 커튼이 달려 있어서 온전히 나만의 공간을 가질 수 있게 해준다. 넓은 창문틀에는 폭신한 러그가 깔려있고 쿠션이 놓여있다. 햇볕이 따뜻하게 비추는 날 여기 앉아 커피 한잔 하며 책 읽는 것도 참 분위기 있겠다는 생각이 든다. 리셉션 옆에 있는 작은 부엌에서는 스스로 요리를 해먹을 수도 있고 아침에는 조식을 먹을 수도 있다. 부엌에 테이블이 딱 하나라서 아침이면 투숙객들이 모두 옹기종기 모여 앉아 대화를 나누며 식사를 한다. 그들의 이야기를 듣는 것도, 내 이야기를 공유하는 것도 재미있다. 이런 게 호스텔 숙박의 묘미가 아닐까 싶다.

Tabinoya – TallinnIs Travellers House
Add. Nunne1 Kesklinn Tallinn, 10133   **Tel.** +372 632 0062   **Price.** 8인 도미토리 약 12유로

올드타운의 중심, 시청사와 시청광장 Tallinna Raekoda / Tallinn Town Hall

아침 일찍부터 탈린 올드타운 탐험에 나선다. 1997년 세계문화유산으로 지

Tallinn

정된 탈린 올드타운의 중심에는 시청광장이, 동쪽으로는 출입문 격인 비루 게이트가, 북쪽으로는 뚱뚱한 마가렛 타워가 있고, 푸른 공원이 올드타운을 감싸고 있다. 구시가지 안에서는 어디를 어떻게 걷든 시청광장으로 되돌아오게 되는데 그래서 더 걱정 없이 여기저기를 걸어 다닐 수 있다.

북유럽과 발트 3국에 남아 있는 시청사 중 가장 오래되었다는 탈린의 시청사. 굉장히 화려하다거나 엄청 멋들어지진 않았지만 웅장하고 든든한 맛은 있다. 옛날부터 마을 정치, 경제의 중심이 되는 곳이었고 때때로 법원이나 새 상품을 소개하는 장소, 극장 등으로 사용되기도 했다. '시청'이라고 단정 짓기 보다는 사람들이 모여 살아가는 데 있어서 중요한 일들이 벌어졌던 곳이라고 하는 게 더 맞을지도 모르겠다. 현재는 3가지 용도로 사용되고 있는데, 탈린의 공식적인 행사장, 콘서트홀, 박물관이 바로 그것이다. 광장의 한쪽 면을 시청사가 차지하고 있고 나머지 세 면은 모두 레스토랑과 카페

들로 가득하다. 4~5월 동유럽의 날씨는 참 변덕스러운데, 이날만큼은 햇빛이 정말 쨍했다. 마치 누가 진한 파란색 물감을 타서 하늘에 툭 풀어놓은 것만 같다.

Add. Raekoja 1, 10114 Tallinn Tel. +372 645 7900 Web. raekoda.tallinn.ee
Fee. 성수기(5월~9월, 12월~1월 15일) 성인 5유로, 학생 2유로, 가족 10유로
비수기(10월~11월, 1월 16일~4월) 성인 3유로, 학생 2유로, 가족 6유로
시청사 타워(5월~9월 15일) 성인 3유로, 16세 이하 1유로
Time. 7월~8월 월~토요일 10:00~16:00, 9월~6월 메일이나 전화로 미리 예약, 공휴일에는 휴무,
시청사 타워(5월~9월 15일) 매일 11:00~18:00

자유광장, 성 요한 교회와 독립전쟁 전승기념비가 있는 곳

구시가지 남쪽 끝으로 가면 자유광장이 나온다. 군사 퍼레이드나 콘서트가 열리기도 한다는 이 광장의 한쪽에는 성 요한 교회(Jaani Kirik/St. John's Church)가, 다른 한쪽에는 독립전쟁 전승기념비(War of Independence Victory Column)가 자리하고 있다. 병아리색의 성 요한 교회는 1867년에 문을 연 루터교회이다. 다른 동유럽들 대부분이 가톨릭교를 많이 믿는 반

성 요한 교회   독립전쟁 전승기념비

면, 에스토니아 사람들은 주로 루터교와 러시아정교를 많이 믿는다. 그리고 더 흥미로운 점은 인구의 76% 정도가 무교라는 점이다. 성 요한 교회 맞은편의 독립전쟁 전승기념비는 높이 23.5m로 143개의 유리판으로 되어있는데, 에스토니아 독립 전쟁 때 희생된 이들과 독립과 자유를 위해 싸웠던 이들을 기리기 위해 세워졌다. 에스토니아도 주변 강대국의 침입을 많이 받았는데, 1227년 독일에 정복된 이후 덴마크, 스웨덴, 폴란드, 러시아, 소련의 지배를 받았다. 1991년 소련의 붕괴와 함께 독립을 되찾으며 빠른 경제성장을 해오고 있다.

알렉산더 넵스키 대성당 Aleksander Nevski Katedraal / Alexander Nevsky Cathedral

독립전쟁 전승기념비 뒤쪽 언덕으로 올라가니 녹색으로 가득한 공원이 나온다. 5월 초, 아직 날씨는 많이 추웠지만 녹색 풀 사이사이로 노란색 꽃들이 얼굴을 내밀고 있다. 온전하게 남아있지는 않지만 군데군데 남아 있는 성곽들과 탑들을 보며 걷다가 저 멀리 눈에 확 띄는 건물을 발견한다. 바로 알렉산더 넵스키 대성당. 밝은 색상과 곡선을 주로 사용한 성당 외부, 초코송이 같은 둥글둥글한 탑 꼭대기. 평소에도 직선과 뾰족한 것보다는 곡선과 둥글둥글한 것을 좋아하는 내가 반하지 않을 수가 없다. 상트페테르

부르크 출신 건축가에 의해 건축된 것이라 그런지 러시아 느낌이 난다. 내부도 무료로 들어가 볼 수 있지만 사진 촬영은 금지되어 있다. 화려한 내부 모습을 사진으로 담고 싶어 카메라를 만지작거리기만 해도 수녀님들이 득달같이 달려온다. 덕분에 대성당 내부의 모습은 두 눈으로만 열심히 담았다. 대성당 앞쪽의 분홍빛 건물은 현재 에스토니아 국회의사당으로 사용되고 있는 톰페아성의 일부이다.

Add. Lossi plats 10, 10130 Tallinn　**Tel.** +372 644 3484　**Web.** tallinnanevskikatedraal.eu

톰페아 언덕의 전망대

알렉산더 넵스키 대성당과 톰페아성 등이 있는 톰페아 언덕에서는 톰 공원

이나 탈린 구시가지를 한눈에 내려다볼 수 있다. 여기서 내려다보는 구시가지의 알록달록함이 좋아 두 번이나 올라왔다. 톰페아 언덕 중에서도 돔성당 앞쪽, Patkuli 전망대, Kohtuotsa 전망대가 전망을 조망하기에 좋은 장소이다. 돔성당이라고 불리는 성모마리아 대성당 앞쪽에서는 톰 공원과 넓은 운동장을, 파트쿨리 전망대(Patkuli)와 코흐투오챠 전망대(Kohtuotsa)에서는 올드타운을 내려다볼 수 있다. Patkuli 전망대 근처에는 기념품을 판매하는 상점도 있는데, 실제 탈린의 모습보다 더 아름답게 그려놓은 탈린 그림들이 있다. 겨울이 워낙 춥고 길어서인지 따뜻하고 폭신해 보이는 털모자나 털장갑들도 많이 판매하고 있다. 부들부들한 촉감을 좋아하는 사람이 있다면 아마 안 사고는 못 지나치지 않을까?

돔성당 앞쪽 전망대　　Add. Toom-Kooli 6, 10130 Tallinn
Patkuli 전망대　　　　Add. Rahukohtu, 10130 Tallinn
Kohtuotsa 전망대　　 Add. Kohtu 12, 10130 Tallinn

중세시대를 느낄 수 있는 올드한자 Olde Hansa

톰페아 언덕에서 내려와 올드타운 여행의 시작점이라는 비루문 쪽으로 향한다. 날씨가 좋아서인지 어디를 어떻게 찍어도 사진이 예쁘게 나온다. 중세 시대의 기독교 작품들을 많이 소장하고 있다는 성 니콜라스 성당 근처에는 두 다리 쭉 뻗고 쉴 수 있는 선베드들이 있었는데, 날씨는 차가웠지만 햇볕이 좋아서 몇몇 사람은 선베드에 앉아 모처럼의 햇볕을 즐기고 있다. 시청사 근처에 중세 레스토랑인 올드한자(Olde Hansa) 앞을 지나는데 에스토니아 전통 복장을 한 할리우드 여배우 뺨치는 직원이 나에게 말을 건다. "우리 레스토랑에서 뭐 먹지 않을래?" 아직 배가 안 고프다고 괜찮다고 하니 중세시대에서나 쓰였을 법한 토큰 같은 것을 쥐여주며 말한다. "나중에 와서 이걸 내밀면 웰컴 드링크를 무료로 마실 수 있어!" 이렇게 예쁜 여자가 다가와서 호객행위를 하는데, 내가 남자였다면 아마 당장 레스토랑에 들어가 식사를 하지 않았을까? 올드한자는 직원들이 모두 중세시대 복장을 하고 일하고, 인테리어나 분위기 또한 예스럽게 해놓아 관광객에게 인기가 많다. 특히 한자동맹 시대에 유행했다는 꿀맥주가 유명하다.

Add. Vana Turg 1, 10140, Tallinn **Tel.** +372 627 9020 **Web.** www.oldehansa.ee **Time.** 매일 11:00~24:00 **Price.** 메인메뉴 약 18유로~

비루문 Viru Väravad / Viru Gate

16세기까지 탈린의 성벽에는 8개의 성문이 있었는데, 비루문도 그중 하나였다. 현재는 구시가지와 신시가지를 이어주는 역할, 관광객들의 여행 시작점 역할을 하고 있다. 성문을 넓히는 작업을 하면서 비루문의 일부도 파괴되었지만, 양쪽의 둥근 탑은 아직도 남아 그 시대의 모습을 상상해볼 수 있게 해준다. 비루문을 보겠다고 야심 차게 걸어갔는데 아쉽게도 공사 중이다. 유럽에는 워낙 오래된 건축물들이 많다 보니 보수공사도 참 잦다. 비루문 바깥쪽으로는 꽃집들이 줄지어있다. 발트 3국을 여행하면서 느낀 점은, 이들은 꽃을 참 많이 팔고 가격도 저렴하다. 내가 여기 살았다면 아마 매일 각종 꽃들을 사다가 집을 꾸미지 않았을까 생각해본다.

Add. Viru tänav, Kesklinna linnaosa, Tallinn

팻 마가렛 타워 Paks Margareeta / Fat Margaret's Tower

올드타운의 북쪽에 있는 팻 마가렛 타워. 얼마나 뚱뚱하길래 이름조차 팻 마가렛 타워일까 싶었는데, 확실치 않지만 옛날에 여기서 일하던 사람이 뚱뚱해서 그런 이름이 붙었다고 한다. 바다를 통해 침입해오는 적들을 막기 위해서, 그리고 사절단이나 기사단에 과시하기 위해서 지어진 타워다. 실제로 보니 포탄을 맞아도 끄떡없을 것처럼 단단하고 견고하다. 현재 내부는

해양박물관으로 쓰이고 있는데 다양한 시대의 선박 모형 등 해양 관련 전시를 볼 수 있다. 타워 꼭대기에는 전망대가 있고 여름이면 루프탑 카페가 영업을 한다고 하니 시원한 음료 한잔 하면서 쉬어가도 좋을 것이다.

Add. Pikk tänav 70, Kesklinna linnaosa, Tallinn   **Tel.** +372 641 1408
Web. http://meremuuseum.ee
Time. 10월~4월 화~일요일 10:00~18:00, 5월~9월 월~일요일 10:00~19:00
공휴일(1월 1일, 2월 24일, 3월 25일, 3월 27일, 6월 23일, 6월 24일, 8월 20일, 12월 26일)과 12월 23일, 12월 31일 10:00~17:00, 12월 24일~25일은 휴관
Fee. 팻 마가렛 타워(성인 6유로, 학생 3유로, 가족 12유로), 해양박물관 통합 티켓(성인 16유로, 학생 8유로, 가족 32유로) 해양박물관 통합 티켓으로는 수상비행기 항구 박물관, 격납고, 팻 마가렛 타워 내 전시관에 입장 가능

성 올라프 교회 Oleviste Kirik / St. Olaf's Church or St. Olav's Church

높은 종탑을 가지고 있어서 더 눈에 띄는 성 올라프 교회. 아래에서 올려다보니 종탑 위의 사람들이 작은 점처럼 보인다. 이미 톰페아 언덕 전망대에

다녀왔지만, 이 종탑에서 보는 경치는 또 다를 것 같아 나도 올라가 보기로 한다. 종탑은 총 124m 정도의 높이로 사람이 올라갈 수 있는 곳은 60m 정도 된다. 처음에는 계단 옆에 밧줄이 설치되어 있길래 '아니 뭐 이런 걸 설치해놨어?' 싶었는데, 나중에는 밧줄에 의지하다시피 했다. 계단 자체가 좁고 가파르기 때문에 평소에 체력에 자신이 없는 사람이라면 각오하고 올라가야 한다. 심장이 뛰고 멀미가 날 무렵 드디어 정상에 도착한다. 전망대 부분도 좁고, 딱 한 사람이 걸어갈 정도의 넓이라 올라가면 진행방향 한쪽으로만 돌아야 한다. 그럼에도 불구하고 이곳에서 보는 경치는 너무나 아름답다. 탈린 올드타운이 한눈에 들어오고 바다도 보여서 힘들게 올라온 보람이 있다.

Add. Lai 50, 10133, Tallinn **Tel.** +372 641 2241 **Web.** www.oleviste.ee **Time.** 4월~10월 매일 10:00~18:00 **Fee.** 교회 무료, 종탑 성인 2유로, 어린이 1유로

톰 공원 Toompark

톰페아 언덕에서 내려다봤을 때에도, 성 올라프 교회 종탑에서 내려다봤을 때에도 그 싱그러운 느낌이 마음에 들어 꼭 가보겠다고 생각한 톰 공원. 공원 가운데의 스넬리 연못(Šnelli tiik)은 탈린 성벽을 감싸고 있던 해자였다. 이제는 적의 침입을 막기 위한 역할은 하지 않지만, 시민들에게 휴식처를, 동식물들에게는 서식처를 제공하는 역할을 하고 있다. 물방울 모양의 벤치에 앉아 쉬는 사람들, 풀밭에 앉아 도란도란 이야기를 나누는 사람들, 엄마와 함께 사진 찍는 연습을 하는 어린이, 그리고 단체로 조깅을 하는 청소년들이 눈에 들어온다.

Add. Nunne tänav 17, Kesklinna linnaosa, Tallinn

탈린에서 가장 오래된 카페와 길거리 간식

무려 1864년에 문을 열어 지금까지 만남의 장소로 사랑 받고 있는 탈린에서 가장 오래된 카페 마이아스모크(Maiasmokk). 믿거나 말거나 이지만 전설에 따르자면 마지판(아몬드, 설탕, 달걀을 섞어 만들고, 케이크 위를 덮거나 과자를 만드는 데 쓰인다.)이 탈린에서 생겨났다고 하고, 이 카페가 마지판으로 그렇게 유명하단다. 마지판으로 만든 아기자기한 과자와 케이크들을 바라보며 옛 탈린 사람들은 이 카페가 마치 동화 속에 나오는 장소 같다고 생각했을지도 모른다. 지금도 쇼케이스에는 먹음직스러운 빵과 케이크들이, 창가에는 놀이동산을 연상시키는 관람차와 감각적으로 배치된 커피잔들이 놓여있어 동화 같은 느낌을 준다. 나도 카푸치노 한 잔과 노란 꽃이 올라간 작은 마지판 케이크를 주문하고 창가에 앉는다. 따뜻하고 향긋한 커피 한 모금, 케이크 한입, 그리고 오늘 하루는 어땠는지 일기를 끄적인다. 여행 중 이런 여유로운 시간이 참 좋다.

Maiasmokk Cafe
Add. Pikk 16, 10123, Tallinn   Tel. +372 646 4066   Web. www.kohvikmaiasmokk.ee
Time. 1층 월~금요일 8:00~21:00, 토~일요일 9:00~21:00, 2층 월~일요일 11:00~21:00
Price. 케이크 약 3.50유로, 커피 약 2.50~5.50유로

탈린 올드타운을 걷다 보면 전통복장을 입은 여자들이 나무로 만든 수레 위에 무언가를 놓고 판매하는 모습을 많이 볼 수 있다. 궁금해서 다가가보니 간단한 음료와 간식거리들을 판매하고 있다. 수레 위에서 가장 지분을 많이 차지하고 있는 건 꿀, 계피소스와 함께 달콤하게 볶은 아몬드. 나도 4유로를 주고 한 봉지 받아 든다. 고소하고 달콤해서 살짝 배고플 때마다, 입이 심심할 때마다 꺼내 먹기 딱 좋다.

탈린 교통 정보

탈린으로 가는 방법

비행기 시내 남동쪽에 국제공항이 있어 유럽의 여러 도시에서 항공편을 이용하여 탈린으로 갈 수 있다.
- 탈린 공항 : www.tallinn-airport.ee

버스 근처 국외/국내 도시들에서 버스를 이용해 탈린으로 갈 수 있으며, 버스노선 및 시설이 굉장히 발달되어 있다. 국제선은 주로 Ecolines와 LUXexpress, 국내선은 Tpilet 사이트를 이용해 검색하면 된다.
▷ 타르투 → 탈린(약 2시간 30분), 패르누 → 탈린(약 2시간), 합살루 → 탈린(약 2시간), 상트페테르부르크 → 탈린(약 9시간), 리가 → 탈린(약 4시간 30분)
- 탈린 버스터미널 : www.bussijaam.ee
- Ecolines 버스 : http://legacy.ecolines.net
- LUXexpress 버스 : www.luxexpress.eu
- HANSA 버스 : www.hansabuss.ee
- Tpilet [국내선 검색] : www.tpilet.ee

기차 에스토니아는 버스에 비해 기차가 많이 발달되지 않은 편이다. 도시간 이동이 필요할 경우 버스를 이용하는 것이 더 편리하다.
▷ 타르투 → 탈린(약 2시간 10분), 상트페테르부르크 → 탈린(약 6~7시간)
- ELRON : http://elron.ee
- GO rail : www.gorail.ee

페리 헬싱키, 스톡홀름 등 북유럽 도시들 및 러시아의 상트페테르부르크에서 페리를 이용해 탈린으로 갈 수 있다. 특히 헬싱키와 탈린은 페리로 2시간밖에 소요되지 않기 때문에 북유럽 여행 일정 중 탈린 당일치기 일정을 넣는 경우가 많다.
▷ 헬싱키 → 탈린(약 2시간), 스톡홀름 → 탈린(약 18~19시간)
- 탈린 항구 : www.portoftallinn.com

탈린 교통 정보

- TALLINK : www.tallink.com
- ECKERÖ LINE : www.eckeroline.ee
- VIKING LINE : www.vikingline.ee
- ST. PETER LINE : www.stpeterline.com
- Cruises to Aegna and Naissaar : www.tallinn-cruises.com

탈린 중심지로 가는 방법

공항에서 공항은 시내 중심지로부터 남동쪽으로 약 5km 정도 떨어져 있으며, 공항의 정식 명칭은 Lennart Meri Tallinn Airport이다. 택시를 타면 시내까지 약 15분 정도 소요되며, 요금은 약 10유로이다. 에스토니아는 택시 요금이 법으로 정해져 있지 않기 때문에 타기 전에 미리 목적지까지의 요금을 확인하고 타는 것이 좋으며, 가급적 공항 파트너 택시회사를 이용하는 것이 좋다. (파트너 택시회사 : Tulika Takso, Tallink Takso and Tulika Business) 또한, 공항 바로 앞에서 2번 버스(Reisisadam행)를 타면 올드타운 비루문 근처(A.Laikmaa 정류장)까지 약 20분 정도 소요되며, 티켓은 2유로이다. 티켓은 버스 기사에게 직접 구매할 수 있으며 동전을 미리 준비하는 것이 좋다.

기차역에서 기차역에서 올드타운 시청광장까지는 약 700m로 10분 정도면 걸어갈 수 있는 거리이다.

버스터미널에서 버스터미널은 올드타운과 약 3km 정도 떨어진 곳에 위치하며, 트램 2번(Kopli행) 혹은 4번(Tondi행)을 타고 비루문 근처까지 이동할 수 있다. Autobussijaam 정류장에서 비루문까지는 4정거장 정도이며, 2번은 Mere puiestee 정류장에서, 4번은 Viru 정류장에서 하차하면 된다. 트램을 타면 약 10분 정도 소요된다.

| 페리터미널에서 | 페리터미널에서 올드타운의 팻 마가렛 타워까지는 약 800m, 시청광장까지는 약 1.5km로 10~20분 정도면 걸어갈 수 있다. |

탈린의 대중교통

| 트램
버스
트롤리버스 | 탈린 시내의 대부분 지역은 트램, 버스, 트롤리버스노선으로 이어져 있다. 대중교통 티켓은 기사에게 직접 구입할 수 있고, 조금 더 저렴하게 이용하고 싶다면 스마트카드(Smartcard/Ühiskaart)를 구입 및 충전해서 이용하면 된다. 기사에게 구입하는 1회권은 2유로, 스마트카드 1회권(1시간 유효)은 1.10유로다. 스마트카드로 1일권, 3일권, 5일권, 30일권 등을 구입할 수 있는데, 1일권이 3유로, 3일권이 5유로, 5일권이 6유로, 30일권이 23유로다. |

- 탈린 시내교통 : www.tallinnlt.ee

| 택시 | 탈린에는 여러 택시 회사가 있고 각각 기본요금 및 킬로미터 당 요금이 다르다. 특히 공항이나 버스터미널에서 택시를 탈 경우 바가지를 씌우는 경우도 많다. 따라서 공항에서는 공항과 제휴된 택시를 이용하고, 미리 목적지까지의 요금을 확인하고 탑승하는 것이 좋다. 탈린에서 비교적 저렴한 택시 회사는 Reval takso로 올드타운 ↔ 버스터미널 구간 요금이 약 5유로 정도이다. |

- Reval takso : +372 1207

탈린 올드타운은 모두 도보로 걸어 다닐 수 있으므로 대중교통을 이용하지 않아도 된다. 비루문이나 시청광장에서부터 시작해 올드타운 곳곳을 구석구석 둘러보자. 일정을 여유롭게 잡고 온 여행자라면 구시가지뿐만 아니라 신시가지도 둘러보고 각종 박물관을 방문하는 것도 좋다.

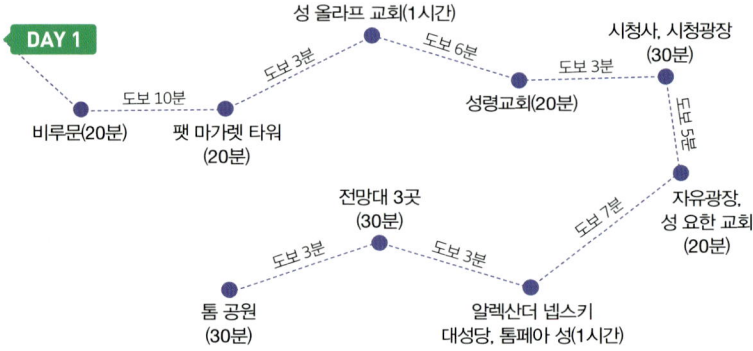

DAY 2

당일치기 여행자라면 DAY 1 일정대로, 1박 2일 여행자라면 DAY 1 일정을 이틀로 나눠 돌아보거나 DAY 2에는 신시가지 여행하기!

× 이것만은 꼭! 탈린의 BEST 3 ×

BEST 1. 톰페아 언덕의 전망대, 성 올라프 교회 종탑에서 전경 보기
BEST 2. 알렉산더 넵스키 대성당 둘러보기
BEST 3. 올드타운 골목을 누비며 중세시대 느끼기

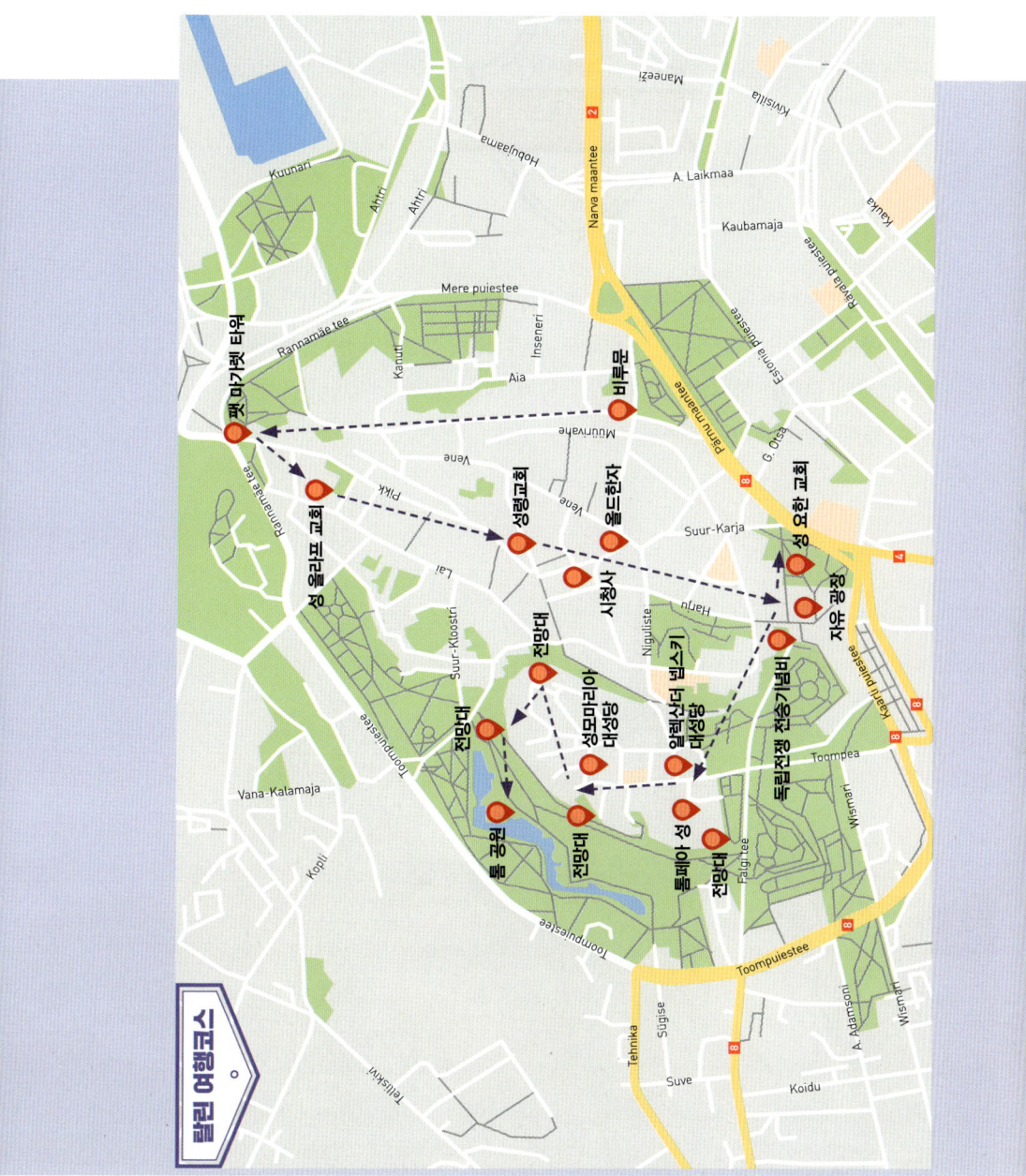

동유럽에 반하다

Estonia #2
패르누
PÄRNU

Estonia

에스토니아의 여름 수도라고 불리는 패르누는 에스토니아 사람들 뿐만 아니라 핀란드나 러시아 사람들도 즐겨 찾는 전형적인 여름 휴가지다. 스파와 산책을 하며 평온한 휴가를 즐기거나 다양한 액티비티를 하면서 활동적이고 스포티한 휴가를 즐길 수도 있다.

성 엘리자베스 교회

기숙사 같았던 패르누 숙소

혼자 여행을 다니면 숙박비를 아끼기 위해 주로 호스텔 도미토리룸에서 머무는데, 패르누 호스텔을 검색해보고 당황했다. 내가 원하는 해변 근처에서 호스텔이 달랑 2개가 검색되었고, 그마저도 시설이 좋아 보이지 않았다. 현지인들이 여름에 이곳으로 휴가를 많이 와서인지 호스텔보다는 아파트나 호텔, 펜션 등 휴가를 위한 숙박업체가 많은 편이다. 하는 수 없이 버스터미널, 시내 중심지와 가깝고 해변까지도 걸어갈 수 있는 거리에 있는 호스텔 Lõuna에서 1박을 하기로 한다. 생각보다 큰 호스텔 외관에 놀라며 문을 열고 안으로 들어가 체크인을 하고 2층 방으로 올라간다. 6인실 도미토리에 들어가니 이미 창가 쪽 좋은 침대 2개는 다른 누군가가 차지해서, 문쪽 침대에 자리를 잡는다. 내부에 락커도 없고 짐을 펼칠 공간도 넉넉하지 않아서 오래 머무르기엔 불편하다.

Hostel Lõuna
Add. Lõuna 2 Pärnu, 80010   Tel. +372 443 0943   Price. 8인 도미토리 약 10유로

패르누 구시가지, 행복한 저녁식사

5월의 에스토니아는 전반적으로 추운데 비가 오니 더 춥다. 파스텔 톤의 집들을 구경하면서 걷고 있는데, 어쩜 도시가 사람 찾아보기도 힘들고 집

패르누 거리 풍경

Rüütli 거리

들도 텅텅 비어 보이는지 내 생각대로라면 이 집들은 대부분 별장이고, 사람들은 이곳에 여름 시즌에만 잠깐 와서 지내다 가는 것 같다. 덕분에 비수기인 봄, 가을, 겨울은 마치 잠자는 도시 같은 느낌이다.

패르누 구시가지, 상점과 레스토랑들이 있는 보행자 전용 거리인 Rüütli 거리에 접어든다. 그리 넓지 않은 길 양옆으로 알록달록한 건물들이 빼곡하게 들어서 있는데, 비수기 인증이라도 하듯 역시 썰렁하다. 그 와중에 내 눈에 들어온 건 음식 사진이 붙은 입간판. 탈린에서 조식을 먹은 이후로 아무것도 먹지 못해 무척 배가 고팠다. 음식점에 들어가 메뉴를 보는데 가격에 감동하고 말았다. 슈니쩰(돈까스 같은 것)이 단돈 6유로, 맥주는 단돈 2.50유로! 서유럽이나 북유럽에서는 상상도 할 수 없는 가격이다. 잘 튀겨진 큼지막한 슈니쩰에 삶은 감자, 새콤달콤하게 절인 야채와 빵까지 곁들여 나온다. 6유로에 이렇게 푸짐한 식사를 할 수 있다니 큰 행복이다.

Rüütlihoov Pub
Add. Rüütli 29, Pärnu   Tel. +372 443 1439
Web. ryytlihoov.ee   Time. 11:00~24:00
Price. 메인메뉴 약 6유로, 음료 약 2.50유로

패르누 아침 산책에서 만난 교회들

패르누에서 맞이하는 둘째 날, 오전 11시 30분 버스를 타고 라트비아 리가로 넘어가는 일정인데, 아무래도 어제 패르누 시내를 제대로 못 돌아본 게 아쉬워 아침 일찍부터 산책을 나선다. 비가 안 오는 것 같길래 좋아했는데 숙소를 나선 지 5분 만에 다시 비가 내리기 시작한다. 비를 맞으며 제일 먼저 도착한 곳은 바로 성 엘리자베스 교회. 앞면은 진한 노랑, 옆면은 붉은색으로 되어 있는데, 전체적으로 낡은 느낌이 확연하게 든다. 에스토니아가 러시아의 지배하에 있을 당시 러시아의 여제 엘리자베스가 8,000루블을 기부해 지어진 교회다. 성 엘리자베스 교회를 지나쳐 계속 걸으니 리디아 코이둘라 공원(Lydia Koidula Park)이 나오고, 그 근처에 러시아의 향기를 풍기는 교회가 하나 서 있다. 시내의 예카테리나 교회로는 신자들을 다 수용하기 어려워 1904년 구 러시아풍으로 새로 지은 교회란다. 병아리색 외관에 녹색 지붕을 가진 예카테리나 교회는 1768년에 완공이 되었는데, 러시아 여제 예카테리나 2세의 재정적 지원에 의해 지어졌다. 당시 이곳에 주둔했던 러시아군을 위해 지어졌고, 발트국가에 세운 초기 정교회 건물이라 역사적으로 의미가 크다고 한다.

리디아 코이둘라 공원

Issandamuutmise Kirik   예카테리나 교회

성 엘리자배스 교회(Eliisabeti Kirik/St. Elizabeth's Church)
Add. Nikolai 22, Pärnu, 80010   Tel. +372 443 1381   Web. eliisabet.ee
Time. 6월~8월 월~토요일 12:00~18:00, 일요일 9:00~12:00   9월~5월 화/수/금요일 9:00~10:00, 목요일 18:00~19:00, 일요일 10:00~11:00, 월/토요일 휴무   Fee. 무료

Issandamuutmise Kirik
Add. Aia tänav 5, Pärnu   Tel. +372 556 31367   Web. www.eoc.ee
Time. 6월~8월 월~금요일 10:00~14:00, 토요일 17:30~20:00, 일요일 9:00~12:30   9월~5월 월~금요일 휴무, 토요일 16:30~19:00, 일요일 9:00~12:30   Fee. 무료

예카테리나 교회(Jekateriina Kirik/Church of Jekaterina)
Add. Vee tänav 8, Pärnu   Tel. +372 444 3198   Web. www.hramy.ee
Time. 6월~8월 매일 10:00~16:00, 9월~5월 미리 예약하는 경우만 오픈   Fee. 무료

작은 카페에서의 아침식사

예카테리나 교회 바로 앞쪽에 작은 간이 카페 같은 것이 있어 문을 살짝 열고 들어가 본다. 손님이 한 테이블 있는 걸로 보아 영업을 하는 모양이다. 카푸치노 한 잔과 진열대에 있는 빵을 하나 주문했는데, 직원이 꺼낸 빵을 보니 빵 위에 정어리 같은 것이 올라가 있다. 아침부터 생선 올라간 빵은

못 먹을 것 같아서 황급히 다른 빵으로 바꿔달라고 부탁을 한다. 북유럽과 발트 3국은 바다를 끼고 있어서인지 다른 유럽 사람들보다 유난히 생선을 많이 먹는데, 빵에도 생선을 올려 먹는다. 급하게 바꾼 빵은 크루아상처럼 내용물이 없는 것인 줄 알았는데 먹어보니 피자빵 같은 거였다. 크기도 커서 한 끼 식사로 부족함이 없이 맛있게 잘 먹었다. 창문을 통해 비 내리는 풍경을 보니 기분이 좋다. 역시 비 오는 날은 여기저기 돌아다닐 것이 아니라 실내에 앉아 밖을 바라봐야 제맛이다.

Odysseus OÜ
Add. Munga 13, Pärnu, 80011 Tel. +372 442 5588

패르누에 있는 탈린문

패르누를 떠나기 전 마지막으로 간 곳은 숙소에서 가까운 탈린문이다. 공원의 입구 쪽에 옅은 분홍색과 하얀색으로 된 귀여운 성문 같은 것이 있는데, 그게 바로 탈린문이다. 순간 패르누에 패르누문이 있어야지 왜 탈린문이 있나 싶었는데, 알고 보니 이 문을 통과하면 탈린행 길과 연결되어 있어서였다. 1710년까지는 칼구스타브문(Carl Gustav Gate)으로 알려져 있었지만 이후에 이름이 바뀌었다. 19세기에 구시가지를 둘러싼 성곽과 다른

문들이 모두 허물어지고 이 탈린문만 남게 되었다. 발트국가들 중 17세기 문이 남아 있는 것은 이 탈린문이 유일하다. 이른 아침이라 그런지 탈린문과 연결된 공원도 고요했다. 호수를 청소하고 있던 아저씨, 쌍둥이 유모차를 끌고 산책하던 엄마, 소수로 관광을 하던 한 무리, 그리고 나. 마지막으로 패르누와 에스토니아에 작별인사를 하고 서둘러 움직인다.

Add. Kuninga tänav 1, Pärnu

패르누 교통 정보

패르누로 가는 방법

버스 패르누로 가는 가장 편한 방법은 버스를 이용하는 것이다. 수도인 탈린, 근처 도시인 합살루나 타르투 등에서 버스를 이용해 패르누로 갈 수 있다.
▷ 탈린 → 패르누(약 2시간), 합살루 → 패르누(약 2시간 10분), 타르투 → 패르누(약 3시간)
- Tpilet [국내선 검색] : www.tpilet.ee

패르누 중심지로 가는 방법

버스터미널에서 패르누 버스터미널은 패르누 구시가지와 바로 옆에 붙어 있다. 버스터미널과 구시가지 중심 거리인 Rüütli 거리 까지 거리는 불과 300m 정도이다.

패르누의 대중교통

버스 패르누 시내는 버스노선으로 이어져 있다. 티켓은 신문가판대, 상점, 음식점, 버스 기사에게서 구매할 수 있으며, 기사에게 구매하는 것이 가장 편하지만 비싸다. 기사에게 구입할 경우 1회권이 1유로, 그 외 다른 곳에서 구입할 경우 0.64유로, 10일권이 7.67유로, 30일권이 14.06유로다.
- 패르누 시내교통 : www.peatus.ee

택시 패르누에서도 마찬가지로 택시를 탈 때는 목적지까지의 요금을 미리 확인하고 타는 것이 좋다.
- Bristol Takso : +372 443 0600
- E-Takso : +372 443 1111
- Pärnu Takso : +372 443 9222
- Ranna Takso : +372 443 5666

패르누 중심지와 해변은 모두 도보로 걸어 다닐 수 있으므로 따로 대중교통을 이용하지 않아도 된다. 당일치기로 여행한다면 해변과 구시가지를 둘러보면 되고, 1박 2일 혹은 그 이상 머무른다면 다양한 액티비티나 스파 등을 즐기는 것도 좋다.

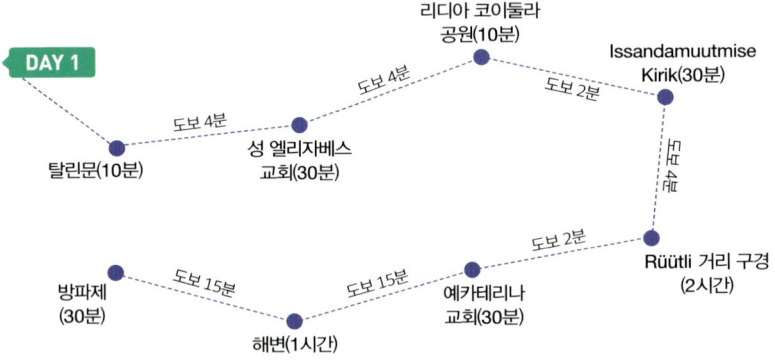

DAY 2

당일치기 여행자라면 DAY 1 일정대로, 1박 2일 여행자라면 DAY 1 일정을 이틀로 나눠 돌아보거나 DAY 2에는 해변과 공원 즐기기!

× 이것만은 꼭! 패르누의 BEST 3 ×

BEST 1. 해변과 공원 산책하기(여름에는 액티비티, 물놀이 즐기기)
BEST 2. 수많은 돌로 만든 방파제 가보기
BEST 3. 패르누 구시가지 둘러보기

Index

3개의 다리 167
3형제 건물 408

F
Figa food bar 97

M
Metelkova 180

ㄱ
검은머리전당 405
게디미나스 타워 379
과학 아카데미 전망대 414
구 예술극장 310
구항구 145
굴라쉬 224
그레고리우스 닌의 동상 109
그린마켓 96

ㄴ
나로드니 광장 88, 100
난쟁이 조각상 292
노비 쉬비아트 249
니다 347

ㄷ
다뉴브 강 210
독립전쟁 전승기념비 436
돌라츠 시장 52
두브로브니크 대성당 144
두브로브니크 성벽 투어 128
두브로브니크 카드 127
드라마 극장 344
디오클레티아누스 궁전 96

ㄹ
라스토케 송어요리 68
라츠와비체 파노라마 295
라친스키 도서관 280
렉터궁전 136
로바 분수대 172
로크룸 섬 138
로트르슈차크 전망대 56
류블랴나 대성당 168
류블랴나대학교 179
류블랴나 시청사 172
류블랴나 지역 축제 177
리가 대성당 407
리가 돔 407
리가성 409

리가 올드타운 404
리가 중앙시장 413
리디아 코이둘라 공원 455
리바거리 104
리투아니아 스포츠 박물관 366

ㅁ
마르몬토바 거리 106
마지판 445
마차슈 성당 217
말타호수 278
맥주축제 275
모래언덕 347
문화과학궁전 247

ㅂ
바다오르간 85
바르샤바대학교 251
바르샤바 올드타운 마켓광장 255
바르샤바 왕궁 253
바르샤바 왕궁광장 253
바벨성 312
바실리카 성모 마리아 성당 305
바위 해변 139

462

바트비체 해변 106
반 옐라치치 광장 50
버이더후녀드 성 223
부다 캐슬 214
부다페스트 중앙시장 213
부자 카페 142
브로츠와프 구 시청사 (박물관) 291
브로츠와프 올드타운 마켓 광장 289
블레드 성 193
비루문 441
비엘리츠카 소금광산 321
빌뉴스 대성당 377
빌뉴스 대통령궁 375
빌뉴스대학교 375
빌뉴스 시청 374
빌뉴스 시청광장 374
빌뉴스 올드타운 381
빌뉴스 요새 386

ㅅ

사구 347
사해 139
산타코스 공원 366
새벽의 문 386
성 도나타 교회 86
성 돔니우스 대성당 101
성 마르코 성당 57
성모마리아 승천교회 191
성 미카엘 대천사 성당 358
성 버나딘 성당 382
성 블라이세 성당 143
성 사비오르 성당 142
성십자가교회 250
성 아나스타샤 대성당 86
성 안나 성당 382
성 엘리자베스 교회 291, 455
성 요한 교회 436
성 이슈트반 성당 219
성 프란체스코 성당 166
성 프란치스코 성당 363
성 플로리안 게이트와 망루 308
성 피터 교회 404
세례자 성요한 대성당 293
세르기우스 개선문 37
세체니 다리 210
세체니 온천 220
슈체판스키 광장 310
스르지 산 147
스웨덴 문 410
스톤게이트 56
스트라둔 대로 131
스폰자 궁전 143
슬로베니아 전통 음식 181
시청사 타워 307
실연박물관 58
심플익스프레스 245

ㅇ

아드리아해 119
아우구스투스 신전 37
아우슈비츠 강제수용소 316
알렉산더 넵스키 대성당 437
야기엘론스키대학교 311
야콥의 막사 410
어부의 요새 217
열주광장 101
영웅광장 222
예술가들의 핫 플레이스 180
예술의 전당 310
예카테리나 교회 455
오노프리오 분수 131
올드한자 440
와지엔키 공원 258

우주피스 공화국 384
원형경기장 40
유럽 골목여행 109

ㅈ

자그레브 대성당 51
자그레브 렌터카 여행 65
자다르의 일몰 84
자유광장 279, 436
자유기념비 411
자유로 361
조각공원 339
직물회관 306

ㅋ

카우나스 구 시청사 363
카우나스 대성당 362
카우나스 성 367
카우나스 신학교 365
코페르니쿠스 동상 249
콜레기움 마이우스 311
크라쿠프 올드타운 중앙광장 303
클라이페다 올드타운 341
클라이페다의 오래된 건축물 344

ㅌ

탈린문 457
탈린의 시청사 435
태양에게 인사 85

토미슬라브 광장 49
톰 공원 444
톰페아성 438
톰페아 언덕 438

ㅍ

패르누 구시가지 453
팻 마가렛 타워 441
포럼 37, 86
포즈난 구 시청사 273
포즈난 국립박물관 280
포즈난 대성당 277
포즈난 올드타운 마켓광장 272
포트 로얄 141
폴란드 대통령궁 251
푸줏간 다리 170
풀라의 대성당 39
프레세렌 광장 165
플레트나 189

ㅎ

헝가리 국회의사당 211
화약탑 410
흐바르 쇼핑 121
흐바르행 페리 115